W0281323

GESTRANDET UND TOTAL VERLOREN

SEEUNFÄLLE AUS DEN AKTEN DER SEEÄMTER DES DEUTSCHEN REICHS 1878-1914

HERAUSGEGEBEN VON
MICHAEL NOLLE

EDITION MARITIM

Für Isa, Nikola und Eva

Impressum

CIP-Kurztitelaufnahme der Deutschen Bibliothek
Nolle, Michael:
„Gestrandet und total verloren ...": Seeunfälle aus d. Akten d. Seeämter d. Dt. Reiches 1878 - 1914 / Michael Nolle. - Hamburg: Edition Maritim, 1987.
ISBN 3-89225-151-7

© Edition Maritim
Stubbenhuk 10
D-2000 Hamburg 11

Umschlag: Jan Buchholz und Reni Hinsch, Hamburg
Satz: Peter Appelt Grafik-Design & Fotosatz, Hamburg
Lithografie: O.R.T. Offset-Repro-Technik Hamburg GmbH
Druck und Bindearbeiten: Clausen & Bosse, Leck

Fotonachweis
Archiv Edition Maritim, Hamburg 126
Archiv Hapag-Lloyd AG, Bremen 190, 197
Archiv Hapag-Lloyd AG, Hamburg 270
Deutsches Schiffahrtsmuseum, Bremerhaven 229
Hamburg-Süd, Hamburg 120
Arnold Kludas, Grünendeich 27, 33, 88, 91, 94, 149, 169, 187, 188, 189, 211, 220, 224
Dr. Jürgen Meyer, Bremen 19, 37, 124, 163, 165
Sylt-Bild Stöver, Wenningstedt 105

Inhalt

Vorwort 9

Alkohol und Drogen
Tjalk „Jantina" von Westrhauderfehn. Festgekommen 13
Seeamt Emden, 10. März 1914
Seeunfall des deutschen Kahnes „Hinderike Helene" von Brake 16
Seeamt zu Brake am 13. November 1879
Fischdampfer „Bremerhaven" von Bremen. Bootsbeschädigung usw. 17
Seeamt Bremerhaven, 10. Mai 1906 / Ober-Seeamt, 16. November 1906
Seeunfall der Brigg „Louise" von Stolpmünde 22
Seeamt zu Stettin vom 16. August 1882
Dampfer „Reichstag" von Hamburg. Tod einer Passagierin 26
Seeamt Hamburg, 23. Februar 1906
Dampfer „Windhuk" von Hamburg. Selbstmord einer Reisenden 32
Seeamt Hamburg, 20. Dezember 1912

Verbrechen und Vergehen
Bark „Paul Isenberg" von Bremen. Tod eines Matrosen infolge Mißhandlung seitens des Schiffers und der beiden Steuerleute 35
Seeamt zu Bremerhaven vom 17. Juli 1895
Seeunfall des Ewers „Nicolaus" von Hamburg 40
Seeamt zu Hamburg vom 19. November 1891 / Ober-Seeamt vom 31. März 1892
Seeunfall der Galeasse „Johanne" 44
Seeamt zu Flensburg vom 14. März 1891
Besanewer „Anna Catharina" von Altona. Untergang 49
Seeamt Hamburg, 26. April 1912 / Ober-Seeamt, 16. Juli 1912
Seeunfall der Bark „Charlotte" von Bremen 54
Seeamt zu Bremerhaven vom 15. März 1890
Seeunfall des Schooners „Margaretha" von Blankenese 58
Seeamt zu Hamburg vom 17. Juni 1881

Piraten und Kriege
Seeunfall des eisernen Schraubendampfers „Carlos" von Hamburg 63
Seeamt zu Hamburg vom 18. December 1880

Seeunfall des Schraubendampfers „Quinta“ von Flensburg 69
Seeamt zu Flensburg vom 14. Februar 1882
Seeunfall des Schraubendampfers „Fero“ von Flensburg 75
Seeamt zu Flensburg vom 1. Oktober 1888 / Kaiserliches Ober-Seeamt vom 15. Februar 1889
Dampfer „Thea“ von Kiel. Ingrundbohren durch russische Kreuzer 79
Seeamt zu Flensburg vom 19. September 1905
Dampfer „Tetartos“ von Flensburg. Verlust 81
Seeamt zu Flensburg vom 16. September 1905

Mann über Bord
Seeunfall der Bark „Santiago“ von Brake 84
Seeamt zu Brake vom 12. Februar 1892 / Kaiserliches Ober-Seeamt vom 9. Juni 1892
Seeunfall des Schraubendampfers „Neckar“ von Bremen. Selbstmord des Kohlenziehers J. F. K. 87
Seeamt zu Bremerhaven vom 10. August 1889
Seeunfälle des Schraubendampfers „Fulda“ von Bremen 90
Seeamt zu Bremerhaven vom 15. August 1889
Dampfer „Goslar“ aus Hamburg. Tod eines Maschinistenassistenten 93
Seeamt Hamburg, 26. März 1914
Dampfer „Uhlenfels“ von Bremen. Rettung eines Mannes nach elfstündigem Treiben im Wasser 98
Seeamt Bremerhaven, 30. März 1908

Strömung und Strandung
Seeunfall der Galeasse „Hoffnung“ von Arnis 100
Seeamt zu Flensburg vom 9. Februar 1885
Seeunfall der britischen Galiote „Reintjedina“ 103
Seeamt zu Tönning vom 17. März 1891
Seeunfall des Schooners „Solid“ von Heiligenhafen 109
Seeamt zu Flensburg vom 31. Januar 1882
Seeunfall der Schoonerbrigg „Meta“ von Hamburg 111
Seeamt zu Hamburg vom 30. März 1883
Seeunfall des Schraubendampfschiffes „Buenos Aires“ von Hamburg 117
Seeamt zu Hamburg vom 20. Januar 1891 / Ober-Seeamt vom 6. März 1891

Seeunfälle der Bark „Nautilus“ von Brake, des Vollschiffs „Coriolanus“ von Elsfleth und der Bark „Arnold“ von Elsfleth 123
Seeamt zu Brake vom 7. November 1902

Beschwerliche Reisen

Schraubendampfer „Hermann“ von Flensburg. Tod von 6 Emigranten an Bord 129
Seeamt Flensburg vom 28. Januar 1896 / Ober-Seeamt, 17. September 1896
Seeunfall des Großbootes des Schraubendampfers „Gottorp“ von Schleswig 134
Seeamt zu Flensburg vom 10. September 1886
Seeunfall des Schraubendampfers „Kätie“ von Stettin 139
Seeamt zu Stettin vom 19. Juni 1882
Vorkommnisse an Bord des Schraubendampfers „Sommerfeld“ von Hamburg 146
Seeamt Hamburg vom 23. Februar 1892 / Ober-Seeamt vom 24. Januar 1893
Viermast. Schiff „Thekla“ von Hamburg. Strandung 162
Seeamt zu Hamburg, 9. Juli 1912

Wind, Feuer und Eis

Seeunfall des Schraubendampfers „Gellert“ von Hamburg 168
Seeamt zu Hamburg vom 28. October 1882
Seeunfall der Brigg „Die Zwillinge“ von Rostock 173
Seeamt zu Rostock vom 21. Februar 1882
Seeunfall des Schooners „Theodor“ von Elmshorn 176
Seeamt zu Hamburg vom 12. September 1882
Seeunfall der Bark „Johanna“ von Hamburg 180
Seeamt zu Hamburg vom 6. October 1888
Seeunfälle der Schraubendampfer „Saale“, „Bremen“, „Kaiser Wilhelm der Große“ und „Main“ von Bremen in Folge der Brandkatastrophe in Hoboken am 30. Juni 1900 186
Seeamt zu Bremerhaven vom 11. Februar 1901
Fischdampfer „Alice Busse“ und „Caroline Köhne“ von Geestemünde. Gesunken 205
Seeamt Bremerhaven, 17. Februar 1914

Kollisionen und Katastrophen

Zusammenstoß des Dampfers „Herder“ von Hamburg mit der britischen Fischersmack „Edward & Charlotte“ 210
Seeamt zu Hamburg vom 8. December 1881 / Kaiserliches Ober-Seeamt vom 19. Juni 1882
Zusammenstoß des Schraubendampfers „Fero“ von Flensburg mit einer chinesischen Dschunke 214
Seeamt zu Flensburg vom 4. Mai 1888
Seeunfall des Fünfmasters „Maria Rickmers“ von Bremerhaven 218
Seeamt zu Bremerhaven vom 3. Juni 1893
Seeunfall des Schraubendampfers „Salier“ von Bremen 222
Seeamt zu Bremerhaven vom 2. Februar 1897
Zusammenstoß des Schraubendampfers „Cimbria“ von Hamburg mit dem britischen Schraubendampfer „Sultan“ in der Nordsee 228
Seeamt zu Hamburg vom 17. December 1883

Schuld und Sühne

Seeunfall des Schraubendampfers „Marianne“ von Flensburg 246
Seeamt zu Flensburg vom 14. November 1892 / Kaiserliches Ober-Seeamt vom 28. April 1893
Seeunfall des deutschen Schooners „Maria“ von Kolberg 253
Seeamt Stettin vom 17. November 1879
Seeunfall der Brigg „Ottilie“ von Stettin 256
Seeamt zu Stettin vom 1. April 1886
Bark „Aphrodite“ von Bremen. Strandungen 262
Seeamt Bremerhaven, 27. April 1908
Dampfer „Prinzessin Victoria Luise“ von Hamburg. Strandung 267
Seeamt Hamburg, 23. Mai 1907

Glossar 273

Schiffsregister 280

Vorwort

Am 27. Juli 1877 fertigte Wilhelm von Gottes Gnaden, Deutscher Kaiser, König von Preußen etc. im Namen des Deutschen Reiches nach erfolgter Zustimmung des Bundesrates und des Reichstages fernab von den Küsten und Gestaden des Reiches in Badgastein das „Gesetz betreffend die Untersuchung von Seeunfällen" aus. Es ist im Reichsgesetzblatt Nr. 33 vom 2. August 1877 veröffentlicht worden.

Das Gesetz war Gegenstand der Beratungen des Reichstages bereits seit Oktober 1876. Die Beschlußfassung des Reichstages erfolgte im April 1877 zwischen Beschlußfassungen und Beratungen betreffend den Haushalt des Reichslandes Elsaß-Lothringen.

Das Gesetz war mit seinem wesentlichen Inhalt nach einer größeren Änderung im Jahre 1935 bis zum 30.09.1986 in Kraft. Die ab Oktober 1986 in Kraft getretene Fassung unterscheidet sich von ihrer Vorgängerin im wesentlichen dadurch, daß der Gang des Verfahrens sich nun an verwaltungsrechtliche Vorschriften und nicht mehr am Strafprozeßrecht orientiert.

Zur Begründung für die Notwendigkeit eines derartigen Gesetzes führt die dazu berufene Kommission des Reichstages in den Motiven aus, eine vollständige, zuverlässige Feststellung der Ursachen eines Seeunfalles und seiner Folgen sei durch die Verklarung gemäß den Bestimmungen des Handelsgesetzbuches häufig nicht zu erreichen.

Derartige Feststellungen seien jedoch notwendig, je mehr der Seeverkehr an Ausdehnung gewinne, denn die schweren Verluste an Leben und Gut, von welchen die Seeunfälle oft begleitet seien, machten es zu einer Angelegenheit des öffentlichen Interesses, daß die Ursachen dieser Unfälle genau ermittelt werden, weil allein die Aufklärung dazu führen kann, dieselben zu beseitigen, um dadurch einer Wiederholung der Vorfälle nach Kräften zu begegnen.

In Ausführung des Gesetzes haben die Küstenstaaten des Deutschen Reiches, unter anderem Preußen, Hamburg, Bremen und Mecklenburg, für ihre Gebiete Seeämter eingerichtet. Gegen deren Entscheidung war nach dem Gesetz die Anrufung des Oberseeamtes in Berlin, einer unmittelbar dem Reichskanzler unterstehenden Reichsbehörde, möglich.

Es lag nahe, für den Gang des Verfahrens auf die Vorschriften der zum 01.02.1877 in Kraft getretenen Strafprozeßordnung des Deutschen Reiches zurückzugreifen, weil diese anders als die im selben Jahr in Kraft getretene Zivilprozeßordnung vom Amtsermittlungsgrundsatz beherrscht wurde.

Der Notbehelf war erforderlich, weil verwaltungsprozessuale Vorschriften für das Deutsche Reich noch nicht existierten. Es darf nicht darüber hinwegtäuschen, daß es sich bei dem vorliegenden Gesetz um Gewerberecht und im weitesten Sinne um Verwaltungsrecht handelte. Der verwaltungsrechtliche Hintergrund zeigt sich am deutlichsten in dem Umstand, daß die einzige Sanktion, die das Seeamt zu verhängen in der Lage war, Patententzug für Schiffer und später Maschinisten war. Sofern sich Hinweise auf strafbare Handlungen ergaben, gelangte die Akte von Amts wegen an die Staatsanwaltschaft; oft war es auch so, daß erst nach Abschluß des Strafverfahrens die seeamtliche Aufarbeitung des Vorfalles eingeleitet bzw. abgeschlossen werden konnte.

Mit dem Jahre 1879 begannen zunächst das Reichsamt des Inneren, später das Reichsministerium für Wirtschaft, die zur Veröffentlichung bestimmten Entscheidungen herauszugeben. Bis in das Jahr 1914 waren 19 vollständige Bände abgeschlossen, zwei Teillieferungen mit Entscheidungen aus dem Jahre 1914 erschienen im Jahre 1920.

Mit dem unwiderruflichen Ende des Zeitalters der Windjammer in der Handelsschiffahrt schwand natürlich die juristische Aktualität der veröffentlichten Entscheidungen. Geblieben sind die Spannung und Dramatik, die mit jedem einzelnen sehr amtlich aufgearbeiteten Schicksal eines Schiffes, seiner Besatzung oder seiner Passagiere einhergehen.

Außerhalb der Sitzung traf der Vorsitzende des Seeamtes, damals wie heute ein Jurist mit der Befähigung zur Ausübung des Richteramtes, seine Entscheidungen allein. In der mündlichen Verhandlung traten an seine Seite vier sachkundige Beisitzer. Verfahrensbeteiligt war des weiteren als Interessenvertreter des Reiches der Reichscommissar.

Die Entscheidungen folgen in ihrem Aufbau den Grundsätzen, die auch heute noch in der Straf-, Zivil- und Verwaltungsjustiz ihre Gültigkeit haben. Der „Spruch“ geht von einem nach Erhebung aller zur Verfügung stehenden Beweise zur Gewißheit des Seeamts festgestellten Sachverhalt aus, in den Gründen werden die den Spruch tragenden Erwägungen und Würdigungen aus dem so festgestellten und mitgeteilten Sachverhalt dargelegt.

Die für den Zeitraum 1878 bis 1914 veröffentlichten Entscheidungen umfassen ca. 17.000 Druckseiten. Bei der Auswahl für dieses Buch sind ausschließlich Entscheidungen berücksichtigt worden, bei denen menschliches Verhalten oder Versagen im weitesten Sinne den Unfall verursacht oder seine Folgen in dieser oder jener Weise beeinflußt haben. Entscheidungen, die sich ausschließlich mit technischen Vorgängen befassen, sind nicht aufgenommen. Die teilweise sehr ausführlichen Entscheidungen sind auf den Spruch und den wesentlichen Kern des festgestellten Sachverhalts beschränkt.

Im Interesse einer dichten Darstellung sind allgemeine Angaben zum Schiff, seiner Ladung und zur Verfahrensgeschichte, sofern sie nicht unmittelbar mit dem eigentlichen Geschehen im Zusammenhang stehen, gekürzt.

In keinem Fall sind Umstellungen oder Veränderungen vorgenommen worden.

Die Entscheidungsgründe sind dann auszugsweise wiedergegeben, wenn sie für das Verständnis des Sachverhalts bzw. eine abweichende Beschwerdeentscheidung von Bedeutung sind oder selbst Feststellungen enthalten, die den historischen Hintergrund oder andere Zusammenhänge weiter aufhellen.

Die Schreibweise der Namen, Ortsangaben, Rechtschreibung und Grammatik blieben unverändert. Wegen der teilweise erheblich abweichenden Schreibweisen sei darauf verwiesen, daß die Rechtschreibung und Grammatik des Deutschen Reiches erst ab dem Jahr 1902 vereinheitlicht und für das gesamte Reichsgebiet verbindlich wurde.

Die Familiennamen der Betroffenen sind im Interesse eventuell noch lebender direkter Nachkommen immer dann gekürzt, wenn sich aus dem Gesamtzusammenhang der Entscheidung im weitesten Sinne irgendwelche Fehlverhaltensvorwürfe ergeben.

Alte Schreibweisen von Orts- und Positionsangaben sind aus den Entscheidungen übernommen worden.

Die Anmerkungen des Herausgebers beschränken sich auf Hinweise zur historischen Einordnung des jeweiligen Sachverhaltes und auf Angaben zum

Verständnis bei starker Verkürzung der wiedergegebenen Entscheidungen. Da einige Entscheidungen durchaus für sich stehen, fehlen sie in einigen Fällen ganz.

Auswahl und Kapiteleinteilung mögen unterschiedlicher Kritik anheimfallen. Juristen mit maritimen Neigungen könnten den Genuß der Lektüre sorgfältig gefeilter Entscheidungsgründe vermissen. Ihnen kann in der Bibliothek einer norddeutschen Universität oder eines küstennahen Landgerichts geholfen werden.

Wessen juristische Lektüre sich bisher auf kurzgefaßte Rechtsprechung in Tageszeitungen oder Illustrierten beschränkte, den mag trotz aller Gedrängtheit der Darstellung weiterhin das Juristendeutsch stören.

Wer sich indes sein Interesse für wahre Geschichten aus der christlichen Seefahrt bewahrt hat, dem wird das eine nicht fehlen und den wird das andere nicht stören. Er erhält Gelegenheit, mit dem zeitlichen Abstand von über 100 Jahren zu den ältesten Entscheidungen sich sein Bild zu schaffen oder zu erweitern vom seemännischen Alltag um die letzte Jahrhundertwende und den großen und kleinen Unglücksfällen aus der Epoche der aggressivsten Expansion der deutschen Handelsmarine auf allen Meeren der Welt.

Abbildungen des Unfallgeschehens in dieser Zeit konnten nur in wenigen Fällen erstellt werden und sind heute kaum auffindbar. Die Bildauswahl beschränkt sich daher in der Mehrzahl der Fälle auf die einfache Wiedergabe der in den Entscheidungen behandelten Schiffe.

Der Herausgeber hofft, daß dieses Buch auch denjenigen unterhaltsame und zum Nachdenken anregende Lektüre ist oder werden kann, die wissen, daß Windjammer bis in dieses Jahrhundert hinein mitnichten als Schulschiffe oder für wechselseitige Flottenbesuche auf Kiel gelegt wurden.

Manche Entscheidung beweist, mit welcher Härte schon damals der Wettbewerb um Ladung und Fahrtgebiete zwischen den Nationen und den Reedereien entbrannt war. Sie weisen aber auch auf, daß unseren seefahrenden Großvätern und Urgroßvätern wenig von dem fremd war, was auch heute noch Versicherer, Seeämter, Ermittlungsbehörden, Straf- und Zivilgerichte in aller Welt beschäftigt.

Mein Dank gilt allen, die in unterschiedlichster Weise an den Arbeiten für dieses Buch beteiligt waren.

Bremen, im August 1987 — Michael Nolle

Tjalk „Jantina“ von Westrhauderfehn. Festgekommen. Seeamt Emden, 10. März 1914.

Spruch: Die Tjalk „Jantina“ von Westrhauderfehn ist in der Nacht vom 16./17. Juli 1913 im Rüstersieler Tief festgeraten, trotz Leichterung durchgebrochen und dann kondemniert.
Der Unfall ist darauf zurückzuführen, daß der Schiffer Heyo K. von Ostrhauderfehn und sein Schiffsmann angetrunken waren.
Dem Schiffer K. wird die Befugnis zur Ausübung seines Gewerbes als Schiffer und Steuermann entzogen.

Thatbestand: Die Tjalk „Jantina“ von Westrhauderfehn, erbaut 1880 in Ihlowerfehn, lag am 13. Juli 1913 in Rüstersiel, um eine nach der Insel Juist bestimmte Ladung Steine einzunehmen. Führer des Schiffes war der Kapitän Heyo K. aus Ostrhauderfehn, geboren 1880, Inhaber eines Zeugnisses für Schiffer auf Küstenfahrt, von 1901. Außerdem befand sich nur der 15jährige Leichtmatrose Hilko Gerjets aus Emden seit 1 ½ Monaten an Bord. Nach des letzteren Angaben trieb sich K. während des Aufenthalts in Rüstersiel in den dortigen Wirtschaften herum und ging dann, als er, wie der Hafenmeister erzählte, dort keine Getränke mehr bekommen sollte, nach Wilhelmshaven, von wo er erst nach 3 – 4 Tagen betrunken zurückkehrte. Vor seinem Fortgang hatte er alles verschlossen, so daß Gerjets nichts zu essen hatte. Als ihm nach seiner Rückkehr andere Schiffer deshalb Vorhaltungen machten, kam er betrunken an Bord und sagte zu Gerjets, er könne gehen. Er wollte dann auch den Leichtmatrosen vor dem Seemannsamt in Wilhelmshaven abmustern lassen; dort wurde ihm aber gesagt, er solle wiederkommen, wenn er nüchtern sei. Er schickte darauf einfach den Leichtmatrosen Gerjets ohne Abmusterung und ohne Abrechnung fort; das Reisegeld mußte sich Gerjets von seinem Vater schicken lassen.
K. nahm nun einen Mann namens Jakob Ihmels aus Dornum als Schiffsmann

an, der aber dort nur als Arbeiter bekannt und dessen Aufenthalt nicht zu ermitteln ist.

Am 15. Juli begann man mit der Ladung und war am 16. Vm. damit fertig. Als man gegen 7½ U. Nm. Rüstersiel verlassen wollte, waren weder K. noch Ihmels nüchtern, letzterer sogar so angetrunken, daß er sich alsbald ins Logis begab. K. hatte deshalb zwei Hilfsleute, den Tischler Karl Harken und den Schmied Bernhard Janssen aus Rüstersiel angenommen, die ihm bei der Ausfahrt aus dem Tief behilflich sein sollten. Es war mäßige bis steife nördliche Brise. Als man eine Strecke weit, noch nicht eine Stunde lang, im Tief gesegelt und etwa bis nach den Groden gekommen war, schor das Schiff zunächst nach Backbord aus; K. machte sich mit einer Schiebstange zu schaffen, um das Schiff von hinten zu stützen. Das Schiff steuerte nun hart Steuerbord über und lief mit dem Vordersteven fest.

Bald nachher ging K., der inzwischen an Bord nichts mehr getrunken hatte, ins Logis, offenbar, um gleich Ihmels, seinen Rausch auszuschlafen. Harken und Janssen, die als Nichtseeleute allein die Verantwortung für das Schiff nicht übernehmen wollten, verließen auf Anraten eines in der Nähe befindlichen holländischen Tjalkschiffers in dem dazu mitgenommenen Boote die „Jantina" und ruderten nach Rüstersiel zurück. Die holländische Tjalk ist gut aus dem Tief ausgesegelt.

Die Tjalk „Jantina" blieb an der Stelle im Rüstersieler Tief bis zum 17. morgens sitzen, wurde dann mit steigendem Wasser zwar wieder flott, wurde aber, da Wasser im Schiffe war, von K. wieder „ans Trockene gesetzt", um den Leck zu untersuchen. Es stellte sich heraus, daß das Schiff vermutlich weil es vorher quer im Tief gesessen hatte, gebrochen und für die Weiterfahrt untauglich war. K. ließ deshalb Nm. der Versicherung telegraphieren und begann sofort mit der Löschung in ein anderes dort anwesendes Schiff. Am 18. Juli gegen Mittag kam der Vertreter der Versicherung. K. hatte sich vorher entfernt. Das Schiffe wurde kondemniert und als Wrack verkauft, weil es ganz gebrochen war und eine Reparatur zu kostspielig sein würde.

K. gibt zu, im Hafen von Rüstersiel betrunken gewesen zu sein, will aber bis zur Ausfahrt wieder nüchtern geworden sein. Dem stehen die Angaben von Harken und Janssen entgegen, deren eidliche Aussagen glaubhaft erschienen; eine Feindschaft K. gegenüber, wie dieser sie behauptet, haben sie unter dem Eide abgestritten. Als K. in Hamburg vernommen wurde, saß er dort

wegen Bettelns in Strafhaft. Seine Beeidigung ist nicht nachgeholt, weil nach der ständigen Übung des Seeamts Emden die Beeidigung eines beteiligten Schiffers mit Patent nur eine Ausnahmemaßregel bilden soll, eventuell, weil die Glaubwürdigkeit des K. überhaupt zweifelhaft erscheint, und endlich, weil der Reichskommissar den Antrag gestellt hat, dem Schiffer K. die Befugnis zur Ausübung seines Gewerbes zu entziehen.
Zu erwähnen ist noch, daß K. nach dem Unfall alsbald von Rüstersiel verschwunden ist, ohne zunächst selbst seiner Familie von seinem Aufenthalte Nachricht zu geben; daß er sich früher schon mehrfach landstreichend umhergetrieben hat, daß die Zeugen Harken und Janssen ihn an Land überhaupt nicht nüchtern gesehen haben und daß er auch jetzt dem Gerjets noch nichts bezahlt hat.
K. ist bestraft:

am	durch	wegen	zu
05.10.09	Amtsgericht Hamburg	Bettelns	1 Tag Haft
20.11.09	Amt Bremerhaven	Bettelns	3 Tagen Haft
13.04.10	Amtsgericht Wilhelmshaven	Bettelns	1 Woche Haft
24.02.11	Amtsgericht Elsfleth	Bettelns	14 Tagen Haft
18.07.12	Amtsgericht Harburg	Bettelns	3 Wochen Haft
01.10.12	Schöffengericht Hamburg	Bettelns	10 Tagen Haft
13.09.13	Schöffengericht Hamburg	Diebstahls	1 Tag Gefängnis
04.10.13	Amtsgericht Hamburg	Bettelns und Obdachlosigkeit	4 Wochen Haft
14.11.13	Schöffengericht Altona	Bettelns	4 Wochen Haft
03.02.14	Reg.-Präs. Schleswig	Bettelns	6 Monaten Nachhaft

Anmerkung
Im Rahmen des Antrags auf Patententziehung fragt sich das Amt, ob K. überhaupt ein solches besitzen sollte und stellt Erwägungen dazu an, ob der Antrag auf Patententziehung bereits entscheidungsreif sei, weil K. nicht zur Hauptverhandlung erschienen war.
Die Ladung war der Ehefrau in Ostrhauderfehn zugestellt worden. Diese hatte das Seeamt darauf hingewiesen, ihr Mann befände sich z. Z. in Glückstadt.
Mit Blick auf das Datum der letzten Vorstrafe dürfte anzunehmen sein, daß K. am Tage der Seeamtsverhandlung in Nachhaft ist.

Spruch des Seeamts zu Brake vom 13. November 1879, betreffend den Seeunfall des deutschen Kahnes „Hinderike Helene“ von Brake.

Fahrzeug in der Weser gesunken, wobei die aus zwei Personen bestehende Besatzung um's Leben gekommen ist.

Der Kahn „Hinderike Helene“, Heimathafen Brake, hatte am 5. September 1879 bei dem im Fahrwasser unterhalb Brake arbeitenden Bagger Sandballast eingenommen und ging, bemannt mit dem Eigenthümer Jacob Heinrich Wilhelm L. zu Brake und dem Kahnknecht S., Nachmittags die Weser hinunter, wobei von der Besatzung einige Flaschen Branntwein mitgenommen wurden. Gegen Abend ist er bei Dedesdorf gesehen worden wie er im Winde lag und vor dem Winde herumgetrieben wurde; von seiner Besatzung ist niemand an Deck bemerkt worden. Am nächsten Morgen früh ist er unterhalb Dedesdorf, im Fahrwasser vor Anker liegend, bemerkt worden und ist dort bald nachher gesunken. Die Leiche des Kahnknechts S. ist am 6. September bei Sürwürderdeich, die des Schiffers L. am 11. September oberhalb Dedesdorf angetrieben. Die Versuche, den gesunkenen Kahn zu heben, sind misslungen, nur unbedeutende Inventarstücke sind von demselben geborgen worden.

Nach diesem Sachverhalt hat eine sichere Feststellung der Ursachen des Unfalls nicht erfolgen können; der Kahn ist 1845 gebaut und soll, obwohl an sich noch brauchbar, in der letzten Zeit von dem Eigenthümer sehr vernachlässigt worden und meistens leck gewesen sein. Die Frage, in wie weit der Unfall auf Verschulden der Besatzung zurückzuführen ist, muss als durch deren Tod hinfällig betrachtet werden, und geht der Spruch dahin:

dass die Ursachen des Sinkens des Kahnes „Hinderike Helene“ nicht mit Sicherheit zu ermitteln gewesen sind.

Fischdampfer „Bremerhaven“ von Bremen.
Bootsbeschädigung usw.
Seeamt Bremerhaven, 10. Mai 1906.
Ober-Seeamt, 16. November 1906.

Spruch des Seeamts: Der deutsche Fischdampfer „Bremerhaven“, Unterscheidungssignal QFRT, hat am 14. März 1906 in der Nordsee bei dem Versuche, die von ihrer Mannschaft verlassene norwegische Bark „Tamerlane“ zu bergen, einen Seeunfall – Bootsbeschädigung usw. – erlitten. Dieser, sowie das Mißglücken des Bergungswerkes ist auf gänzliche Unfähigkeit und Pflichtvergessenheit des Steuermanns Johann K. aus Idafehn zurückzuführen. Dem Steuermann Johann K. wird gemäß Antrags des Reichskommissars die Befugnis zur Ausübung des Schiffergewerbes entzogen.

Gründe: Am 14. März 1906, 8 U. Vm. sichtete der auf der Heimreise begriffene, in Bremen beheimatete Fischdampfer „Bremerhaven“ eine treibende Bark, etwa 35 Seemeilen NNW½W vom Feuerschiffe „Weser“, welche Vorstengestagsegel, Vor- und Großuntermarssegel bei etwas backgebraßtem Großtop führte und den Eindruck eines hilfslosen und verlassenen Schiffes machte; es herrschte derzeit NNW Wind, Stärke 2 bis 3. Dampfer „Bremerhaven“ steuerte auf die Bark zu, und erreichte sie um 9 U. 30 M. – vor zwei, gleichfalls auf die Bark zusteuernden Schiffen –, worauf der Kapitän L. das Boot zu Wasser beorderte und den Steuermann K. aus Idafehn, geboren am 8. Dezember 18.. in Westrhauderfehn und seit 1894 Schiffer auf kleiner Fahrt, seit 7. November 1905 im Besitz eines Befähigungszeugnisses zum Führer von Fahrzeugen in mittlerer Hochseefischerei, Aurich, mit dem Koch und zwei Matrosen hinüberschickte, um die Bark zu untersuchen und eine Schleppverbindung zwecks Bergung des Seglers herzustellen. Die Leute langten auch glücklich an, machten das Boot am Heck des Seglers fest und gingen an Bord. Das Schiff war die norwegische Bark „Tamerlane“ aus Fredricksstadt. Man durchsuchte Kajüte und Volkslogis, doch war das Schiff von der Mannschaft verlassen. Der Steuermann öffnete mit einer Axt die zweite Luke und sah, daß das Schiff Eis geladen hatte, halb voll Wasser war und leckte; es trieb auf der Ladung. Der Steuermann rief den Befund nach dem Kapitän hinüber mit dem Bemerken, daß das Schiff noch ziemlich seefähig wäre und gut binnen geschleppt werden könnte. Der Kapitän rief nun zurück, der Steuermann solle das Vorstengestagsegel niederholen, den Großtop mehr back brassen und dann eine Schlepptrosse hinübergeben.

Dem Kapitän fiel dann schon auf, daß der Steuermann auf längere Zeit von Deck verschwand – er hat nach seiner Angabe im Raume nach Schlepptrossen gesucht und das Steigen des Wassers beobachtet –; die drei anderen Mann arbeiteten an Deck und holten, da sie als Fischer von Segelmanövern so gut wie nichts verstanden und das Stagsegelfall nicht finden, auch die Brassen überhaupt nicht bedienen konnten, das Vorstengestagsegel in der Weise hinunter, daß einer nach oben ging und das Vorstengestagsegelfall durchschnitt. Dann ließen die Leute eine Rettungsboje mit Lotleine hinübertreiben, welche von dem Kapitän L. eingeholt wurde, worauf mit einer anderen Leine die Schlepptrossen, zwei auf der Bark gefundene, noch ganz gute Manillaleinen, herübergeholt wurden. Um 12 U. M. war eine gute Schleppverbindung hergestellt. Das Manövrieren war für den Fischdampfer deshalb ziemlich gefährlich, weil entgegen der Anordnung des Kapitäns der Großtop der Bark nicht mehr back gebraßt war und deshalb der Segler zeitweilig trieb, zeitweilig aber anluvte.

Der Steuermann hatte inzwischen in der Kajüte eine Flasche Rum oder Kognak gefunden und an Deck gebracht, von welcher er den Leuten zu trinken anbot. Diese tranken aber nur wenig; den Rest der ganzen Flasche hat zweiffellos der Steuermann ausgetrunken – er selbst gibt an, drei Schluck genommen zu haben – und ist hierdurch bald in den Zustand völliger Trunkenheit geraten. Nachdem er sich um die Ausbringung der Schlepptrossen wenig gekümmert hatte, ging er, ohne den Matrosen ein Wort zu sagen, nach hinten und kletterte in das Boot, obwohl dasselbe gegen die Bark geschlagen und hierdurch völlig leck geworden war, auch alle Riemen verloren hatte. Die Matrosen, denen das lange Ausbleiben des Steuermanns auffiel, haben ihn dann auf seinen Hilferuf aus seiner gefährlichen Lage befreit, indem sie ihn, der vergeblich an Bord zurückzuklettern versuchte und häufig wieder zurückfiel, nach langen Bemühungen mit einer Bucht wieder hochbrachten; das lecke Boot trieb derweilen weg. Kapitän L., der die sehr gefahrvolle Lage

des Steuermanns beobachtet hatte und besorgt war, daß die Matrosen ihn nicht wieder an Bord nehmen könnten, hatte sich inzwischen genötigt gesehen, die Schlepptrossen zu kappen, damit er im äußersten Notfalle den Steuermann retten konnte; als dann der Steuermann gerettet war, fischte man vom Dampfer aus das Boot auf und setzte es wieder an Bord; es waren ihm Planken mitten eingedrückt, und beim Anbordsetzen der Steven gebrochen. In dem Boote fand man eine zerbrochene Flasche, welche vorher nicht in demselben gewesen war und dem Geruche nach alkoholisches Getränk enthalten haben mußte; ein Fund, welcher den Kapitän über den Grund des auffallenden Benehmens des Steuermanns ausreichend aufklärte.
Dieser letztere hatte sich inzwischen in der Kajüte trockenes Zeug angezogen und hielt sich dann auf der Bark auf, wo er jedoch weitere sachdienliche Maßregeln nicht ergriff; er zeigte sich vielmehr als zur weiteren Leitung der Mannschaft völlig unfähig. Die Leute hatten inzwischen das einzige, zwar beschädigte, aber immerhin noch zur Not brauchbare Boot der Bark zu Wasser gebracht und hinten angebunden, wo es jedoch bald gleichfalls zertrümmert und ganz unbrauchbar wurde. Da die Leute die gekappten Trossen nicht wieder einholen konnten, wie auch die Versuche seitens des Dampfers, sie wieder aufzufischen, vergeblich blieben, und da bei dem Aufkommen des

Fischdampfer „Bremerhaven“

Abends die Wiederherstellung der Schleppverbindung unmöglich, auch ein Verweilen der Leute an Bord der Bark gefährlich erschien, beschlossen die Leute, von der Bark nach dem Dampfer zurückzukehren. Zu diesem Zwecke ließ der Kapitän L. mittels einer Leine die von der Bark herübergefierte Rettungsboje nach der Bark treiben, um hiermit die Leute zurückzubringen; der Steuermann sollte in Anbetracht seines Zustandes zuerst, wenn nötig mit Gewalt, in den Ring gesteckt und hinüber gebracht werden. K. hatte sich jedoch währenddem in der Kajüte Bettzeug und Kleidungsstücke zusammengepackt, um sie zu seinem eigenen Gebrauche mitzunehmen, weil er ein baldiges Sinken der Bark annahm. Mit diesem Sack kam er an Deck, sprang, ohne daß ihn die Leute hindern konnten, in das bis zum Bord mit Wasser gefüllte Boot und ließ sich mit diesem nach gelöster Fangleine treiben. Nur mit großer Mühe und mit Hilfe der Bojenleine gelang es, den Steuermann mit dem Boote nach dem Dampfer zu dirigieren. Entgegen der Weisung des Kapitäns brachte der Steuermann dann noch den mitgenommenen Kleidersack an Bord, riß sogar dieserhalb einem Matrosen, der möglichst schnell die Bojenleine klar machen und zur Rettung der übrigen Leute wieder nach der Bark hinüberfieren wollte, den Bootshaken aus der Hand, und begab sich dann nach unten. Obwohl er nach allgemeiner Ansicht damals noch völlig betrunken war und ihm dieses auch von allen direkt ins Gesicht gesagt wurde, bestritt es der Steuermann. Der Kapitän hat, um weiteren Skandal zu vermeiden, es verständigerweise vorgezogen, dem Steuermann weitere Vorhaltungen nicht zu machen, ihm lediglich jede Wachausübung zu entziehen und ihn nach der Rückkehr sofort abzumustern.

Die Bergung des Schiffes, welches noch tagelang als Schiffahrtshindernis dort getrieben hat und erst bei einem von einem anderen Fischdampfer unternommenen Bergungsversuche weggesunken ist, ist auf diese Weise mißlungen. Der ganze Vorfall bietet ein sehr betrübendes Bild völliger Unfähigkeit und Pflichtvergessenheit eines Schiffsoffiziers, wie man es, zur Ehre der deutschen Seemänner, selten erlebt. Der Steuermann hat, ganz abgesehen davon, daß er für die Rettung eines fremden, noch seefähigen Schiffes und für die Sicherung guten Verdienstes für seine Reederei und sein Schiff keinerlei Interesse gezeigt hat, jede Rücksicht auf die ihm anvertrauten Mannschaften völlig außer acht gelassen, die Leute schließlich im Stich gelassen und dadurch in eine sehr gefährliche Lage gebracht.

Anmerkung
Die Entscheidung des Seeamtes Bremerhaven hat in Berlin keinen Bestand.
Zwar ist sich das Oberseeamt mit der ersten Instanz in der Verurteilung des Verhaltens des Steuermanns einig und stellt fest, Nüchternheit im Dienst sei zweifelsohne eine Eigenschaft, die zur Ausübung des Schiffergewerbes erforderlich sei, indes hat die Beschwerdeinstanz durchgreifende Zweifel am Vorliegen eines Seeunfalles überhaupt.
Hierzu wird ausgeführt:
„Dagegen hat das Seeamt seinen Spruch auf die Ansicht gegründet, daß die erhebliche Beschädigung des Bootes vom Fischdampfer, insbesondere aber die Gefährdung der zu dem Bergungszweck abgeordneten Leute des Dampfers zweifelsohne einen ‚Seeunfall‘ des Dampfers darstelle. Diese Ansicht näher zu begründen, hat das Seeamt sich versagt, es hat es vielmehr für ausreichend angesehen, seine Ansicht als ‚zweifelsohne‘ richtig hinzustellen und den Begriff ‚Seeunfall‘ mit den Worten: ‚Unterbrechung des gewöhnlichen Reiseverlaufs durch äußere Zufälle‘ zu umschreiben. Bei der ausschlaggebenden Bedeutung gerade der Frage, ob ein Seeunfall vorliegt, hat das Oberseeamt die Ansicht des Seeamtes, die es keineswegs als ‚zweifelsohne‘ richtig hinzunehmen sich entschließen konnte, einer eingehenden Nachprüfung unterworfen, bei der es ihm nicht gelungen ist, eine stichhaltige Begründung für jene Ansicht zu finden.“
Das Oberseeamt stellt fest, ein ursächlicher Zusammenhang zwischen der Trunkenheit und der Beschädigung des Rettungsbootes sei nicht gegeben, weil es zulässig war, das Boot am Heck des Havaristen festzumachen. Danach setzt sich das Oberseeamt selbst mit den Hintergründen der Trunkenheit des bisher viele Jahre unbescholtenen Steuermanns auseinander und kommt zu dem Schluß, dieser habe wohl zunächst dem Branntwein nur zugesprochen, weil er sich erwärmen wollte, und gerade weil er daran nicht gewöhnt war, sei er um so leichter trunken und hierdurch zu weiterem Trinken verleitet worden.
Im Hinblick auf zwei durchaus unterschiedliche Überlegungen zur Ursache der Trunkenheit erlaubt sich der Herausgeber, mit dem Abstand von über 80 Jahren, einen weiteren Bewertungsversuch.
Da es am 14.03.1906 in der Deutschen Bucht wohl nicht mehr so ungemütlich gewesen sein dürfte, daß ein lang befahrener Steuermann wegen Nässe und Kälte übergebührliches Unbehagen verspüren mußte, war es vielleicht die Vorfreude auf seine Beteiligung am Bergungsgeld, die den braven Steuermann K. bei Eintreffen auf dem Havaristen zur nächstbesten Flasche greifen ließ.

Spruch des Seeamts zu Stettin vom 16. August 1882, betreffend den Seeunfall der Brigg „Louise" von Stolpmünde.

Der Spruch des Seeamts lautet: Der Seeunfall, welchen am 5. Januar 1882 die Brigg „Louise", auf der Fahrt von Hull nach Plymouth durch Strandung auf den Hasborough-Sands und demnächstiges Kentern erlitten hat, ist dadurch verursacht, daß Schiffer und Steuermann es unterlassen haben, gehörig zu lothen und sich über den Stand des Schiffes zu unterrichten, auch der Steuermann dem Schiffer keine Mittheilung über den Stand des Schiffes gemacht hat.

Außerdem trifft den Schiffer der Vorwurf, daß er

1. nicht dasjenige sittliche Verhalten gezeigt hat, ohne welches der Schiffer die Ordnung an Bord nicht aufrecht erhalten kann,
2. das Schiff ohne Grund zur Nachtzeit in einen gefährlichen Canal zwischen lauter Untiefen brachte, ohne die nöthigen Vorsichtsmaßregeln anzuwenden,
3. sich von Deck in seine Koje begab und dem Steuermann die Wache übergab, bevor das Schiff in freies Fahrwasser gebracht war,
4. keine zweckmäßigen Maßregeln zum Abbringen des Schiffes ergriffen hat.

Dem Schiffer W. ist deshalb dem Antrage des Reichscommissars gemäß die Befugniß zur Ausübung des Schiffergewerbes entzogen, dagegen die Berechtigung zur Ausübung des Gewerbes als Steuermann belassen.

Gründe: Die Brigg „Louise", Heimathshafen Stolpmünde, ist unter Führung des Schiffers W. und des Steuermanns F. am 5. Januar 1882 auf Hasborough-Sand an der englischen Küste gescheitert und wrack geworden. Schiff und Ladung sind verloren, wogegen die aus acht Personen bestehende Besatzung nebst einem an Bord befindlichen Frauenzimmer gerettet ist.

Am 4. Januar 1882 ging die „Louise" mit einer für Plymouth bestimmten Ladung von 307 Tons Stückkohlen von Hull in See. Die in Stettin angemusterte Mannschaft hatte mit alleiniger Ausnahme des Steuermanns F. in Hull das Schiff verlassen, nach Mittheilung des deutschen Consulats in Hull wegen angeblich befürchteter Seeuntüchtigkeit, während der Steuermann F. Verleitung durch fremde Agenten vermuthet. Die in Hull angemusterten Leute waren Dänen, Schweden und Norweger, nur der Matrose Rapp war ein Deutscher. Außerdem war jedenfalls mit Wissen und Zustimmung des Schiffers aus einem Wirthshause in Hull ein Frauenzimmer mitgenommen und in der Capitänscajüte untergebracht worden, welche nach Plymouth wollte und dem Schiffer wie dem Steuermann als Zuhälterin diente.

Die Reise ließ sich Anfangs gut an. Bei schönem Wetter und günstiger Nordwestbrise wurde am 4. Januar 1882 Nachmittags 3½ Uhr Dudgeon-Feuerschiff in zwei Seemeilen Abstand auf Steuerbord passirt und Curs auf Cromer-Feuer gehalten. Später ging der Wind auf WSW und die Luft wurde diesig, klarte aber wieder auf, so daß der Abend freundlich und sternenklar, die See ruhig war. Um 8 Uhr Abends übergab der Schiffer dem Steuermann die Wache, will aber noch bis 9½ Uhr, als Cromer-Feuer in Sicht kam, auf Deck geblieben sein und angeordnet haben, daß er sofort geweckt werde, falls eine Veränderung im Wetter eintreten sollte. Man segelte zwischen den Feuern von Cromer und Hasborough-Sand hindurch, hatte also letzteres auf Backbord. Cromer-Feuer war um 9 Uhr Abends in SSO½O in 8 Seemeilen Abstand gepeilt worden. Mit vollen Marssegeln, Untersegeln und Klüver segelte die „Louise“ zwischen der Sandbank und der Küste weiter. Kurz vor Mitternacht peilte der Steuermann die beiden Feuer von Hasborough quer ab SW in 3 Seemeilen Abstand, dann wurde die Luft wieder dick, so daß kein Feuer mehr zu sehen war.

Um 12½ Uhr Nachts kam der Schiffer auf Deck und machte dem Steuermann Vorwürfe, daß dieser ihn nicht sofort habe rufen lassen. Der Steuermann entschuldigte sich damit, daß es erst 10 Minuten vor 12 dick geworden sei. Nachdem der Schiffer sodann aus dem Loggbuche die vom Steuermann sofort eingetragene Peilung der Hasborough-Feuer ersehen hatte, befahl er den beiden auf dem Ausguck befindlichen Leuten, ein etwa in Sicht kommendes an Backbordseite zu erwartendes Feuer sofort zu melden und gebrauchte zu gleichen Zwecken das Nachtglas. Bis 1 Uhr Nachts wurde mit dem flauen vom Steuermann als Dreiknotenbrise bezeichneten WSW-Winde SO, dann aber, als man nach dem Logg 7 Seemeilen in dieser Richtung zurückgelegt hatte, SO ½S gesteuert.

Um 1½ Uhr Nachts kam die Brigg am Südende von Hasborough-Sand auf Grund und wurde durch das zum Abbringen allein versuchte Backbrassen der Segel nur fester aufgetrieben. Der sogleich an Deck eilende Steuermann will ein rothes, anscheinend von einem Feuerschiff herkommendes Blinkfeuer gesehen haben, von welchem aber der Schiffer nichts erwähnt. Wind und Seegang nahmen gleich darauf zu, das Schiff wurde leck und kenterte nach etwa 4 Stunden. Die Besatzung nebst dem mitreisenden Mädchen rettete sich in die Boote und wurde dann theils von dem Rettungsboote aus Winerton dorthin, theils von einer Yarmouther Fischersmack nach Yarmouth gebracht. Mit Schiff und Ladung sind auch sämtliche Urkunden einschließlich des Loggbuch verloren gegangen.
Dieser Thatbestand ist aus dem Seeprotest vom 6. Januar 1882, sowie durch die im wesentlichen damit übereinstimmenden und als Geständnis eigener Schuld jedenfalls glaubhaften, wenn auch uneidlichen Aussagen des Schiffers W. und Steuermanns F. festgestellt. Beide widersprechen sich zwar insofern, als jeder den andern möglichst schlecht zu machen und die Schuld auf ihn abzuwälzen sucht; es kann jedoch mit Rücksicht auf den sonstigen Thatbestand als wenig erheblich dahingestellt bleiben, ob, wie der Steuermann behauptet, der Schiffer mehrfach und auch am 4. Januar angetrunken gewesen ist und bei dem Auflaufen des Schiffes mit dem Rufe: „mein Gott, wo sind wir?" die Thüre der Steuermannscajüte aufgerissen hat, oder ob die Angabe des Schiffers wahr ist, daß der Steuermann sich als wenig zuverlässig gezeigt und nach Kenntniß der Strandung geäußert habe: „sitzt der alte Pudel endlich fest?"
Zwar bestreitet der Schiffer, daß er die unentgeltliche Mitnahme des liederlichen Frauenzimmers auf der Fahrt von Hull nach Plymouth veranlaßt habe, aber er giebt doch zu, daß diese Ungehörigkeit mit seinem Wissen und Willen geschehen sei und die Bezüchtigung des Steuermanns, daß der Schiffer schon während des Aufenthaltes in Hull mit dem Mädchen geschlechtlich verkehrt und sie selbst an Bord gebracht habe, gewinnt dadurch an Glaubwürdigkeit, daß der Schiffer zuerst sein Wissen von der Anwesenheit der Dirne auf dem Schiffe ganz in Abrede gestellt, später aber zugegeben hat, daß er in Hull mit ihr bekannt geworden sei und auf ihren Wunsch, mit nach Plymouth zu reisen, erwidert habe: „Du kannst mitkommen". Die Ausrede eines bloßen Scherzes wird nicht nur durch die wirkliche Ausführung

sondern dadurch widerlegt, daß der Schiffer das Frauenzimmer in seine eigene Cajüte aufgenommen und ebenso wie der Steuermann F. mit ihr geschlechtlich verkehrt hat, was er selbst zugesteht.
Hat der Schiffer dadurch einen rechtswidrigen Vertrauensbruch gegen seine Rheder begangen, daß er ohne deren Erlaubniß eine fremde Person unentgeltlich mitreisen ließ, so fällt es noch viel schwerer gegen ihn ins Gewicht, daß er, der verheirathete Mann und Familienvater, seiner Mannschaft mit dem schlechten Beispiele ehebrecherischen Verkehrs voranging und sich zu einer verwerflichen Gemeinschaft mit seinem Steuermann herbeiließ, die nicht bloß unschicklich, sondern ein Verstoß gegen die Grundlage des Verhältnisses und daher für den Unfall mitwirkend war, weil sie das Ansehen des Schiffers kränken und die Schiffsführung beeinträchtigen mußte. Es ist nicht zu verwundern, daß der sittlichen Leichtfertigkeit die seemännisch sachliche zur Seite ging und den Untergang der Brigg durch eine grobe und wahrhaft muthwillige Fahrlässigkeit herbeiführte, die mit dem strafrechtlichen Ausdrucke der an Böswilligkeit grenzenden Verschuldung – culpa dolo determinata – gekennzeichnet wird.

Anmerkung
Da der Zorn und die Entrüstung der ehrenwerten Mitglieder des Seeamtes über das unwürdige Verhalten des Schiffers und des Steuermannes sich in der Auswahl der Formulierungen der Entscheidungsgründe niederschlagen, ist ihnen weiter als sonst Raum gegeben worden.
Nach Sachlage ist jedoch sicher, daß die Patente auch entzogen worden wären, wenn sich kein „liederliches Frauenzimmer" mit Billigung und zur Freude der Schiffsleitung an Bord des Havaristen aufgehalten hätte.

Dampfer „Reichstag“ von Hamburg. Tod einer Passagierin. Seeamt Hamburg, 23. Februar 1906.

Spruch: Am 9. September 1905 ist an Bord des Dampfers „Reichstag“ kurz nach seiner Ankunft in Mombassa die Passagierin Ethel H. aus Johannesburg verstorben.
Die Todesursache war nicht mit Sicherheit zu ermitteln, liegt aber vermutlich darin, daß die Verstorbene zur Linderung der Seekrankheit Morphium nahm und daß sie entweder einen Herzfehler gehabt hat oder zu starke Dosen genommen hat.
Dem Schiffsarzte Dr. Z. ist nach dem Gutachten eines ärztlichen Sachverständigen wegen der Art und Weise, wie er die Kranke an Bord behandelt hat, ein Vorwurf nicht zu machen.
Es trifft ihn aber um deswillen ein Vorwurf, weil er in dem Totenscheine Selbstmord als Todesursache angegeben hat, während hierzu keine Veranlassung vorgelegen hat.
Die Schiffsleitung trifft kein Vorwurf.

Tatbestand: Der Reichspostdampfer „Reichstag“, ist Eigentum der Deutschen Ostafrika-Linie in Hamburg und wird geführt vom Kapitän Hans Bernhard I. Als dieser Dampfer am 9. September 1905 von Bombay kommend, im Hafen von Mombassa eingetroffen war, ist kurz darauf an Bord eine neunzehnjährige, unverheiratete Passagierin namens Ethel H. verstorben. Der Vater der Verstorbenen, der Besitzer des ersten Hotels in Johannesburg, hat vor dem deutschen Konsulat in Johannesburg wegen dieses Ablebens seiner Tochter schwere Beschuldigungen gegen den Schiffsarzt Dr. Z. sowie den Kapitän des Dampfers „Reichstag“ erhoben. Er hat behauptet, daß der Arzt seine Pflicht seiner Tochter gegenüber schwer vernachlässigt habe, indem er gewußt habe, daß seine Tochter Morphium zu sich nehme und nicht eingeschritten sei. Zudem habe er noch nach dem Tode der Tochter behauptet, daß sie Selbstmord begangen habe, und sie sowohl wie ihre gleichfalls an Bord befindliche Mutter dem Genusse von Alkohol und Morphium gewohnheitsmäßig ergeben seien. Diese Beschuldigungen seien vollständig unwahr und es sei ferner festgestellt, daß der Schiffsarzt Dr. Z. ein Trunkenbold sei, der einmal sogar in Mombassa im Zustande sinnloser Trunkenheit habe zurückgelassen werden müssen.

Diese Tatsachen hätten dem Kapitän des Schiffes nicht verborgen bleiben können und daher treffe auch diesen eine Schuld daran, daß seine Tochter an Bord eines Reichspostdampfers der nötigen ärztlichen Pflege und Aufsicht habe entbehren müssen. Da hiernach möglicherweise der Tod eines Passagiers an Bord des Dampfers „Reichstag“ durch den Schiffsarzt verschuldet worden war, hat das Seeamt eine Untersuchung dieses Todesfalls vorgenommen und diese Untersuchung hat zu folgenden tatsächlichen Feststellungen geführt.

Die beiden Damen H., Mutter und Tochter, kamen in Bombay, nachdem sie den Dampfer „Sultan“ wegen vermeintlicher Pestgefahr überschlagen hatten, an Bord des Dampfers „Reichstag“ und erhielten die beiden an Backbord

Dampfer „Reichstag“ ex „Eduard Bohlen“

gelegenen Kammern erster Klasse, aus denen die Oberbetten herausgenommen wurden. Am ersten Tage war die Tochter noch sehr lustig an Deck und hat sich noch längere Zeit mit dem Kapitän unterhalten, die ältere Dame fühlte sich nicht wohl und lag in ihrem Stuhle an Deck. Am nächsten Tage blieben beide Damen im Bette und gaben dem Schiffsarzte Dr. Z. auf seine Erkundigungen an, sie fühlten sich nicht wohl und seien etwas seekrank.
In den folgenden Tagen besserte sich der Zustand der Damen nicht, sie erschienen zu keiner Mahlzeit und verweigerten auch dem Schiffsarzte, welcher ihnen zuredete, jede Nahrungsaufnahme. Nur ganz ausnahmsweise verlangte die Mutter etwas Hühnersuppe, welche ihr auch sofort gemacht wurde. Im übrigen tranken beide Damen fast immer Sodawasser, zeitweise auch etwas Sekt, Portwein und anderes.
Der Schiffsarzt Dr. Z. hat einige Male mit dem Kapitän über das Verhalten dieser beiden Damen gesprochen und ihm erklärt, er stehe der Sache ratlos gegenüber, die Nahrungsverweigerung sei ihm nicht erklärlich, nach seiner Ansicht müßten die Damen irgend eine Medizin heimlich einnehmen. Der Kapitän ist darauf selbst mit dem Schiffsarzte mehrmals zu den Damen hineingegangen und hat sie gebeten, doch etwas zu essen, hat aber ebenfalls nichts erreichen können.
Etwa zwei bis drei Tage vor Ankunft in Mombassa ist es dem Arzte, als die junge Dame wieder auf kurze Zeit in einem langen Stuhle an Deck transportiert war, gelungen, sie zum Einnehmen einer Tasse Bouillon mit Ei zu bewegen, und diese hat dem Arzte bei dieser Gelegenheit, wie er bekundet, zugestanden, daß sie etwas Morphium, wenn auch nicht viel, zu sich nehme und daß ihre Mutter ihr diese Pulver gebe.
Dr. Z. hat sie darauf auf die Schädlichkeit des Morphiums aufmerksam gemacht und sie dringend vor dem weiteren Genusse dieses Mittels gewarnt, auch hat er ihr ein Morphiumpulver, welches er in ihrer Kabine gefunden hat, weggenommen. Er hat auch mit der Mutter hierüber gesprochen und diese hat entschieden in Abrede gestellt, daß sie ihrer Tochter Morphium gäbe, und hat auch dem Kapitän gesagt, er solle nicht glauben, was der Doktor von Pulvern und Morphium spreche.
In der letzten Nacht vor der Ankunft in Mombassa, gegen 2½ U. Vm. wurde dem wachehabenden zweiten Offizier von einem Manne gemeldet, daß eine Frau unten im Sterben liege, und dieser hat die Meldung an den Kapitän

weitergegeben. Der Kapitän hat die Wache übernommen und den zweiten Offizier nach unten geschickt, um nachzusehen, wer die Kranke sei und um den Arzt zu wecken. Der zweite Offizier kam nach einiger Zeit mit der Meldung zurück, daß die junge Dame der ersten Klasse, Fräulein H., sehr krank sei, und daß der Schiffsarzt, den er geweckt habe, beim Anziehen umgefallen sei und in Krämpfen liege.
Der Kapitän suchte darauf auch den Arzt auf und fand diesen in seiner Kammer auf dem Sofa sitzend, dunkelrot im Gesicht und mit Schwierigkeit Atem holend. Als der Kapitän darauf auch nach den beiden Damen H. sah, fand er sie beide in ihrer Kammer ruhig atmend liegen. Der zweite Offizier hat sich darauf den ersten Maschinisten zur Unterstützung geholt und mit diesem zusammen den Arzt an Deck transportiert, wo er dann aber von einem zweiten Anfalle betroffen wurde und umfiel. Er wurde nunmehr zu seiner Erholung an Deck auf einen Stuhl gesetzt. Gegen 4 Uhr hat sich der Arzt aber wieder erholt und ist sofort zu den kranken Damen gegangen und hat insbesondere die jüngere Dame in Behandlung genommen. Er machte ihr Eisumschläge an den Schläfen, gab ihr verschiedene Kampfereinspritzungen und behandelte sie mit elektrischer Massage. Hierbei hat auch der Kapitän dem Arzte bis 10 U. Vm. geholfen, von wo an er dann der Navigierung halber zeitweise auf der Brücke sein mußte.
Die junge Dame ist dann noch an Deck transportiert und die Behandlung des Arztes ununterbrochen fortgesetzt worden, aber ohne Erfolg, denn kurz nach Ankunft des Schiffes in Mombassa um 1¾ U. Nm. trat der Tod ein. Der Hafenarzt, welcher schon an Bord war, hat den eingetretenen Tod noch mit konstatiert. Am Abend wurde die Leiche durch die englische Behörde abgeholt und in derselben Nacht im Beisein des Kapitäns, ersten Offiziers und ersten Maschinisten bestattet.

Der Schiffsarzt Dr. Z. hat über diesen Todesfall einen Schein folgenden Inhalts ausgestellt:
„9. September 1905 Nachmittags 2 Uhr. Soeben verschied hier an Bord des R.P.D. „Reichstag“ Miß Ethel H., die zusammen mit ihrer Mutter Passagierin der ersten Klasse war. Meine Diagnose war „Morphinismus“ und hat mir Miß Ethel H. vorgestern die Richtigkeit meiner Diagnose zugegeben und habe ich darauf ihre Behandlung und Beaufsichtigung übernommen. Heute

Morgen ½6 Uhr wurde ich geweckt. Miß H. hat ganz zweifellos heute Nacht einen Suicide-Versuch gemacht. Ich zweifle nicht daran, daß sie diesen Selbstmordversuch mit Morphium gemacht hat. Ihre Ernährung war seit 9 Tagen „jammervoll“. Sie lebte von Champagner, Sodawasser, Portwein und Morphium. Ich habe sie heute Morgen mit Schlundsonde durch die Nase genährt und hat sie Bouillon mit drei Eiern gut bei sich behalten. Ferner habe ich Kampferlösung und faradischen Strom in der nötigen Weise angewendet. Ich hatte gehofft, Miß H. durchzubringen, der Ernährungszustand war aber zu schlecht und die Gifteinfuhr zu gut und groß.

Der Schiffsarzt:
Dr. med. Z., ehemals Oberarzt der Königlichen Universitäts-Nerven-Klinik zu W.“

Der Dr. Z., welcher 42 Jahre alt ist, fuhr seit etwa 3 Monaten auf dem Reichspostdampfer „Reichstag“ und seit 1901 als Schiffsarzt zur See. Er hatte vorher eine Irrenanstalt im Jahre 1897 gekauft und ist 1898 von einem Patienten durch einen Schlag auf den Kopf schwer verletzt worden, sodaß er einen Schädelbruch davontrug und in Hamburg operiert werden mußte. Von dem Kapitän und den Schiffsoffizieren des Dampfers „Reichstag“ wird ihm in jeder Beziehung ein günstiges Zeugnis ausgestellt.
Insbesondere bekundet der Kapitän, daß er an Bord niemals betrunken gewesen sei, und daß er auch in der hier fraglichen Nacht vor Ankunft in Mombassa garnichts getrunken habe. Der erste Offizier Wendling hat Mittags beim Essen gewöhnlich ein Glas Bier mit dem Arzte zusammen getrunken und hat auch sonst nie gemerkt, daß er etwas getrunken hat. Nach seiner Meinung ist Dr. Z. nervös und leicht erregbar gewesen; Unfälle, wie er sie in der fraglichen Nacht gehabt hat, sind sonst nie bei ihm beobachtet worden. Der Arzt war nach Aussage des Wendling sehr diensteifrig, wenn er Hilfe bringen konnte. Der Maschinist Mumm hat den Schiffsarzt zweimal angeheitert gesehen und zwar einmal nach Feierabend, als er mit ihm Whisky getrunken hat, das zweite Mal, als er in Durban während der Nacht von Land an Bord zurückkehrte.
Der von dem Vater der Verstorbenen erwähnte Vorfall in Mombassa hat sich einen Monat nach dem hier zur Untersuchung stehenden Todesfall ereignet

und damals hat sich allerdings der Schiffsarzt am Lande mit Whisky stark übernommen und deshalb die Abfahrt des Dampfers versäumt.

Anmerkung
Der Vorfall war auch Gegenstand einer Untersuchung des örtlichen Magistrats von Mombassa, der – Wiedergabe durch das Seeamt Hamburg – festgestellt hatte, „Todesursache, Erschöpfung durch Seekrankheit in Verbindung mit der Wirkung von Morphium und nicht ordnungsgemäße medizinische Behandlung und Aufsicht.“
Dieses Untersuchungsergebnis wird vom entscheidenden Seeamt mit der Begründung verworfen, es sei bereits wegen Nichtanhörung des beschuldigten Schiffsarztes sowie der Schiffsführung und weiterer Besatzung des Dampfers „Reichstag“ nicht haltbar.

Dampfer „Windhuk" von Hamburg
Selbstmord einer Reisenden
Seeamt Hamburg, 20. Dezember 1912.

Spruch: Die Passagierin 1. Klasse C.A. hat am 25. November 1912 auf dem Dampfer „Windhuk" durch Überbordspringen Selbstmord verübt.
Die Ursachen der Tat waren nicht mit Sicherheit aufzuklären.
Bei dem festgestellten übermäßigen Alkoholgenusse der Frau wäre es, zumal sie schon Selbstmordabsichten geäußert hatte, richtiger gewesen, sie als Kranke zu behandeln und besser bewachen zu lassen.
Rettungsversuche sind ordnungsgemäß ausgeführt.

Tatbestand: Auf der Reise des Dampfers von Swakopmund nach Las Palmas meldete am 25. November 1912 um 2 U. 50 M. Vm. der Leichtmatrose Wenzlawski dem wachehabenden 2. Offizier Stamer, daß soeben eine Dame vom Promenadendeck vor seinen Augen über Bord gesprungen sei. Die Maschinen wurden sofort auf volle Kraft rückwärts gesetzt, eine Leuchtboje über Bord geworfen und ein Boot zu Wasser gelassen, welches unter Führung des 3. Offiziers bis 4 U. 10 M. Vm. die Unfallstelle absuchte. Um 4. U. 20 M. wurde, da von der Passagierin nichts wieder gesehen wurde, die Reise fortgesetzt.
Die Dame, welche in dieser Weise Selbstmord verübt hatte, war die etwa 37 Jahre alte Passagierin 1. Klasse C. A., Witwe eines englischen Offiziers, welche in Capstadt an Bord gekommen war, um nach Southampton zu reisen. Sie ist dem Kammersteward Lüßmann schon gleich nach dem Anbordkommen durch ihr sonderbares Benehmen aufgefallen und sie hat dem Steward schon am folgenden Tage gesagt, daß sie über Bord springen werde, welcher Äußerung der Steward aber keine Bedeutung beigemessen hat, da die Frau dabei lachte.
Die Frau hat dann schon vom Beginn der Reise an ganz enorme Quantitäten alkoholischer Getränke zu sich genommen. Am zweiten Tage hat der Kammer-

steward ihr eine Flasche Whisky, am 3. und 4. Tage je 2 Flaschen Whisky gebracht. Am 5. Tage begann sie Sekt zu trinken und der Steward hat ihr zwei Tage hintereinander je 6 Flaschen Sekt gebracht. Außerdem hat ihr die Stewardeß H. an einem Tage einmal 6 Flaschen Sekt gebracht. Außerdem hat die Frau viel Bier getrunken.
Der Dampfer hatte am 12. November Capstadt verlassen, und am 16. November ist der Schiffsarzt Dr. S. zum ersten Male zu der Frau A. gerufen worden, da sie angeblich an Kopfschmerzen infolge ihrer Periode litt. Sie blieb zwei Tage im Bett liegen und kam dann zeitweise in leicht berauschtem Zustand an Deck. In den dann folgenden Tagen lag sie wieder ständig apathisch im Bette. Der Schiffsarzt gibt an, daß er erst jetzt erfahren habe, daß die Frau so außerordentlich getrunken und geäußert habe, daß sie wohl nicht nach Liverpool kommen werde. Er hat daher am Abend des 22. November den Kapitän von seinen Wahrnehmungen in Kenntnis gesetzt und ihm auch mitgeteilt, daß die Frau dem Kammersteward gegenüber Selbstmordabsichten geäußert habe. An diesem Abend ist Frau A. so betrunken gewesen, daß die Stewardeß H. den Kapitän holen ließ, da die Trunkene nach weiteren Getränken verlangte.

Dampfer „Windhuk“

Kapitän Z. hat dann für diesen Abend die Verabfolgung weiterer Getränke an die Frau verboten. Seine Behauptung, daß er generell verboten habe, der Frau überhaupt in Zukunft weitere Getränke zu verkaufen, ist von den vernommenen Stewards nicht bestätigt worden, da niemand ein solches Verbot verstanden hat.
Eine Bewachung der Frau hat der Kapitän nicht angeordnet, da er der Ansicht gewesen sein will, daß die Gefahr des Überbordspringens der Frau damit beseitigt sei, daß sie nichts mehr zu trinken bekomme. Der Schiffsarzt will dem Kapitän aber gesagt haben, daß er eine gewisse Art der Bewachung für notwendig halte.
Am 23. November hat Frau A. nur noch eine Flasche Sekt und einige Gläser Bier erhalten, weil sie kein bares Geld mehr hatte und der Obersteward einen Wechsel, welchen sie besaß, nicht in Zahlung nehmen wollte.
Es läßt sich auf Grund dieses Tatbestandes nicht mit voller Sicherheit sagen, aus welchem Grunde die Frau über Bord gesprungen ist.
Unter diesen Umständen war die Frage zu prüfen, ob die Behandlung der Frau an Bord eine richtige gewesen ist.
Es liegt zunächst eine Pflichtverletzung der Stewards vor, wenn sie mehrere Tage lang einer Dame solche Menge alkoholischer Getränke verkaufen.
Ebenso war es Sache des Schiffsarztes hier den Kapitän deutlich und energisch darauf hinzuweisen, was zur Beseitigung der vorhandenen Gefahr zu geschehen habe.
Eine Dame, welche derartige enorme Quantitäten von Getränken vertilgt, ohne ordentlich zu essen und welche ständig betrunken ist, muß als Kranke behandelt werden, und es ergibt sich hieraus das Recht und die Pflicht des Schiffsarztes, gegen die Kranke mit seiner ärztlichen Autorität einzuschreiten und Maßregeln zu ergreifen.

Spruch des Seeamts zu Bremerhaven vom 17. Juli 1895, betreffend den Tod eines Matrosen infolge Mißhandlung seitens des Schiffers und der beiden Steuerleute, an Bord der Bark „Paul Isenberg“ von Bremen.

Der Spruch des Seeamts lautet: Der Matrose Charley Petersen aus Arendal ist auf der Reise der Bark „Paul Isenberg“ von St. Francisco nach London am 15. März 1894 infolge der ihm von dem verstorbenen Schiffer B. und dem ersten Steuermann Hermann Theodor S. zugefügten Mißhandlungen gestorben. Dem Steuermann S. wird die Befugniß zur Ausübung des Schiffer- und Steuermannsgewerbes entzogen.
Den zweiten Steuermann Wilhelm M. trifft der Vorwurf, die fortgesetzte Mißhandlung des Petersen nicht nur nicht verhindert, sondern sich gelegentlich, wenn auch nicht in so schwerer Weise, an derselben betheiligt zu haben.

Gründe: Die Bark „Paul Isenberg“, Heimathafen Bremen, mit 18 Mann Besatzung, war am 7. Juni 1893 von Liverpool nach Honolulu versegelt, hier am 30. September 1893 angekommen, am 21. October desselben Jahres nach San Francisco und am 23. December von hier nach London in See gegangen. Führer der Bark war der Schiffer J. C. B., geboren am 20. Juni 184. zu Elsfleth. Die Mannschaft war vollständig. Unter ihr befand sich der am 20. December 1893 in Dienst getretene Matrose Charley Petersen, etwa 28 Jahre alt, aus Arendal (Norwegen). Im Journal des „Paul Isenberg“ finden sich über Petersen folgende Eintragungen:

1893 20. Decbr.	Matr. Ch. Petersen trat betrunken in Dienst und will nicht arbeiten.
1894 8. Jan.	Die Matrosen der Backbordwache (darunter Petersen) weigerten sich, vor 6 Uhr morgens anzufangen und zu arbeiten.
10. Jan.	desgl. (trotz Verwarnung vom 8.)
23. Febr.	(anscheinend nachgetragen). Da Matr. Charley beim Gaffeltopsegel-Festmachen nicht mit half, ging ich, der erste Steuermann, selbst hinauf, gab dem Charley dann eine tüchtige Ohrfeige.

24. Febr. Matr. Charley Petersen erhielt wegen Drückens beim Segelbefestigen von seinen Collegen, Officieren und Capitain eine Tracht Prügel.

25. Febr. Matr. Charley Petersen, welcher seinen Dienst als Matrose nicht verrichten kann, wird von heute ab zum Leichtmatrosen herabgesetzt mit einer Monatsgage von 30 Mark.

1. März Matr. Charley Petersen simulirte Verrücktheit, er erhielt einen verschlossenen Raum für sich.

6. März Matr. Charley Petersen wurde wieder in das Logis gelassen.

13. März Matr. Charley Petersen simulirt wieder und ist widerspenstig, so daß er wieder Schläge bekam, welche er aber nach einer Viertelstunde wieder vergessen hat.

15. März Um 12¼ nachts den 15. März auf 30° 13' Südbreite und 32° 12' Westlänge starb der als Matrose in St. Francisco angemusterte Ch. Petersen aus Arendal infolge seiner simulirten Krankheit als: Irrsinn, Starrsinn oder Faulheit.

Alle Nachfragen, die bei den meisten der Leute im Logis, sowie bei allen an Bord, vom Capitain gehalten wurden wegen seiner Krankheit, führten zu keinem Resultate. Wie und wo derselbe in Ordnung zu kriegen war, konnte niemand angeben. (Siehe weitere Bemerkungen vorne im Journal). Um 6 Uhr 30 Minuten wurde die Leiche des Petersen dem Meere übergeben nach Seemannsgebrauch (mit anderer Dinte offenbar nachgetragen).

Der „Todte" wurde recognoscirt von
gez. B. Weihmann
gez. W. Engler
gez. F. Toczylowski
(ferner nachgetragen)

In der nebenstehenden Todesanzeige machte der erste Steuermann mir die Anzeige, in dessen Händen er gestorben, siehe vorn.
gez. Capt. J.C.B.

Abgesehen von diesen laufenden Eintragungen enthält das Journal auf den vordersten nicht paginirten Seiten längere Aufzeichnungen des Schiffers und des ersten Steuermanns. Dieselben sind offenbar nachgetragen, als den

Schiffsofficieren sich die Ueberzeugung aufdrängte, daß die Mannschaft an einen natürlichen Tod des Petersen nicht glaubte. Sie enthalten eine Darstellung des Verhaltens des Petersen im allgemeinen, eine Reihe von angeblichen Dienstvergehen, für die er mit Einsperrung, Schlägen, einer sog. Kneipp'schen Wasserkur, im Pahlsteck-Sitzen u.s.w. bestraft wurde, und andere Vergehen, die angeblich gänzlich straflos blieben. Die dem Tode voraufgegangene Bestrafung des Petersen am Nachmittag und Abend des 14. März wird als harmlos und der Tod als auf einen unerklärlichen Zufall zurückzuführen dargestellt.

Als die Bark „Paul Isenberg“ am 25. Mai 1894 in London ankam, wurde der erste Steuermann S. auf Veranlassung eines Theils der Besatzung verhaftet. Er ist am 13. November 1894 vom Schwurgericht zu Bremen wegen Körperverletzung mit tödtlichem Erfolg, begangen an dem erwähnten Charley Petersen, mit 8 Jahren Zuchthaus bestraft. Die in diesem Strafverfahren theils

Bark „Paul Isenberg“

vor dem Polizeigericht in London, theils vor deutschen Richtern eidlich vernommenen Zeugen bekunden eine ganze Reihe von einzelnen Vorfällen, in denen Petersen vom Schiffer B., Steuermann S., einzelne male auch gleichzeitig vom zweiten Steuermann M. mißhandelt ist: durch Schläge mit der Faust und einem drei viertel Zoll dicken Strop, Tritte mit den Seestiefeln, Anbinden an den Mast, Begießen mit Seewasser, Herumjagen auf dem Schiff und in der Takelage.

Schließlich – in der ersten Hälfte des März – war Petersen körperlich und geistig völlig heruntergekommen. Er aß wenig mehr, sein Rücken war mit Striemen bedeckt und die Haut blauroth gefärbt und eine gewisse geistige Schwäche zeigte sich darin, daß er zu arbeiten aufhörte, eigenthümliche Antworten gab und sich auch sonst auffallend benahm. Er wurde dann zum Leichtmatrosen degradirt, in den Hühnerstall, später in den Donkeyraum gesperrt. Auch mußte er viel im Unterzeug bei Wind und Wetter an Deck spazieren gehen. Der Schiffer nannte ihn schließlich nicht mehr bei Namen, sondern pfiff ihm, wie einem Hunde.

Am 14. März nachmittags ging Petersen im Unterzeug an Deck auf und ab. Auf Befehl des Schiffers wurde er dann eine Stunde lang im Pahlsteck sitzend, am Mast aufgeheißt und mußte mit einem Lappen und einer Pütze Seewasser „den Mast malen". Eine Stunde lang verrichtete er geduldig diese unsinnige Arbeit, bat dann um Trinkwasser und erhielt es, nachdem er dem Schiffer versprochen hatte, 2 Stunden an das Ruder zu gehen. Hier versah er irgend etwas und erhielt vom Schiffer, der ihn über das ganze Schiff verfolgte, Schläge mit einem Tauende. Er mußte auch ohne jeden Zweck zum Flaggenknopf am Großtop hinaufklettern.

Um 5 Uhr wurde er zur Koje geschickt, „um zu schlafen", um 6 Uhr 30 Minuten geweckt und als er nicht gleich aus dem Logis kam, vom Schiffer – nur mit einem Wollhemde bekleidet – an Deck geschleppt, vom Schiffer und *beiden* Steuerleuten mit Schlägen und Fußtritten mißhandelt und auf Befehl des Schiffers von zwei Matrosen zum Großmast geschleppt (da er unfähig war zu gehen) und wieder im Pahlsteck aufgeheißt. Nach etwa einer Stunde wurde er herabgelassen und gezwungen, etwas Hartbrot zu essen, das ihm – da er nicht essen mochte – auf Befehl des Schiffers von dem Jungen Faller mit Gewalt in den Mund gesteckt wurde; gleichzeitig erhielt er etwas Thee.

Als der Schiffer und der zweite Steuermann nach unten gegangen waren, wurde Petersen wieder von Sp. im Pahlsteck aufgezogen. Er soll dann, wie verschiedene Zeugen bestimmt bekunden, vergebens um Wasser gebeten und Sp. dem Jungen, der ihm etwas brachte, verboten haben, es ihm zu geben. Auch fing Petersen an allerlei weltliche und geistliche Lieder zu singen. Gegen 11 Uhr 30 Minuten gelang es dem Petersen, sich aus dem Pahlsteck an Deck gleiten zu lassen. Er erhielt wieder Schläge vom zweiten Steuermann und wurde nochmals hochgezogen, wobei Sp. ihm das Tau des Pahlstecks noch einmal als einfachen Steck um die Brust schlang.
Das Seeamt hat sich so wenig, wie das Schwurgericht davon überzeugen können, daß – wie S. behauptet – Petersen aus seiner ihm anbefohlenen Stellung auf dem Besahnstag fortgeklettert ist und sich auf den Steuerbordtopnantblock gesetzt hat. Die genannten Zeugen haben den Petersen dann noch wiederholt stöhnen hören. Nach einer kleinen halben Stunde, etwas nach 12 Uhr mitternachts, ließ S. ihn mit einem Ruck auf Deck herunter, umfaßte den anscheinend Leblosen um den Leib und warf ihn auf die Großluke hin. Sp. giebt an, das Herz des Petersen hätte zunächst noch geschlagen, während die Zeugen bekunden, daß er schon damals ihrer Ueberzeugung nach todt gewesen sei. S. und der zweite Steuermann haben vergeblich Wiederbelebungsversuche gemacht.

Anmerkung
Den Gründen ist zu entnehmen,
a) daß das Seeamt nicht die Ansicht der Staatsanwaltschaft Bremen teilt, dem zweiten Steuermann M. – der zwischenzeitlich ausgewandert sein soll – werde bewiesen werden können, Körperverletzung mit Todesfolge begangen zu haben, da er nur gelegentlich mit einem Tauende zugeschlagen habe;
b) daß Schiffer B. durch seinen am 13.12.1894 in Honolulu erfolgten Tod, der urkundlich nachgewiesen ist, der irdischen Gerechtigkeit entzogen sei.

Spruch des Seeamts zu Hamburg vom 19. November 1891 und Entscheidung des Kaiserlichen Ober-Seeamts vom 31. März 1892, betreffend den Seeunfall des Ewers „Nicolaus" von Hamburg.

Der Spruch des Seeamts lautet: Das Seeamt erachtet es als erwiesen, daß Schiffer Peter H. seinen Ewer „Nicolaus" infolge Anbohrens am 16. Juni 1889 in der Unterelbe unweit des dritten Elbfeuerschiffes verloren habe, und entzieht demselben die Befugnis zur ferneren Ausübung seines Gewerbes.

Thatbestand: Am 16. Juni 1889 abends sank der Ewer „Nicolaus" in der Unterelbe zwischen dem zweiten und dritten Elbfeuerschiff.
Die Mannschaft rettete sich in ihr Boot und wurde von dem zur Hülfe geeilten Rettungsboot des III. Feuerschiffs geborgen.
Die über diesen Unfall eingeleitete Untersuchung hat folgenden Tatbestand ergeben:
Der Ewer „Nicolaus" war im Jahre 1863 zu Cranz an der Elbe aus Eichenholz erbaut, hatte den Heimatshafen Hamburg und gehörte dem Schiffer Peter H. zu Francop bei Neuenfelde.
Der Ewer war am 14. Januar 1887 von den Besichtigern des Assecuranz-Vereins von Küstenfahrern zu Cranz an der Elbe auf 4400 M. taxirt und in diesem Verein zu Cranz mit 1000 M., sowie bei dem gleichnamigen Verein zu Schulau, welcher mit dem erstgenannten Verein im Rückversicherungsverhältnis steht, zu $2666^1/_3$ M. versichert. Ein sechstel des Versicherungswerthes $732^2/_3$ M. hatte Schiffer H. selbst zu tragen.
Im Frühjahr 1889 hatte sich Schiffer H. bei dem Baumeister Ebel vom Strom- und Hafenbüreau zu Cuxhaven gemeldet zur Lieferung einer Ladung Felsen, deren Abnahme ihm zum Preise von 14. M. für die Last zugesagt war.
Die Felssteine holte Schiffer H. von der Insel Alsen. Seiner Angabe nach bestand die Ladung aus ungefähr 30 Last Steine.
Am 12. Juni hatte H. mit seinem Fahrzeug die Insel Alsen verlassen, war am Abend desselben Tages zu Holtenau, dem Eingange des Eiderkanals, einge-

troffen, passirte am 16. Juni früh Tönning und erreichte abends bei ziemlich bewegter See die Elbe. Außer ihm befand sich nur noch der 18jährige Schiffsjunge Fritz Christian Tabbe aus Pellworm an Bord. Unweit des dritten Elbfeuerschiffes angekommen, bemerkte die Besatzung jenes Leuchtschiffes, daß der aus See kommende, elbaufwärts segelnde Ewer etwas oberhalb der damaligen schwarzen Tonne 6 in den Wind luvte und gleich darauf wieder vor dem Winde abhielt.

Dann sah man, daß das Boot des Ewers ausgesetzt wurde und zwei Mann in dasselbe hineinstiegen. Da man an Bord des Feuerschiffes annahm, daß dem Ewer ein Unfall zugestoßen sei, wurde das Rettungsboot fertig gemacht und nach dem Ewer hingerudert. In Folge des Vonbordgehens der Mannschaft war der Ewer in den Wind gedreht. Man sah nun die Leute abermals an Bord rudern, den Ewer wieder herumhalsen und dann wieder von Bord gehen. Ehe das Rettungsboot den Ewer noch erreichen konnte, sank derselbe unter; die beiden Leute wurden nun aufgenommen und an Bord des Feuerschiffes gebracht.

Der Wind war nach dem Bericht des Führers des Feuerschiffes nördlich, Stärke 3. Es war Ebbe und bewegter Seegang. Der Strom lief mit drei Seemeilen Geschwindigkeit in der Richtung NW½N.

Vor dem Strandbeamten zu Cuxhaven gaben Schiffer H. und auch der Junge Tabbe an, daß, als man zwischen dem 2. und 3. Elbfeuerschiff gewesen sei, der Schiffer sich zufällig in die Kajüte begeben und dort das Wasser bereits über dem Fußboden stehend gefunden habe. Man könne nur annehmen, daß eine Quernaht gesprungen und dadurch das Schiff plötzlich so schwer leck geworden, daß es sinken mußte.

In seiner Vorvernehmung, sowie in der Hauptverhandlung vor dem Seeamt erklärte Schiffer H. die mögliche Ursache des Unfalls zunächst in ganz gleicher Weise. Auch der Junge Tabbe machte in seiner Vorvernehmung vor dem Seeamt dieselben Angaben wie Schiffer H., erschien dann aber auf Veranlassung seines Bruders abermals und erklärte, daß die wahre Ursache des Sinkens in dem Anbohren des Schiffes durch den Schiffer liege, bei welchem er, Tabbe, selbst mit habe helfen müssen. Jene Löcher seien schon auf der Ostsee unweit Holtenau gebohrt worden, dann aber mit den von dem Schiffer zurecht geschnittenen Plöcken wieder zugemacht. Die Löcher seien unter der Kajüte nach Aufnahme des Fußbodens auf Backbordseite gebohrt und seien

es mindestens 3 Löcher gewesen; eines davon habe er, Tabbe, selbst mit einem 4 Zoll langen Frittbohrer gebohrt, und zwar ganz durch die Schiffsplanke hindurch, sodaß das Wasser direct in das Schiff eingedrungen sei. Die Pumpen habe Schiffer H. verboten anzusetzen. Auf den Vorhalt des Tabbe, was die Leute dazu sagen würden, wenn sie das Anbohren erführen, habe Schiffer H. den Tabbe geboten, hierüber zu schweigen, und ihn angewiesen, überhaupt niemand von den Vorkommnissen an Bord etwas zu sagen. Er ließe das Wasser nur einlaufen, da er sich genire, mit einem so leicht beladenen Schiffe in Cuxhaven anzukommen, denn sonst meinten die Leute, er habe keine ordentliche Ladung im Schiff.
Auf den Vorhalt dieser Aussagen räumte Schiffer H. vor dem Seeamt zwar ein, in der Nähe von Laboe ein Loch mit einem kleinen Bohrer unter der Wasserlinie in die Schiffswand gebohrt zu haben, will dies jedoch nur in der Absicht gethan haben, um Salzwasser in das Schiff, welches zu trocken gewesen sei, hineinzulassen.
Dieses Loch sei in der Nähe von Friederichsort bereits wieder geschlossen worden, und halte er es für unmöglich, daß durch dieses Loch soviel Wasser in das Schiff habe eindringen können, um dasselbe so plötzlich zum Sinken zu bringen. Das Sinken müsse durch das plötzliche Losspringen einer Planke verursacht sein.
Das Seeamt verwies nach der ersten Hauptverhandlung die Sache zunächst zur weiteren Verhandlung an die Staatsanwaltschaft, welche ihrerseits wegen Verbrechens gegen § 323 des Strafgesetzbuches gegen Schiffer H. Anklage erhob.
In den im Strafverfahren stattgehabten Vernehmungen, von denen Abschriften zu den Seeamtsacten genommen worden, blieben Schiffer H. sowie der Schiffsjunge Tabbe jeder bei seinen Angaben. Schiffer H. führt in jenem Verfahren noch an, daß Tabbe später Geld von ihm habe haben wollen, um zu schweigen. Nach den Angaben des Bruders des Tabbe, welcher jener Unterredung beigewohnt, habe Tabbe nur den Ersatz seiner mit dem „Nicolaus" verlorenen Effecten durch entsprechende Geldzahlung verlangt.
In dem vor dem Schwurgericht stattgehabten Strafverfahren wurde Schiffer H. von der obigen Anklage freigesprochen.
In dem vor dem Seeamt dann stattgehabten Schlußverfahren äußerte sich der Reichscommissar dahin, daß seiner Ansicht nach es nach den Angaben des

Bestmannes Tabbe nicht zu bezweifeln sei, daß mehrere, mindestens drei Löcher unter der Wasserlinie gebohrt worden seien. Der Grund, den der Schiffer H. für das Bohren der Löcher angebe, sei nicht glaubhaft, denn niemand werde, wenn es überhaupt geschehe, ein so altes Fahrzeug, welches nach Zeugenaussagen theilweise verrottet sei, anbohren, um Wasser in dasselbe zur Conservirung des Holzes einzulassen, was ja in anderer Weise leichter hätte geschehen können.
Da der Ewer zu 3750 M. versichert war, so brachte der Totalverlust, selbst wenn der Schiffer ein sechstel dieser Versicherung selbst zu tragen hatte, ihm immerhin einen erheblichen Vermögensvortheil.

Anmerkung
Vor Fertigstellung des Nord-Ostsee-Kanals waren Ost- und Nordsee über die Eider und den Eiderkanal mit 32 km Länge und 5 Schleusen bei einer Wassertiefe von 3,2 m, der von der Obereider bis zur Kieler Bucht reichte, verbunden.
Folgende tragende Erwägungen setzen sich mit den unterschiedlichen Darstellungen des Schiffers auseinander:
Das Vollaufen des Ewers habe erst unweit des dritten Elbfeuerschiffes stattgefunden, als der Schiffer für sich und den Jungen keine Lebensgefahr mehr befürchten mußte, andererseits die Tiefe noch so war, daß das gänzliche Verschwinden des Schiffs gesichert war.
Mit nachfolgenden Begründungen entzieht sich das Seeamt ausführlichen Erörterungen zur Glaubwürdigkeit des Schiffsjungen, auf dessen Aussage nicht verzichtet werden kann:
„Bezüglich des Tabbe hat das Seeamt aus des Schiffers H. eigenen Angaben den Eindruck gewonnen, daß er diesen für einen beschränkten, gefährlichen Menschen hielt.“
Die Beschwerde des Schiffers wurde durch das Oberseeamt gänzlich verworfen. Die Beschwerdeentscheidung schließt mit folgenden Worten:
„Ein Schiffer, der das von ihm geführte Schiff in betrügerischer Absicht wegsetzt, ist des Pflicht-, Ehr- und Rechtsgefühls bar ... Er kann dem ehrenhaften Stande der deutschen Seeschiffer nicht ferner angehören.“

Spruch des Seeamts zu Flensburg vom 14. März 1891, betreffend den Seeunfall der Galeasse „Johanne".

Der Spruch des Seeamts lautet: Die dem Küstenfahrer Heike R. in Neu-Rönnebeck bei Bremen gehörende Galeasse „Johanne" ist in der Nacht vom 31. October auf den 1. November 1890 im Kattegat in der Gegend von Anholt von dem Eigenthümer und dessen Bruder, dem Schiffer A.R., zum Sinken gebracht worden.
Dem Schiffer A. R. wird die Befugniß zur Ausübung des Schiffergewerbes und des Steuermannsgewerbes, dem Küstenschiffer H. R. die Befugniß zur Ausübung des Schiffergewerbes entzogen.

Gründe: Der Seemann H. R. wohnt in Neu-Rönnebeck in der Provinz Hannover. Sein älterer Bruder A. R., welcher früher gleichfalls in Neu-Rönnebeck wohnte, hat seit einigen Jahren seinen Wohnsitz in Farsund in Norwegen, ohne indeß aus dem deutschen Unterthanenverbande ausgetreten zu sein. Er besitzt ein am 30. October 1883 von der Landdrostei in Stade ausgestelltes Zeugniß über die Befähigung zum Schiffer auf kleiner Fahrt.
Im Juni oder Juli 1889 kaufte der jüngere R. in Farsund eine hölzerne norwegische Galeasse mit Namen „Johanne". Nachdem das Fahrzeug in Hamburg für 6000 M versichert war und der Kaiserlich deutsche Consul in Stavanger ein Flaggenattest ausgestellt hatte, wurde es in Fahrt gesetzt. Der ältere R. fungirte als Schiffer, der jüngere als Steuermann; außer den beiden war nur noch ein Jungmann oder Leichtmatrose an Bord.
Am 25. October 1890 segelten die Brüder R. mit der „Johanne" von Helsingör ab, angeblich, um nach Christiansund zu fahren. Als dritter Mann war noch der Schiffsjunge Frandsen aus Kopenhagen an Bord. Zuvor hatte man die angeblich aus 503 Tonnen gesalzener Makrelen bestehende Ladung bei der Mannheimer Versicherungsgesellschaft durch deren Agenten in Helsingör für 26000 Kronen versichert, ohne daß der Agent die unter den durch

dänische Zollsiegel verschlossenen Luken im Raume befindliche Ladung sich angesehen hätte.

Die Kajüte im Schiffe lag hinten und ging von Bord zu Bord. An der Backbordseite war die Koje des älteren, an der Steuerbordseite die des jüngeren R. Der dritte Mann hatte seine Koje vorn im Schiffe.

Das Schiff hat seinen Bestimmungsort nicht erreicht; die Schiffsleute landeten anfangs November im Schiffsboote nördlich von Warberg an der schwedischen Küste. Nach den Angaben der Gebrüder R. hat es damit folgende Bewandniß:

Am Abend des 31. October, wo man sich nördlich von Anholt befand und mit Wind aus SO den Curs N¼O steuerte, kam zwischen 10 bis 11 Uhr plötzlich ein großer nordwärts fahrender Dampfer von hinten auf. Der jüngere R. war allein auf dem Deck, der ältere schlief hinten in der Kajüte, der Schiffsjunge schlief vorn im Volkslogis. Als der Dampfer näher kam, steckte der Steuermann die Ankerlaterne an und hing sie hinten an den Besahnsbaum. Gleich darauf rannte der Dampfer der Galeasse hinten bei der Kajüte in deren Steuerbordseite und machte hier unter dem Schandeckel ein großes Loch. Der ältere R., welcher aus tiefem Schlafe durch den Stoß erweckt war, kam sofort auf Deck und erfuhr hier von dem Bruder, daß man von einem Dampfer angerannt sei. Der Dampfer war mittlerweise zurückgegangen, er befand sich, als der ältere R. an Deck kam, schon ½ bis 1 Seemeile an Backbord achteraus.

Die Brüder schrien laut um Hülfe; auf dem Dampfer kehrte man sich nicht daran; derselbe fuhr nordwärts und kam bald gänzlich aus Sicht. Nachdem die Brüder in das von dem Dampfer gemachte Loch von außen eine Matratze hineingestopft hatten, weckten sie den Jungen und hießen ihn an die Pumpe gehen. Das Schiff sank allmälig vorn immer tiefer weg. Man warf Kette und Anker ins Wasser, um dadurch das Kentern zu verhindern.

Eine halbe Stunde später verließ man in dem Boot, welches hinten an Heck in Davids mitgeführt wurde, das sinkende Schiff und segelte der schwedischen Küste zu. Das Journal wurde nicht geborgen; man wollte es bergen, vergriff sich aber, indem man statt dessen ein altes Buch mitnahm.

Nach der Landung an der schwedischen Küste reiste man nach Gothenburg zum deutschen Consul. Obwohl man das Journal verloren hatte, legte man hier eine Verklarung ab, nachdem man zuvor aus dem Gedächtnisse die

einzelnen Erlebnisse auf der letzten Reise so genau zu Papier gebracht hatte, wie solches in einem Journal nicht genauer zu geschehen pflegt.
Als der Dampfer dicht vor der Galeasse war, legte der Steuermann R. sein Ruder backbord. In welcher Richtung der Dampfer von der Galeasse frei kam, hat man nicht gesehen. Ebensowenig hat man auf dem Dampfer Leute gesehen oder Stimmen gehört. Nur soviel hat man erkennen können, daß der Dampfer 2 Masten hatte und an dem vorderen Raaen führte.
Der Schiffsjunge Frandsen, dessen Vernehmung vor dem Seeamt nicht hat herbeigeführt werden können, weil sein Aufenthalt nicht zu ermitteln war, hat in einer Vernehmung vor dem Vorsitzenden des Seeamts eidlich ausgesagt, daß er als er an Deck kam, weder einen Dampfer, noch eine Ankerlaterne auf der Galeasse gesehen habe. Er hat nur einen schwachen Stoß verspürt, ist gleich wieder eingeschlafen und erst wieder erwacht, als man ihn herauspurrte.
Ueber den Erwerb der Makrelenladung stimmen die Angaben der Gebrüder R. nicht immer überein. Anfangs behaupteten sie, daß die Makrelen von Fischern verschiedener Nationalität in der Nordsee gekauft seien; später jedoch erklärten sie, die Fische seien von englischen Fischern, die bei den Orkney-Inseln lagen, gekauft worden. Die Makrelen sollen von dem älteren R. mit 50 Kronen per Tonne und zum großen Theil mit 1 Krone Provision per Tonne baar bezahlt sein mit einer Gesamtsumme von 25-26000 Kronen.
Der jüngere R. hat das Geld, welches dem Bruder gehörte, nicht gesehen, kann demnach auch nicht angeben, wo er es aufbewahrte und aus welchen Münzsorten es bestand. Der ältere R. sagt, die Zahlung sei in dänischem, norwegischem und deutschem Gelde erfolgt; wo er das Geld erworben und wie er es aufbewahrte, könne er nicht angeben; jedenfalls habe er das Geld schon mit sich geführt, als man von Farsund aussegelte; versichert gewesen sei es nicht.
Die Gebrüder R. wollen nach der Einnahme der Makrelen ursprünglich die Absicht gehabt haben, mit der Ladung nach Christiansand zu gehen. Sie sind anstatt dessen anfangs October nach Helsingör gekommen, weil das Wetter stürmisch und deshalb die norwegische Küste nicht zu erreichen war. Von Helsingör ist der ältere R. nach Christiansand gereist und hat dort die schwimmende Ladung an den Makrelenhändler Thorwald B. Ohlsen für 56-57 Kronen à Tonne verkauft. Von Christiansand nach Helsingör zurück-

gekehrt, ließ er sich von dem Käufer in Christiansand den Handel telegraphisch bestätigen und schloß dann unter Vorzeigung der Depesche mit dem Versicherungsagenten in Helsingör die Versicherung auf 26000 Kronen ab. Da es von vornherein zweifelhaft erschien, ob das Schiff eine so bedeutende Quantität Makrelen, wie versichert worden, in der Nordsee hatte einnehmen können, ist als Zeuge vernommen der amerikanischen Bürger John Wollie aus Philadelphia, zur Zeit wohnhaft in Hangesund in Norwegen. Derselbe hat sich vernehmen lassen wie folgt:
„Ihm seien die in der Galeasse „Johanne“ angeblich verladenen Makrelen anfangs October zum Kauf angeboten und zwar mit dem Bemerken, daß sie auf amerikanische Art fein verpackt seien und die Tonne 90 Kilogramm wiege. Er habe 70 Kronen per Tonne geboten, aber sein Gebot zurückgezogen, als er erfuhr, daß die Makrelen noch in Dänemark seien. Später seien ihm dieselben Makrelen von Olsen in Christiansand zu Kauf angeboten. Er sei daraufhin nach Christiansand gefahren. Sobald er hier erfahren, daß es dieselben Makrelen seien, auf welche er schon früher geboten, habe er sich gleich gedacht, daß es eine Assecuranzaffaire sei. Nachdem der auf Andrängen des verkaufenden Maklers, der ihm versicherte, die Sache sei in Ordnung, noch 7 bis 8 Tage in Christiansand auf das Eintreffen des Schiffes gewartet habe, sei ihm mitgetheilt, das Schiff komme nicht, weil es untergegangen sei.“
Das, was die Gebrüder R. über den Zusammenstoß mit dem unbekannten Dampfer berichten, ist völlig unglaubwürdig. Ein so großer Dampfer, wie derjenige, welchen die Gebrüder R. gesehen haben wollen, begnügt sich nicht damit, ein verhältnismäßig kleines Loch zu machen und dabei den Schandeckel unversehrt zu lassen, wenn er mit einem kleinen hölzernen Segelschiff, wie die „Johanne“, zusammenstößt. Er zertrümmert mindestens die ganze Schanzkleidung, so daß das Wasser hinten gleich in vollen Zügen einströmen muß, und zwar so rasch, daß der Schiffer es schon hätte merken müssen, ehe er die Kajüte verließ; er läßt auch nicht das hinten am Heck hängende Boot unversehrt, sondern muß es nothwendig an seinem einen Ende, wo es über die Schanzkleidung des Schiffes hinwegragt, allemal dann zerdrücken, wenn er von hinten aufkommt.
Ein solcher Dampfer verschwindet auch nicht, wie jener gethan haben soll, so rasch, daß er schon gegen eine Seemeile achteraus sein konnte, als der ältere

Bruder an Deck kam. Es ist unmöglich, daß der Stoß des Dampfers im Volkslogis kaum bemerkbar war, so daß der dort schlafende Schiffsjunge kaum davon erwachte; kommt ein solcher Dampfer auf ein hölzernes Segelschiff losgefahren, so kracht letzteres derartig in allen Fugen, daß einem das Schlafen schon vergehen soll.

Sollte übrigens an dieser unzweifelhaften Gewißheit etwas mangeln, so wird solches jedenfalls ausreichend ergänzt durch die von den Gebrüdern R. über den Erwerb der Makrelen gemachten Angaben. Es ist zunächst ausgeschlossen, daß man eine so große Partie gesalzener Makrelen in der Nordsee kaufen konnte. Es ist ferner undenkbar, daß der ältere R. sich im Besitze der erforderlichen Baarmittel befunden hat; wobei auch noch darauf hingewiesen werden mag, daß bekanntlich die englischen Fischer, wenn sie überall für Geld Fische ablassen, nur englisches Geld annehmen. Die über den Erwerb der Baarmittel und die Aufbewahrung derselben abseiten der Gebrüder R. gemachten Angaben tragen den Stempel der Unwahrheit so offensichtlich an der Stirn, daß es in dieser Richtung kaum einer weiteren Ausführung bedarf.

Besanewer „Anna Catharina“ von Altona.
Untergang.
Seeamt Hamburg, 26. April 1912
Ober-Seeamt, 16. Juli 1912

Spruch des Seeamts: Der Besanewer „Anna Catharina“ ist am 1. Dezember 1910, als er bei dem Feuerschiff V vor Anker lag, voll Wasser gelaufen und untergegangen.
Der Untergang des Schiffes ist von dem Schiffer Johann Hinrich R., welcher eine fingierte Ladung im Werte von 12000 M versichert hatte, zu betrügerischen Zwecken absichtlich herbeigeführt worden.
Dem Schiffer R. wird die Befugnis zur Ausübung des Schiffergewerbes entzogen.

Tatbestand: Schiffer R. hat schon früher 5 Schiffe verloren, und es sind anläßlich dieser Unfälle Seeamtssprüche ergangen.
Die „Anna Catharina“ ist am 1. Dezember 1910 auf der Elbe etwas oberhalb des Elbfeuerschiffs V unter folgenden Umständen gesunken.
Der Ewer hatte am 28. November 1910 den Hafen von Altona mit Baumaterial verlassen, in Blankenese eine weitere Kiesladung eingenommen und am 29. November die Weiterreise nach Helgoland angetreten. Außer dem Schiffer befand sich an Bord der Bestmann Wehner.
Am 1. Dezember gegen 5 U. Nm. ging der Schiffer R. etwas oberhalb des Feuerschiffs V vor Anker. Die Leute aßen dann zu Abend und der Bestmann Wehner begab sich um 7 U. zur Koje, wo er halb einschlief.
Etwa eine Stunde später erwachte er durch einen heftigen Stoß, blieb dann noch etwas liegen und begann dann sich anzuziehen. Während er beim Anziehen war, rief ihn der Schiffer R. an Deck und sagte ihm, daß der Ewer „gejagt“ – angesegelt – worden sei. Wehner hat auch in einiger Entfernung einen Zweimaster gesehen, von dem er annahm, daß er den Ewer gerannt habe. Irgendwelche Beschädigungen des Ewer hat Wehner nicht gesehen, insbesondere bekundet er positiv, daß die Reeling nicht eingedrückt war.

Nach Öffnen der Luke wurde jetzt festgestellt, daß das Wasser schon etwa fußhoch im Raume stand. Vom Pumpen wurde als zwecklos abgesehen und man machte das Boot klar, in welches auch, soweit es möglich war, die Effekten verstaut wurden. Ungefähr um 9 U. verließen die Leute das jetzt schnell versinkende Schiff und segelten nach Cuxhaven.

Am folgenden Morgen machte R. dem Hafenmeister Meldung von dem Unfall und dieser ließ durch den Staatsdampfer „Neuwerk" die Masten des gesunkenen Ewers herausreißen.

Am 9. Dezember hat R. in Altona Verklarung abgelegt und dort beeidigt, daß sein Schiff durch einen unbekannten Segler angerannt und zum Sinken gebracht worden sei.

Am 7. Januar 1911 ging bei dem Seeamt die Mitteilung des Experten Dümling ein, daß R. als auf seinem Ewer verfrachtet

1 Orchestrion, Absender Wilhelm E. Altona, Empfänger Franz E. Helgoland, Wert 1000 M

und 40 Tonnen Fleisch, Wert 12000 M, Absender E. B. Altona, Empfänger an Order in Helgoland,

versichert habe. Es erscheine auffällig, daß er keinen Versuch gemacht habe, sein Schiff in flacheres Wasser zu bringen oder Berger für das auf 5 Faden Wasser gesunkene Schiff zu interessieren, sowie daß er in Cuxhaven nichts von der wertvollen Ladung erwähnt habe.

In der ersten Verhandlung vor dem Seeamt verwickelte sich der Schiffer R, als er nach dieser Ladung befragt wurde, in Widersprüche, indem er zunächst bestritt, die Waren versichert zu haben und dies erst zugab, als ihm der von ihm selbst geschriebene Versicherungsantrag vom 21. November 1910 vorgelegt wurde. Das Seeamt beschloß daher auf Antrag des Reichskommissars die Verhandlung zu vertagen, um in dem neu anzuberaumenden Termin den Lotsen Ei. in Helgoland, den Gastwirt E., den Schlachter B. und den Bestmann Schilling als Zeugen zu vernehmen und um inzwischen Ermittelungen nach dem unbekannten Segler, welcher die „Anna Catharina" angerannt haben sollte, anzustellen.

In Gemäßheit dieses Beschlusses sind Anfragen nach einem Segler, welcher für diese Kollision in Frage kommen könnte, ergangen.

Die Nachforschungen nach dem unbekannten Segler sind völlig ergebnislos verlaufen.

Bevor vor dem Seeamt ein neuer Termin anberaumt werden konnte, wurde auf Grund einer von den Versicherern erstatteten Anzeige ein Strafverfahren gegen den Schiffer R. wegen Versicherungsbetruges eingeleitet.
Am 8. Februar wurde der Schiffer R. von dem Kriminalwachtmeister Hotze vernommen und hat nach anfänglichem Leugnen eingestanden, kein Fleisch an Bord gehabt zu haben. Er habe mit dem Schlachter B. verabredet, daß er 40 Faß Fleisch als von ihm verfrachtet versichern solle und daß er dann seinem Ewer „einen Kleinen geben würde, daß er wegsinke“.
Von der dann zu erhebenden Versicherungssumme sollte B. seine Forderung an R. in Höhe von 3000 M. bezahlt erhalten. Das Orchestrion sei tatsächlich an Bord gewesen. Da er beim Verkaufe des Orchestrions 100 M. verdienen sollte, habe er gemeint, daß er diese 100 M. auch erhalten würde, wenn das Instrument mit dem Schiffe versänke und der Eigentümer die Versicherungssumme erhielte.
Er habe dann beim 5. Feuerschiff den Bestmann Wehner erst zur Koje gehen lassen und darauf mit einem großen Hammer – sogenannten Maker – 1 bis 2 Planken mittschiffs eingeschlagen. Er habe dann mit dem Bestmann, der von dieser Handlungsweise nichts gewußt habe, den sinkenden Ewer verlassen.
An demselben Tage wurde R. dem Amtsgericht zugeführt, welches einen Haftbefehl gegen ihn erließ und ihn über die Beschuldigung vernahm. Bei dieser Vernehmung hat R. sein kurze Zeit vorher dem Kriminalwachtmeister Hotze gegenüber gemachtes Geständnis widerrufen mit der Behauptung, daß der Wachtmeister ihn so eingeschüchtert habe, daß er allem zugestimmt habe, was dieser ihm vorerzählt habe.
Nachdem darauf auch der Schlachter B. verhaftet worden war, wurde die Voruntersuchung gegen R. wegen Verbrechens des Versicherungsbetrugs, Meineids und Versenkens seines Schiffes, gegen B. wegen Beihilfe zu diesem Verbrechen eröffnet.
Vor dem Untersuchungsrichter am 15. Februar vernommen, hat R. zunächst wieder ein volles Geständnis abgelegt.
Es gehe ihm schon seit längeren Jahren sehr schlecht. Er habe deshalb den Plan gefaßt, sich dadurch Geld zu verschaffen, daß er eine garnicht vorhandene Ladung versicherte und dann sein Schiff zum Sinken brachte. Zu diesem Zwecke habe er sich mit B. in Verbindung gesetzt und habe eine Ladung von 40 Tonnen Salzfleisch für 12000 M. versichert, die er von B. als Ladung

empfangen zu haben vorgab. Nach Untergang des Schiffes habe er die Versicherer zur Auszahlung der Versicherungssumme aufgefordert.
Tatsächlich habe er eine Fleischladung nicht an Bord gehabt.
Als er bei dem 5. Feuerschiff geankert habe, habe er mit einem großen Hammer mittschiffs eine Planke eingeschlagen und das Schiff sei dadurch nach etwa ½ Stunde gesunken.
Als dem R. nunmehr vorgehalten wurde, daß er demnach bei Ablegung der Verklarung in Altona einen Meineid geleistet habe, hat er sein Geständnis wieder eingeschränkt. Jetzt erklärte er, er bleibe dabei, daß er an dem betreffenden Abend auch angesegelt worden sei. Er glaube auch, daß sein Ewer infolge der Ansegelung gesunken wäre. Er habe dem Schiffe aber noch einen mit dem Hammer darauf gegeben, damit es sicher sinke. Wäre er nicht angesegelt worden, so hätte er das Schiff vielleicht nicht an diesem Abend, sondern erst auf der weiteren Reise zum Sinken gebracht, denn „sinken mußte es ja, damit ich das Geld kriegte." Das Orchestrion sei tatsächlich an Bord gewesen.
Dieses eingeschränkte Geständnis hat R. dann am 25. Februar nochmals vor dem Untersuchungsrichter wiederholt.
Am 7. Oktober 1911 verurteilte das Schwurgericht R. wegen versuchten einfachen Betruges zum Nachteil der Versicherer unter Annahme mildernder Umstände zu 14 Monaten Gefängnis und Verlust der bürgerlichen Ehrenrechte auf die Dauer von 2 Jahren, B. wegen Beihilfe zum versuchten Betruge zu 6 Monaten Gefängnis und einer Geldstrafe von 500 M., eventuell weiteren 50 Tagen Gefängnis.
Von der weitergehenden Anklage des vollendeten Versicherungsbetrugs durch Versenken des versicherten Schiffes sowie des Meineids wurde R. freigesprochen und ebenso B. von der Anklage der Beihilfe zu dem Verbrechen gegen § 265 StGB.
Das Seeamt konnte die weitere Verhandlung dieser Untersuchung erst vornehmen, nachdem die von B. eingelegte Revision vom Reichsgerichte verworfen war und damit die Strafakten ihm zur Verfügung gestellt werden konnten.
In der am 26. April 1912 vor dem Seeamt stattgehabten Verhandlung stellte sich R. wieder auf einen ganz neuen Standpunkt. Er widerrief alle bis dahin gemachten Geständnisse, behauptete auch nicht mehr von dem Kriminal-

wachtmeister Hotze eingeschüchtert worden zu sein, sondern machte jetzt geltend, er habe sich sowohl mit dem Kriminalwachtmeister wie mit dem Untersuchungsrichter einen Scherz erlaubt. Er bleibe dabei, daß sein Fahrzeug angerannt und dadurch zum Sinken gebracht sei. Er habe keine Planken eingeschlagen, überhaupt keinen Hammer an Bord gehabt. Er gebe allerdings zu, daß die versicherte Fleischladung nicht an Bord gewesen sei. Er habe sein Schiff aber nicht zum Sinken gebracht, auch nicht dabei nachgeholfen, sondern nur fest darauf vertraut, daß das Schiff in der hohen See vor Helgoland von selbst sinken werde.

Anmerkung
In lapidarer Kürze handeln das Seeamt und – in den tragenden Gründen diesem folgend – das Oberseeamt die unterschiedlichen Darstellungsweisen des Schiffers und ihre Evidenz wie folgt ab:
1. Er habe bereits 5 Schiffe unter ungeklärten Umständen verloren, weswegen die Kaskoprämie für die „Anna Catharina“ bereits 99% betragen habe.
2. Er habe die Versenkung mehrmals gestanden.
3. Die Behauptung, es habe sich um Scherzgeständnisse gehandelt, sei eine überaus törichte Ausrede und geeignet, die Glaubwürdigkeit der Geständnisse zu erhöhen.
4. Es habe trotz intensiver Nachforschungen nicht die Spur eines anderen kollisonsbeteiligten Schiffes ausgemacht werden können.
Daraus folge, Zweifel bestünden nicht an der Tat, sondern allenfalls an der Art und Weise ihrer Begehung, und dies rechtfertige den Entzug des Patents des R. auch dann, wenn „sein Schiff durch einen für seine schwarzen Pläne merkwürdig glücklichen Zufall zunächst angerannt worden sei.“

Spruch des Seeamts zu Bremerhaven vom 15. März 1890, betreffend den Seeunfall der Bark „Charlotte“ von Bremen.

Der Spruch des Seeamts lautet: Die Ursache des Brandes, durch welchen am 7. Oktober 1889 die Bark „Charlotte“ auf der Rhede von Padang zerstört wurde, ist nach der Verhandlung mit größter Wahrscheinlichkeit darin zu finden, daß in der Nacht vom 6. auf den 7. Oktober eine oder mehrere Personen der Mannschaft sich heimlich in den Proviantraum geschlichen haben, um zu den dort befindlichen Spirituosen zu gelangen und daß bei dieser Gelegenheit durch unvorsichtigen Gebrauch von Licht das Feuer entstanden ist. Für die Annahme, daß eine *absichtliche* Brandstiftung stattgefunden habe, liegen hinreichende Verdachtsgründe *nicht* vor. Eine Selbstentzündung der Ladung ist ausgeschlossen.

Nach dem Ausbruch des Feuers sind seitens der Führung der „Charlotte“ alle den Umständen nach möglichen und zweckdienlichen Maßregeln zur Löschung desselben ergriffen worden, auch haben die Behörden von Padang dem Schiffe nach Kräften Hülfe geleistet.

Thatbestand und Gründe: Die Bark „Charlotte“, Heimathshafen Bremen, gehörte der Rheederei von Siedenburg, Wendt & Comp. in Bremen. Das Schiff war 1874 in Bremerhaven aus Holz (Eichen-, Buchen- und Pitchpine) gebaut, hatte einen Kupferbeschlag und war mit Kupfer unter und Eisen über Wasser verbolzt. Die regelmäßige Besatzung bestand aus 16 Personen.

Am 29. Juli 1889 kam die „Charlotte“ mit einer Ladung Kohlen von Newcastle (N.S.W.) in Batavia an, löschte hier die Ladung und segelte dann in Ballast nach Padang, wo sie am 28. September eintraf und auf der Rhede in 4½ Faden Wasser zu Anker ging.

Die Mannschaft, welche aus 15 Personen bestand, war zum größten Theil in Newcastle angemustert, wo zehn Leute desertirt waren, an deren Stelle ebensoviele Ausländer angenommen werden mußten. Von der alten Mannschaft befanden sich nur der erste Steuermann, der zweite Steuermann, der Zimmermann und der Koch an Bord. Führer des Schiffes war der Schiffer C. G. Stern aus Bremen, welcher seit 1871 die Befähigung zum Schiffer auf großer Fahrt besitzt und die „Charlotte“ seit 1875 führt.

Am 1. Oktober fing man in Padang mit dem Einnehmen neuer Ladung an. Bis zum Sonntag, den 6. Oktober, hatte man im Ganzen 383 Bündel Stuhlrohr und 3208 Sack Kaffee geladen. An diesem Tage gingen 5 Matrosen mit Erlaubniß des Schiffers an Land. Vier derselben kehrten Abends gegen 9 Uhr an Bord zurück. Schiffer Stern war am Sonntag ebenfalls an Land gefahren und hatte bis zum nächsten Tage dem ersten Steuermann das Commando übertragen. Bis 9 Uhr Abends hatte der zweite Steuermann Raegener die Wache gehabt und dann hatten sich beide Steuerleute zur Ruhe begeben.

Nach Angabe Raegener's hatten während der Nacht folgende Personen die Wache: Von 9 bis 10 Uhr Morrison, von 10 bis 11 Uhr Martin, von 11 bis 12 Uhr Wyly, von 12 bis 1 Uhr Horton, von 1 bis 2 Uhr Mac Donald und von 2 bis 3 Uhr Forest. Von andern Zeugen ist die Reihenfolge theilweise abweichend angegeben worden. Gegen 2 Uhr 30 Minuten Nachts wurde der Matrose Martin im Logis durch Schritte aus dem Schlafe geweckt. Er glaubte die Stimmen Horton's und Morrison's zu erkennen, ging hinaus und sah auch die beiden Genannten mitschiffs auf dem Deck. Als er dann weiter nach unten ging, bemerkte er Rauch und überzeugte sich, daß derselbe aus der hinteren Luke kam. Nun weckte er sofort die beiden Steuerleute. Obersteuermann Hettmeyer eilte sofort zur Kajüte und fand dieselbe voller Rauch, ferner sah er, daß die Flammen aus der Kajütskappe, der hintern Luke und der großen Luke herausschlugen. Auch Raegener überzeugte sich hiervon. Es wurden sofort alle Mann an Deck gerufen und die Luken geschlossen. Dann ließ Hettmeyer Wasser in den hintern Ventilator und in die Kajütskappe gießen. Der Herd des Feuers war nicht bestimmt zu ermitteln, da der starke Rauch und die Hitze das Eindringen in die unteren Räume unmöglich machten.

Doch stellte Hettmeyer, nachdem er wenigstens in die Kajüte eingedrungen war, fest, daß der Rauch aus einer kleinen, von der Kajüte zum Proviantraum führenden Luke hervordrang. Er gewann in Folge dessen die Ueberzeugung, daß das Feuer im Proviantraum ausgebrochen sei und auch Raegener war dieser Meinung. Bald darauf machte letzterer noch die Entdeckung, daß eine Treppe, die vom Oberdeck in die Kajüte führt und unter welcher sich die

Luke zum Proviantraum befindet, nicht an ihrem Platze stand, sondern zur Seite gestellt war, während sie am Abend vorher noch über der Luke gestanden hatte.

In Folge des Alarmleutens kamen zwei Boote vom Gouvernementsdampfer „Valk" herbei, welche fragten, ob die Besatzung das Schiff verlassen wolle. Hettmeyer verneinte diese Frage, bat aber darum, eins der Boote längsseits zu lassen und mit dem andern Hülfe und insbesondere Spritzen herbeizuholen. Der Dampfer „Valk" löste darauf mehrere Kanonenschüsse und ließ eine Anzahl Raketen steigen. Gegen 7 Uhr 30 Minuten Morgens kam das eigene Boot der „Charlotte" mit Proviant und dem am vorigen Tage zurückgebliebenen Matrosen an und wurde nach Padang zurückgeschickt, um den Schiffer Stern von dem Vorgefallenen zu benachrichtigen und herbeizuholen.

Man schlug Löcher in das Deck und pumpte Wasser in diese hinein, womit man bis 4 Uhr Nachmittags fortfuhr. Um 9 Uhr kam der Schiffer Stern mit dem Boote, in welchem er einige Polizisten mitgebracht hatte, bei dem Schiffe an. Zu dieser Zeit war die „Charlotte" bereits ganz in Rauch gehüllt, der immer noch hauptsächlich hinten aus der Kajüte heraussteig. Bald nach ihm langten auch der deutsche Vice-Consul, der Polizeiinspektor, der Staatsanwalt sowie eine Hafenspritzenbarkasse mit 25 Sträflingen an. Die Löschversuche wurden energisch fortgesetzt, jedoch ohne Erfolg, auch die Anwendung von Kohlensäure, welche der Vice-Consul mitgebracht hatte, wirkte nur momentan an, doch nicht auf die Dauer.

Der Schiffer ließ darauf, um das Schiff zum Sinken zu bringen, dasselbe an mehreren Stellen anbohren und, als hierdurch die nöthige Wirkung nicht erzielt wurde, ein großes vierkantiges Loch auf der Wasserlinie in die Schiffswand schlagen, in Folge dessen das Schiff auch sank. Wegen des überhandnehmenden Rauches und der unerträglichen Hitze mußte die Schiffsbesatzung und die Hülfsmannschaft gegen 6 Uhr Abends das Schiff in den zu Wasser gelassenen Booten verlassen. Der Schiffer und der Vice-Consul blieben noch eine Zeitlang bei der „Charlotte"; als das Feuer jedoch bald darauf auch die Masten und die Takelage ergriff, fuhren sie ebenfalls nach Padang.

Als der Schiffer am nächsten Morgen wieder nach der Rhede hinausfuhr, stand das Schiff noch in Flammen, war jedoch bis auf die Wasserlinie niedergebrannt. Kurze Zeit danach sank es vollständig weg. Nach dem Ausbruch des Feuers hatte die Mannschaft anfänglich gut gearbeitet; bald jedoch stellte es sich heraus, daß mehrere von ihnen betrunken waren, namentlich F., H. und M. und in Folge dessen nicht mehr arbeiten konnten. Als der Steuermann Raegener sie darüber zur Rede stellte, machten sie Miene, ihn anzugreifen, weshalb sie in Ruhe gelassen werden mußten. Etwas später war auch Mac Donalds betrunken und schlug sich mit Forest herum. Auf Nachfrage, woher die genannten Leute den Branntwein bekommen hätten, erhielten die Steuerleute die Antwort, der am Sonntag an Land gewesene Johnson habe eine Flasche Branntwein mit an Bord gebracht. Da jedoch so viele Leute von einer Flasche nicht in solchem Maße betrunken werden konnten, so schöpften die Steuerleute sofort Verdacht, daß einer oder mehrere der Genannten sich noch anderswoher Branntwein zu verschaffen gewußt hatten. Dieser Verdacht fand dadurch seine Bestätigung, daß nach Aussage von Martin und Morrison aus zwei verschiedenen Flaschen, einer runden und einer viereckigen, im Logis von den Leuten getrunken worden war.

Anmerkung
Von den im Spruch erwähnten Brandursachen schließt das Seeamt in seinen Entscheidungsgründen wohl zu Recht „Selbstentzündung“ des Stuhlrohrs und des Kaffees an erster Stelle aus.
Zu der nur vom zweiten Offizier vertretenen Auffassung, vorsätzliche Brandstiftung habe vorgelegen, nimmt das Seeamt wie folgt Stellung:
a) Die Bekundung, einer der angetrunkenen Matrosen habe dem Messesteward bei Beginn der Löscharbeiten zugerufen, nun bekomme er eine „freie Heimfahrt“, stelle eine Verkennung der Rechtslage dar;
b) es sei nicht erwiesen, daß außer im Proviantraum noch weitere Brandherde vorhanden waren;
c) im übrigen habe keines der verdächtigen Besatzungsmitglieder ein Motiv wie beispielsweise Rache an der Schiffsführung gehabt.
Im Lichte dieser Erwägungen gewinnt das wohlgefüllte Faß Genever, welches sich ausweislich der Bekundungen der Schiffsführung im Proviantraum befunden hatte, nicht nur die entscheidende Bedeutung für die Ursache des Brandes, sondern auch für die rechtliche Bewertung des Gesamtsachverhalts.

Spruch des Seeamts zu Hamburg vom 17. Juni 1881, betreffend den Seeunfall des Schooners „Margaretha" von Blankenese.

Schiff in Folge eines absichtlich herbeigeführten Lecks voll Wasser gelaufen und condemnirt.

Der in Blankenese beheimathete Schooner „Margaretha" trat im August 1878 mit einer vollen Stückgutladung eine Reise von Hamburg nach Port Alegre an. Führer des einer Reihe von Blankeneser Mitrhedern gehörigen Schiffes war der selbst zu 14/16 Parten als Mitrheder betheiligte Hans W. aus Blankenese. Die in Altona vor Ausreise des Schiffes gemusterte Mannschaft bestand aus 5 Personen, darunter der Steuermann Hans Christoph O. aus Stendetgaard in Schleswig.

Im September 1879 erreichte das Schiff Port Alegre und löschte daselbst seine Ladung, nach Angabe des Schiffers in einem durch Seewasser stark beschädigten Zustande. Während das dem Seeamt vorliegende, übrigens auf der ganzen Reise nicht vom Steuermann sondern vom Schiffer selbst geführte Schiffsjournal bezügliches nicht enthält, hat W. in Uebereinstimmung mit seinem Steuermann bekundet, das Schiff habe auf der ganzen Ausreise in erheblichem Grade Wasser gemacht, so dass all zwei Stunden und jedes Mal längere Zeit habe gepumpt werden müssen, und hat auch der Steuermann bestätigt, dass das Schiff auf jener Reise bis Port Alegre erhebliche Leckage gemacht habe.

Als der Schiffer in Port Alegre nach Entlöschung der Ladung den Raum innenbords überholen ließ, zeigte sich mittschiffs im Boden dicht beim Kielschwein ein nicht verschlossenes Bohrloch, so dass an dieser Stelle der Schiffsraum vom umgebenden Wasser nur durch Filzlage und Kupferhaut abgeschlossen war. Irgend welche weitere unverschlossene Oeffnungen oder undichte Stellen wurden jedoch nicht entdeckt und war das Schiff nach gehörigem Verschliessen des oben erwähnten Loches wieder völlig dicht und blieb es auch während einer weiteren in Ballast zurückgelegten Reise nach Montevideo und von dort weiter nach der an der Südseite der La Plata-Mündung belegenen Rhede von Tuyu (Provinz Buenos-Ayres) in so hohem Grade, dass die Pumpen oft während mehrerer Tage nicht angesetzt wurden. Auch auf der Rhede von Tuyu, wo die „Margaretha“ eine aus getrocknetem Fleisch bestehende Ladung für Brasilien an Bord bekam, hielt der dichte Zustand des Schiffes an.

Am 19. März wurde mit der Beladung begonnen und war am 21. bereits über drei Viertel der Ladung an Bord. Am 22. wurde das Wetter stürmisch und feucht, so dass keine Ladung übergenommen werden konnte. Es wurde lenz gepumpt. Am 23. war ein Sonntag. Am Nachmittag dieses Tages besserte sich das Wetter wieder. Am 24. zwischen 8 und 9 Uhr Morgens nach dem Deckwaschen zeigte es sich plötzlich, dass das Schiff beträchtlich Wasser gemacht hatte. Eine Peilung der Pumpen ergab, dass ungefähr 3 Fuss Wasser im Schiff waren. Nachdem hierauf, von einzelnen Unterbrechungen abgesehen, während des ganzen Tages gepumpt worden war, hatte sich das Wasser im Schiff nichtsdestoweniger am Abend so sehr vermehrt, dass der Schiffer in der Nacht vom 24. auf den 25. den Befehl ertheilte, die Ankerkette zu schlippen und das Schiff auf Strand zu segeln. Um Mitternacht waren 4 Fuss Wasser bei den Pumpen gepeilt worden und als das Schiff auf Strand sass, stieg und sank das Wasser im Schiff gleichmässig mit dem umgebenden Wasser. Obwohl das Schiff an den nun folgenden Tagen durch Bergung eines grossen Theiles der Ladung und des Inventars geleichtert wurde, sank dasselbe doch an der Strandungsstelle tief in den aus zähem Mudd und Schlick bestehenden Grund hinein.

Da nun die vom Besichtiger empfohlene öffentliche Aufforderung zur Uebernahme von Hebungsversuchen an der „Margaretha“ ohne Bewerbung blieb, so schritt der Consul auf Beantragung des Schiffers und im Einverständniss mit dem in Buenos-Ayres ansässigen Vertreter der Versicherer zur Condemnirung des Schiffes und wurde dasselbe am 23. April nebst dem geborgenen Inventar in öffentlicher Auction verkauft. In der hierauf am 30. April vor dem Consul in Buenos-Ayres abgelegten Verklarung wird als muthmassliche Ursache des Leckwerdens des Schiffes der Umstand bezeichnet, dass dasselbe möglicherweise auf seinen eigenen Anker gestossen sei und wird zur Unterstützung dieser Vermuthung angeführt, dass der Matrose Sörensen am Morgen des 24. zwischen 4 und 5 Uhr, als er noch in seiner Koje lag, eine Erzitterung des Schiffes wie durch einen Stoss verspürt habe.

Der genannte Matrose, welcher auch selbst an der Verklarung theil nahm, hat die angeführte Wahrnehmung später bei einer weiteren und zwar zeugeneidlichen Vernehmung durch den Consul nochmals ausdrücklich bestätigt, während von der übrigen Besatzung, soweit ermittelt, eine gleiche Wahrnehmung nicht gemacht worden ist. Wenige Tage nach gelegter Verklarung trat Schiffer W., welcher zuvor seine Mannschaft auf dem Consulat in Buenos-Ayres abgemustert hatte, seine Rückreise nach Europa an. Am 12. Mai wurde der Consul in Buenos-Ayres benachrichtigt, dass den Käufern der „Margaretha" deren Hebung gelungen sei und dass sich der Verdacht einer strafbaren Anbohrung des Schiffes herausgestellt habe.
Die daraufhin vom Consul angestellten Ermittlungen ergaben, dass sich am 6. Mai, nachdem das Schiff zuvor bei Niedrigwasser mit Eimern ausgeschöpft und dann lenz gepumpt worden war, hinten in der Piek des Schiffes etwas über dem Kielschwein ein dem Anscheine nach mit einem Bohrer von ungefähr einem Zoll Durchmesser hergestelltes Loch gezeigt hatte, und dass das Schiff, nachdem dieses Loch vermöge eines eingeschlagenen Holzpflocks gedichtet worden, auch bei steigendem Wasser völlig dicht geblieben war. Wie schon dieser Umstand darauf schliessen liess, dass weitere lecke Stellen im Boden des Schiffes nicht vorhanden seien, so ergab sich des weiteren, dass sich auch bei einer Ueberholung des ganzen Schiffsrumpfes, soweit solches durch Umfahren desselben in einem Boot bei Niedrigwasser ausführbar war, irgend eine weitere Undichtigkeit desselben nicht gezeigt hatte.
In der nach seiner Heimkehr gegen ihn eingeleiteten gerichtlichen Untersuchung hat der Führer der „Margaretha", Hans W., nachdem zuvor auf Beantragung der Staatsanwaltschaft zu Altona die Untersuchungshaft gegen ihn verfügt war, den nach den angeführten Ermittelungen gegen ihn obwaltenden Verdacht einer strafbaren Anbohrung des Schiffes durch ein umfassendes Geständniss bestätigt. Er will hiernach diese That am Mittag des 24. März in Gemeinschaft mit dem Steuermann O., welchen er zur Begehung verleitete, in Ausführung gebracht haben, nachdem sich aber schon am Morgen jenes Tages herausgestellt habe, dass das Schiff leck sei. Die Entdeckung dieser abermaligen Undichtigkeit seines Schiffes und der dadurch herbeigeführten Beschädigung der an Bord befindlichen Fleischladung habe ihn völlig verzweifelt und rathlos gemacht, und sei er erst hierdurch auf den Gedanken gekommen, sein Schiff wegzusetzen.

Die Darstellung des Schiffers ist später durch die Aussage des Steuermanns O., welcher sich dem Gerichte freiwillig stellte, im wesentlichen bestätigt worden. Auch O. bezeugt, dass die Anbohrung erst erfolgt sei, nachdem das Schiff schon vorher in beträchtlichem Grade leck gewesen sei. Schiffer W. habe sich über diese abermalige Undichtigkeit des Schiffes und die Beschädigung der Ladung so unglücklich gezeigt, dass er, O., sich aus Mitleid habe bestimmen lassen, dem W. auf sein Andringen bei Anbohrung des Schiffes hülfreiche Hand zu leisten, zumal er sich hinsichtlich der Beschädigung der Ladung insofern nicht von aller Schuld frei gewusst habe, als er am Sonntag den 23. März im Vertrauen auf die Dichtigkeit des Schiffes ordnungswidrig eine Beobachtung der Pumpen verabsäumt habe.

Nachdem auf die vor dem Schwurgericht in Altona erhobene öffentliche Anklage sowohl W. wie O., letzterer unter Annahme mildernder Umstände, für schuldig befunden und in die gesetzlichen Strafen verurtheilt worden sind, hat, nach Wiederaufnahme der bei dem Seeamt eingeleiteten Untersuchung der Reichscommissar gegen Schiffer und Steuermann, welche beide zur Hauptverhandlung vor dem Seeamt geladen und erschienen waren, den Antrag auf Entziehung der Gewerbebefugniss gestellt.

Diesen Anträgen musste stattgegeben werden.

Der Spruch des Seeamts geht hiernach dahin:

Die Strandung bezw. das Sinken des Schooners „Margaretha“ am 24. März 1879 auf der Rhede von Tuyu, in der Mündung des La Plata Stromes, ist durch eine vom Schiffer und Steuermann dieses Schiffes gemeinschaftlich verübte Anbohrung desselben herbeigeführt worden und hat bei dieser Handlungsweise bei beiden Angeschuldigten, wenn auch bei Steuermann O. ohne eigenes Interesse, die betrügerische Absicht obgewaltet, den Verlust des Schiffes und auf Grund dessen die Erhebung auf der auf dasselbe geschlossenen Versicherungsgelder zu bewirken.

Beide Angeschuldigten haben hiernach den Unfall durch Handlungen verschuldet, welche auf dem Mangel zur Ausübung ihres Gewerbes durchaus erforderlicher Eigenschaften beruhen und erscheint ihr Verschulden als ein so schweres, dass auf Entziehung der Gewerbebefugnis gegen dieselben erkannt wird, und zwar mit der Massgabe, dass W. die fernere Ausübung sowohl des Schiffer- wie des Steuermannsgewerbes untersagt wird.

Anmerkung
Die Entscheidung zeigt überdeutlich, mit welchen sachlichen und persönlichen Risiken und damit der Versuchung, dem Glück bzw. Zufall in der einen oder anderen Weise nachzuhelfen, die Beteiligung des Schiffers am Schiff bzw. der Ladung verbunden war. Insgesamt hätte H. aus Kaskoversicherung des Schiffs, der Versicherung der Fracht und der Versicherung durch seine eigenen Effekten 27.200,-- Mark erlösen können.

Spruch des Seeamts zu Hamburg vom 18. December 1880, betreffend den Seeunfall des eisernen Schraubendampfers „Carlos“ von Hamburg.

Der Schraubendampfer „Carlos“, Unterscheidungssignal RFSK, strandete am 25. October 1880 Nachmittags zwischen 3½ und 4 Uhr an der Küste der afrikanischen Negerrepublik Liberia und ist in Folge dessen mitsammt der Ladung total verloren gegangen.

Das Ergebnis der Beweisverhandlungen ist Folgendes:
Der „Carlos“ war für die Reise von Hamburg nach Lagos und zurück nach einem noch näher zu bestimmenden europäischen Hafen an ein Hamburger Handlungshaus verchartert. In die Chartepartie war unter anderem die Bestimmung aufgenommen, dass das Schiff auf Erfordern der Befrachter auf der Ausreise einen an der Krou-Küste belegenen Platz Namens Santown behufs Mitnahme einer Anzahl schwarzer Arbeiter (Krouboys) anzulaufen habe. Eine Barre sei bei Santown nicht zu passiren und zähle die Zeit des Aufenthaltes daselbst als Liegezeit. Der Chartepartie war dann abseiten der Befrachter noch der Nachtrag beigefügt worden, daß der an der Krouküste anzulaufende Platz richtig nicht Santown sondern Sastown heisse und auf 8°40′ westlicher Länge und 5° nördlicher Breite liege. Diese Ortsbestimmung war den Befrachtern von Liverpooler Geschäftsfreunden mitgetheilt worden, an welche sie sich wegen der Lage von Sastown mit dem Ersuchen um Erkundigung bei der Africa-Steam-Ship-Company gewandt hatten.
Der Führer des Schiffes, Schiffer Nickelsen, welcher von hier aus seine erste Reise auf dem Schiffe antrat, machte darauf aufmerksam, dass der anzulaufende Platz unmöglich unter der aufgegebenen Breite und Länge liegen könne, da diese Angaben auf einen im Lande gelegenen Punkt hinführten; es gelang ihm aber aller Bemühungen unerachtet nicht, sich vor seiner Ausreise über die richtige Position des von ihm anzulaufenden Platzes zu orientiren.
Der „Carlos“ verliess Hamburg unter Führung des von der Insel Föhr gebürtigen Schiffers Peter Cornelius Nickelsen mit einer Ladung Stückgüter und einer einschliesslich des Schiffers aus 20 Mann bestehenden Besatzung.
Schiffer Nickelsen, welcher seiner Angabe nach von der Voraussetzung ausging, dass bei der Unvereinbarkeit der Längen- und Breitenangabe von Sastown der ersteren das entscheidende Gewicht beizumessen sei, machte,

um sicher zu gehen, bei Cap Mount das hohe Land und steuerte dann an der Küste entlang, jedoch so, daß das Schiff sich derselben bei Erreichung des fünften Breitengrades etwas mehr näherte. Der Mittagsstandort des Schiffes wurde sowohl durch Sonnen-Observationen wie durch Peilungen des Landes in völlig zuverlässiger Weise auf 5°2′ nördlicher Breite und 9°10′ westlicher Länge ermittelt.

Schiffer Nickelsen, welcher sich von Mittag an, obwohl Wache des ersten Steuermanns war, neben diesem ununterbrochen auf der Commandobrücke aufhielt, steuerte nun auf 20 bis 15 Faden Wassertiefe unter aufmerksamer Beobachtung der Küste, um etwa für den „Carlos" bestimmte Signale gewahr zu werden, an letzterer entlang. Von Yul-Bock, welcher in einem Abstande von ungefähr 1½ Seemeilen passirt wurde, setzte Schiffer Nickelsen seinen Curs auf Blue-Bara point, passirte diese Vorgebirge gleichfalls in einem auf 1½ Seemeilen geschätzten Abstand und hielt dann wieder weiter von der Küste ab, um Krourock in einer Entfernung von etwa zwei Seemeilen an Backbordseite zu lassen. Von hier ab hielt Schiffer Nickelsen sich ungefär mit der dortigen Küstenlinie parallel und liess bald drauf, um 3½ Uhr Nachmittags, als das Schiff nach dem Logg seit Mittag 28 Seemeilen gelaufen hatte und man sich, sowohl hiernach wie auch nach den verschiedenen Peilungen auf der Karte eingetragener Küstenpunkte, bereits nahezu auf der in der Charter aufgegebenen Länge von Sastown schätzte, die Maschine langsam gehen, indem er gleichzeitig dem Auftrage der Befrachter gemäss zum Zeichen seiner Ankunft die deutsche Flagge vom Flaggenstock und vom Vortop zeigte und einen Kanonenschuss abfeuerte.

Gleich darauf war der „Carlos" auch bereits von einer grossen Anzahl von Fischerböten umringt, deren schwarze Insassen riefen und winkten, dass man stoppen möge, indem sie gleichzeitig ein Stück Papier in die Höhe hielten, von welchem Schiffer Nickelsen damals annehmen zu können meinte, dass es der dem Ordrebrief der Befrachter entsprechende Passagebrief für die laut Chartepartie an Bord zu nehmenden Krouleute sei. Er will deshalb auch zunächst die Maschine für einen Augenblick ganz gestoppt, dieselbe dann aber wieder langsam haben angehen lassen, um Steuer im Schiff zu behalten, als das Schiff, während einige der Canoes eben im Begriff waren, längsseite zu kommen und ihren Brief vorzuweisen, bei langsamer Fahrt – der wachthabende zweite Maschinist giebt die Zahl der Umdrehungen der Maschine auf

40 in der Minute an, während die Maschine mit voller Kraft arbeitend 70 bis 75 Umdrehungen in der Minute mache – plötzlich heftig aufstiess.
Der Schiffer ertheilte die Ordre, die Maschine volle Kraft rückwärts arbeiten zu lassen, und ist die Maschine nach dem Zeugniss des wachthabenden Maschinisten auch nach rückwärts gestellt worden. Das Schiff drehte sich dann etwas mit dem Bug nach See zu, wankte einige mal nach beiden Seiten und brach hierauf im Maschinenraum auseinander. Während nun der hintere Theil des Schiffes im Wasser wegsank, so dass das Maschinenpersonal sich eilends an Deck flüchten musste, füllte das Schiff sich auch vorne so überraschend mit Wasser, dass die Luken des vor dem Maschinenraum befindlichen grossen Laderaums durch den Druck des Wassers und der Luft aufsprangen.
Da das Schiff unter solchen Umständen als verloren betrachtet werden musste, ertheilte der Schiffer jetzt das Commando zum Klarmachen der Böte. Noch während die Mannschaft damit beschäftigt war, die drei an Bord befindlichen Böte zu Wasser zu bringen und Schiffspapiere, Deck- und Maschinenjournal, das werthvollere Schiffsinventar, etwas Proviant und einen Theil ihrer Effecten in denselben zu bergen, wurde das Schiff von den Eingeborenen erstiegen und begannen diese sofort damit das Schiff auszuplündern. Die völlig unbewaffnete Besatzung, welche sich von Hunderten von Räubern gegenüber in der verschwindenden Minderzahl befand, sah sich ausser Stande, etwas zum Schutze von Schiff und Ladung zu thun. Während ersteres mehr und mehr im Meere versank, verharrten die Schiffbrüchigen noch bis zum Dunkelwerden in der Nähe der Strandungsstelle und beschlossen dann ihren Curs in südöstlicher Richtung an der Küste entlang zu nehmen, um womöglich Cap Palmas zu erreichen und in den Schutz der dort befindlichen deutschen Factorei zu gelangen.
Nachdem man Nachts einen furchtbaren Tornado mit heftigem Gewitter und Regen zu bestehen gehabt und gezwungen gewesen war, die Böte zusammenzubinden, um einander nicht aus Sicht zu verlieren, wurden die Schiffbrüchigen bald nach Tagesanbruch, eben in Sicht der Küste, abermals von zahlreichen Fischerböten umringt. Auf Befragen, wo man sich befinde, gaben die Fischer einander widersprechende Antworten, und als die Mannschaft wieder weiter in See hinaushalten wollte, liessen die abermals in überwiegender Mehrzahl befindlichen Fischer das nicht zu, enterten vielmehr die Böte und

machten sich nun daran, die waffen- und wehrlose Mannschaft, welche nichts zu ihrer Vertheidigung bei sich hatte, als die Riemen und Haken, während die Schwarzen Harpunen und grosse Messer führten, vollständig auszurauben. Es wurde alles genommen, die geborgenen Instrumente, Kleidungsstücke, der wenige mitgenommene Proviant, auch Schiffspapiere und Journale wurden geraubt. Nachdem die Schiffbrüchigen schliesslich bis auf die nackte Haut entkleidet waren, blieb ihnen nichts als die Böte und die dazu gehörigen Riemen. In diesem völlig hülflosen Zustande, ohne Kleidung, ohne Nahrung, Tags der sengenden Sonnenhitze, Nachts der kalten Seeluft ausgesetzt, arbeitete sich dann die unglückliche Besatzung, welche befürchtete, dass die Räuber sie bei dem Versuche in Cap Palmas zu landen, aufgreifen und ums Leben bringen würden, wieder in der Richtung zurück, von der sie ausgerudert war, in der Hoffnung, dass es ihr gelingen werde, Sinou zu erreichen und in den Schutz der dortigen deutschen Factorei zu kommen.
Man hatte, um sich die schwere Arbeit des Ruderns etwas zu erleichtern, das eine Boot treiben lassen und war am folgenden Morgen (am 27.) unter unsäglichen Anstrengungen gegen den Strom anrudernd wieder soweit gelangt, dass man eben die Spitzen der Masten des „Carlos“ aus dem Wasser hervorragen sehen konnte, als man sich plötzlich abermals von Fischerleuten in ihren Canoes umringt sah. Jetzt wurde die Mannschaft, unter Bedrohung ihr das Leben zu nehmen, von den Schwarzen, welche selbst in die Schiffsböte stiegen und die Ruder handhabten, mit Gewalt ans Land geschleppt und dort gegen Mittag durch die Brandung bei Nanakrou gelandet.
Erst nachdem die Unglücklichen Tage lang theilweise in Nanakrou, theilweise in dem benachbarten King Williamstown gefangen gehalten waren, wurde ihnen von Sinou aus, auf dorthin überbrachte Kunde von dem Unfall, durch zwei von der Woermannschen Factorei zu ihrer Hülfte ausgesandte Segelböte mit bewaffneten Schwarzen die unentbehrlichste Kleidung und dann nach einigen Unterhandlungen, bei welchen Schiffer Nickelsen den Schwarzen auch noch seine beiden Böte verschreiben und eine schriftliche Bescheinigung über gute Bewirthung ausstellen musste, ihre Befreiung zu Theil. Am 1. November in der Frühe verliess die Mannschaft Nanakrou und langte erst am selben Abend in Sinou an.
Am 5. November kam die ganze Besatzung an Bord des nach Liverpool bestimmten englischen Dampfers „Loanda“, welcher den Schiffer und ersten

Steuermann in Monrovia landete, während die übrige Mannschaft nach Liverpool weiter befördert wurde. Unterwegs in Sierra Leone desertirte ein als Trimmer gemustert gewesener Neger, der das Schicksal der übrigen Mannschaft in allem anderen vollständig getheilt hatte; nur hatten die Räuber ihm das Zeug, welches er am Leibe trug, gelassen. Die übrigen 16 Leute langten, wenn auch zum Theil von den erlittenen Strapazen und vom Klimafieber hart mitgenommen, mit der „Loanda“ in Europa an. Schiffer Nickelsen und der erste Steuermann kehrten dann acht Tage später mit dem Liverpooler Dampfer „Nubia“ gleichfalls nach Europa zurück, nachdem sie zuvor noch bei dem deutschen Consul in Monrovia kund unter dessen Unterstützung auch bei dem Präsidenten der Republik Liberia Protest wegen des Schiff und Mannschaft wiederfahrenden Unrechts eingelegt hatten.

Auf Grund aller vorstehenden Erwägungen giebt das Seeamt seinen Spruch dahin ab:
Der Verlust des Dampfers „Carlos“ ist dem Umstande zuzuschreiben, dass derselbe bei der unrichtigen Ortsbestimmung, welche für das in den Seekarten nicht eingetragene Sastown in der Chartepartie enthalten war, die Krouküste suchend entlang passiren musste und dabei in der Nähe von Nanakrou in einem Abstande von ungefähr drei Seemeilen vom festen Lande auf eine trotz scharfen Ausguckens nicht bemerkbare und dem Anscheine nach bisher völlig unbekannte blinde Klippe gerieth.
Nach der Beweisaufnahme liegt ein Grund zu der Annahme, dass eine schuldvolle Unvorsichtigkeit in der Führung des Schiffes zu dem Unfalle mitgewirkt habe, nicht vor; vielmehr ist Schiffer Nickelsen und seiner Mannschaft die Anerkennung nicht zu versagen, dass sie sowohl vor wie nach der Strandung als pflichtgetreue Seeleute gehandelt haben.

Anmerkung
Das Seeamt stellt in den Entscheidungsgründen fest, daß der Ort Sastown 8°27' westlicher Länge und 4°40' nördlicher Breite, demnach ca. 20 Meilen südöstlich des Strandungsortes, zu finden sei.
Zu den Vorfällen und der Verantwortlichkeit nach der Strandung wird ausgeführt:
„An ein Bergen von Ladung war aber bei dem sofortigen räuberischen Ueberfallen des Wrackes durch die in grosser Ueberzahl herankommenden Eingeborenen nicht zu denken. Der schonungslosen Habgier der Schwarzen

fiel dann Tags darauf auch noch das Wenige an Schiffsinventar, Proviant und Kleidungsstücken zur Beute, was die Schiffbrüchigen in die Böte gerettet hatten.
Zu einer näheren Feststellung der an der Ausplünderung des Schiffes, der späteren Beraubung und Misshandlung der Schiffbrüchigen und der am darauf folgenden Tage erfolgenden Gefangennahme derselben Schuldigen hat die Beweisaufnahme bei der erklärlichen Unfähigkeit der schiffbrüchigen Mannschaft über die Person dieser Eingeborenen irgend zuverlässige Angaben zu machen, nichts zu ergeben vermocht."

Spruch des Seeamts zu Flensburg vom 14. Februar 1882, betreffend den Seeunfall des Schraubendampfers „Quinta" von Flensburg

Der Spruch des Seeamts lautet: dass der Unfall dem am 4. October 1881 an der chinesischen Küste herrschenden Typhon zuzuschreiben ist, daß der Schiffer insofern unrichtig gehandelt hat, als er am Nachmittage des 3. October 1881 es nicht zunächst versuchte, mit dem Schiffe ostwärts beizudrehen und dasselbe gegen den Wind zu legen, sondern, ohne solchen Versuch gemacht zu haben, sich hinter die Insel Tinhosa flüchtete und dort Schutz suchte, daß dem Schiffer die Befugniß zur Ausübung des Schiffergewerbes nicht zu entziehen sei.

Gründe: Auf Grund der mit dem Schiffsjournal übereinstimmenden, am 22. October 1881 zu Hongkong vor dem Kaiserlich deutschen Consulat abgelegten Verklarung, sowie auf Grund der vor dem Seeamt erfolgten Aussagen des Schiffers T., des Obersteuermanns Breitung, des Steuermanns Ziesenіß, ferner der beeidigten Aussagen der beiden Maschinisten Oetzen und Mühlenbein hat das Seeamt folgende Thatsachen als festgestellt angenommen.
Der der Flensburger Dampfschiffahrtsgesellschaft von 1869 gehörende eiserne Schraubendampfer „Quinta", bemannt mit 20 Mann außer dem Schiffer, verließ am 2. October 1881 Vormittags 8½ mit günstigem Ostwinde den Hafen von Hongkong. Das Schiff war beladen mit Stückgütern und hatte 120 chinesische Deckpassagiere an Bord. Bestimmungsort war Saigon.
Gegen 5 Uhr Nachmittags ging der Wind nach ONO um; später am Abend gegen 7 Uhr bekam die Luft ein drohendes Aussehen. Das Aneroid-Barometer – ein Quecksilber-Barometer war nicht an Bord – fiel in 12 Stunden 0,2 Zoll englisch; die See ward immer höher, die Maschine arbeitete sehr unregelmäßig, da die Schraube oft aus dem Wasser kam, Böen von großer Heftigkeit von starkem Regen begleitet kamen durch. Unter diesen Umständen

gelangte der Schiffer T. zu der Annahme, es sei ein Typhon in der Nähe. Die Anzeichen für denselben mehrten sich im Laufe der folgenden Nacht, denn das Barometer fiel weiter und die See nahm an Höhe bedeutend zu.

Am Mittag des 3. October stand das Barometer 29,70 Zoll englisch; die Sonne brach durch, der Schiffer bekam eine Meridianhöhe derselben, nach welcher sich die Breite zu 19°3′ Nord ergab. Gleich darauf wurde der ganze Himmel wieder bedeckt; die Böen wurden orkanartig, der Seegang sehr unregelmäßig und mehr zunehmend. Gegen 2 Uhr Nachmittags klarte das Wetter für eine kurze Zeit auf, während welcher es gelang, eine Sonnenhöhe zu bekommen, wonach die Länge, wenn auf den wahren Mittag reducirt, 110° 55′ Ost war. Hieraus folgte eine Stromversetzung von ungefähr 50 Seemeilen nach West. Zugleich kam Land in Sicht, welches als die Insel Tinhosa erkannt wurde.

Das Schiff dampfte bis 4½ Uhr Nachmittags nach Landpeilung und ankerte dann mit Backbordanker in 9 Faden Wasser mit 45 Faden Kette drei Seemeilen westlich von der Südspitze der Insel Tinhosa. Um 9 Uhr Abends hatte der Wind so zugenommen, daß die Insel dem Schiffe nicht mehr Schutz genug gewährte; man ließ deshalb den zweiten Anker mit 45 Faden Kette fallen und steckte von der Backbordkette 90 Faden. Da die See indeß nur unbedeutend war, lag das Schiff während der ganzen Nacht ziemlich ruhig.

Das Barometer fiel gegen Mitternacht bis 29,40 Zoll, stieg dann aber bis gegen Morgen wieder auf 29,56 Zoll. Der Wind blieb unverändert ONO. Das Schiff hatte immer Dampf auf, um nöthigenfalls die Anker unterstützen zu können. Um 9 Uhr Morgens am 4. October jedoch fiel das Barometer von Neuem. Der Wind wurde sehr heftig mit Regen und es kam Seegang von SO auf; dabei setzte eine starke Strömung nach der Insel Hainan. Das Schiff legte sich quer Sees und rollte so schwer, daß von beiden Kesseln die Holzbekleidung in den Heizraum hinuntergeschleudert wurde und zu befürchten stand, die See würde alles von Deck schlagen. Weil es unmöglich war, gegen die See anzudampfen und das offene Fahrwasser zu gewinnen, sah sich der Schiffer gezwungen, die Anker zu lichten und näher an die Insel heranzudampfen. Um 12½ Uhr Nachmittags kam das Schiff an dem neuen weiter nördlich gelegenen Ankerplatz an, woselbst es mit beiden Ankern mit je 45 und 110 Faden Kette ankerte. Die Maschine hatte während der Fahrt nach dem neuen Ankerplatz mit voller Kraft gearbeitet, sie schlug ganz entsetzlich und war fast

unregierbar; nur mit äußerster Noth war es gelungen, den zweiten Ankerplatz zu erreichen. Nach dem Ankern ließ man die Maschine zum Stützen der Anker mit wenig Unterbrechung fortarbeiten. Der Wind wehte noch immer unverändert aus ONO; um 3 Uhr Nachmittags aber sprang er plötzlich nach SO um, später nach Süd und endlich nach SW. Von dieser Zeit an wurde es augenscheinlich, daß man sich in einem Typhon befinde. Die Gefahr, auf die steile Küste der Insel Hainan getrieben zu werden, wurde immer größer.
Nach Berathschlagung mit den Schiffsoffizieren beschloß der Schiffer deshalb die Anker zu lichten und zu versuchen, daß er vor Eintritt der Dunkelheit eine sandige Bucht an der Westseite der Insel Tinhosa erreiche, wo im schlimmsten Falle doch noch Aussicht vorhanden war, bei einer etwaigen Strandung Passagiere und Mannschaft zu retten, was bei einer Strandung an der Küste von Hainan sich als unmöglich darstellte.
Um 5 Uhr Abends wurde der Backbordanker gelichtet; es zeigte sich hierbei, daß der Stock abgebrochen war. Sodann wurde auch der Steuerbordanker gelichtet; dabei brach die Kette.
Die Maschine ließ man nun sofort volle Kraft vorwärts gehen; sie arbeitete hierbei so entsetzlich, daß beide Kolben in den Cylindern, sowie alle arbeitenden Theile wie Glocken klangen. Das Schiff kam ungefähr zwei Schiffslängen vorwärts, es wollte indeß dem Steuer nicht gehorchen und war nicht auf die See zu bringen, es wollte weder backbord abfallen noch steuerbord anluven, blieb vielmehr quersees liegen, dem Strande zutreibend.
Nach halbstündigem erfolglosen Arbeiten mit der Maschine stieß das Schiff mit dem Vorderende zwischen blinde Klippen und kam zugleich mit dem Hinterende auf sandigen Grund der Insel Tinhosa.
Ein sofortiges Rückwärtsgehen der Maschine hatte keinen Erfolg, das Schiff stieß fortwährend hart auf und legte sich auf die Seite, mit dem Deck nach See zu, wobei alles in See befindliche sofort weggespült wurde. Das Schiff blieb einstweilen noch dicht. Da alle Versuche, mit der Maschine das Schiff abzubringen, erfolglos waren, wurde der Dampf abgelassen und das Feuer aus den Kesseln genommen, um eine Kesselexplosion zu vermeiden, wenn das Schiff nicht mehr dicht bleiben und Wasser machen würde.
Nach der Strandung wurde alsbald ein Rettungsboot ausgesetzt, in welchem außer der Bootsmannschaft einige Frauen und Kinder – etwa 10 Personen – Aufnahme fanden. Das von dem zweiten Steuermann Ziesениß geführte Boot

wurde indeß, als es vom Schiffe abgelassen wurde, von der Strömung erfaßt und zwischen die Klippen getrieben. Der Steuermann und die übrige Bootsmannschaft sprangen sofort heraus. Es gelang auch, während der Steuermann das Boot vorne festhielt, sämtliche Passagiere bis auf zwei Mädchen im Alter von 15 bis 16 Jahren auf die Klippen zu bergen.

Die beiden Mädchen konnten sich wegen ihrer kleinen künstlich verkrüppelten Füße offenbar nicht bewegen, sie blieben deshalb im Boot sitzen, als man sie aufforderte auszusteigen und wurden, als durch eine hohe See das Boot dem Steuermann aus den Händen gerissen wurde, mit dem Boote in die See zurückgetrieben, woselbst sie mit demselben spurlos verschwanden. Die Geretteten gelangten von den Klippen glücklich auf festes Land. Angesichts dieses Unfalles gab man für den Abend weitere Rettungsversuche auf.

Am folgenden Tage, am 5. October, nachdem man durch eine Leine eine Verbindung mit dem Lande hergestellt hatte, gelang es mittelst eines an der Leine befestigten Bootes sämmtliche übrige Passagiere glücklich an den sandigen Strand zu bringen. Es wurde auch Proviant ans Land geschafft und Zelte für die Frauen und Kinder aufgeschlagen. Um 10½ Uhr Abends begann das Schiff zu lecken und zwei Stunden später war es bereits bis zur Wasserlinie vollgelaufen. An ein Abhieven des Schiffes mittelst des schweren Ankers, den man zu dem Behuf klar gemacht hatte, war nunmehr nicht zu denken, umsoweniger, weil das Wasser, das bei einer gewöhnlichen Fluthöhe an dieser Küste nur 6 bis 7 Fuß zu steigen pflegt, auf etwa 19 Fuß gestiegen war und jetzt stark zu fallen begann.

Am 6. October trat besseres Wetter ein und die See legte sich. Es zeigten sich am Abend einige chinesische Fischer, welche das Schiff umkreisten und die am Lande Wache stehende Mannschaft belästigten, ohne indeß zu weiteren Thätlichkeiten überzugehen.

Am 7. October Morgens kamen ungefähr 100 chinesische Boote mit je 2 bis 11 Mann Besatzung und umringten das Schiff. Man hatte an Bord nur 6 Remington-Gewehre mit ungefähr 100 Patronen zur Verfügung. Einige Schüsse, die man abfeuerte, vermochten die Fischer nicht zu verscheuchen. Dieselben warfen vielmehr Stinktöpfe in die Cajüte und drangen aufs Schiff. Einsehend, daß sie dieser Uebermacht nicht Stand halten könne, verließ die an Bord befindliche Mannschaft das Schiff und ging ans Land zu den Passagieren und den diesen beigegebenen Leuten. Hierbei mußten das Chronometer und der

Postsack wegen der in der Cajüte liegenden Stinktöpfe im Stich gelassen werden. Noch an demselben Abend wurde ein der Landessprache mächtiger Passagier mit einem Briefe nach Hoihow abgesandt, um Hülfe zu erbitten. Am folgenden Tage fuhren die Chinesen fort, das Schiff zu plündern, am Abend steckten sie es auch in Brand. Auch an den darauf folgenden Tagen wurde das Plündern trotz des Brennens des Schiffes fortgesetzt. Am 9. October war es gelungen, einen chinesischen Cajütsjungen nach Munchow zu expediren, um Proviant herbeizuholen. Derselbe kam am 10. mit Proviant und mit der Nachricht zurück, daß der Mandarin in Munchow Soldaten zur Hülfe schicken werde.

Am Nachmittage des 11. kam denn auch ein Boot mit 6 Soldaten an. Mittlerweile machten die Räuber, weil im Schiff nichts mehr zu plündern sein mochte, Miene, an Land zu gehen und das Gepäck der Passagiere zu plündern. Sie wurden indeß mit Hülfe der Soldaten verscheucht. Am anderen Morgen, den 12., landeten in der That ungefähr 60 Mann in Böten und drangen über den Sand zu den Zelten der Passagiere vor. Es gelang jedoch auch diesmal dem vereinten Vorgehen der Soldaten und der Schiffsmannschaft, die Räuber zu vertreiben.

Am 14. legten sich wieder zwei Dschunken vor den Schiffbrüchigen vor Anker, in der augenscheinlichen Absicht zu landen. Gelang es auch sie zu vertreiben, so mußte man nach solchen Erfahrungen doch fürchten, daß derartige Versuche sich wiederholen möchten und man nicht immer im Stande sein werde, die Räuber zu vertreiben. Man schickte deshalb wieder einen Boten zum Mandarin nach Munchow und ließ um mehr Soldaten bitten. Am 16. langten in Folge dessen 30 bis 40 Soldaten unter dem Commando eines Offiziers an. Nach deren Eintreffen wurde man nicht weiter von den Räubern belästigt.

Am 19. endlich kam die lang ersehnte Hülfe, der Dampfer „Kwanglhi“ von Hoihow. Dieser nahm Passagiere und Mannschaft auf und brachte sie zunächst nach Hoihow.

Von Hoihow ist demnächst die Mannschaft nach Hongkong befördert worden.

Anmerkung

Zu dem Antrag des Reichskommissars wegen Patententziehung sind längere Ausführungen erforderlich wegen der Frage, wann spätestens der Schiffer habe erkennen müssen, daß ein Taifun herannahe. Es wird dann ausgeführt, nicht bereits die ersten Windveränderungen hätten auf den Taifun hingewiesen, sondern erst der Fall des Barometers am darauffolgenden Tag, und erst nun habe sich die Entscheidung vom Freitag, bei Tinhosa Schutz zu suchen, als fehlerhaft und tödlich erwiesen. Das Verhalten des Schiffers während des Unwetters selbst wird als pflichtgemäß und richtig bewertet. Zu dem Unwetter bemerkt das Seeamt, es habe sich um den Taifun gehandelt, „welcher Zeitungsberichten zufolge am 4. und 5. Oktober an der Insel Hainan sowie an der gegenüberliegenden Küste von Tocking wütete und soviel Unglück anrichtete, wie selten ein Typhon zuvor, bei welchem das Wasser in Haiphong zu einer so enormen Höhe stieg, daß die menschlichen Wohnungen überschwemmt wurden, zwei- bis dreihundert Menschen ertranken und 61 Dschunken scheiterten bzw. total verloren gingen."

Spruch des Seeamts zu Flensburg vom 1. Oktober 1888 und Entscheidung des Kaiserlichen Ober-Seeamts vom 15. Februar 1889, betreffend den Seeunfall des Schraubendampfers „Fero“ von Flensburg.

Der Spruch des Seeamts lautet: Die Strandung des Schraubendampfers „Fero“ in der Nacht vom 10. bis 11. Juni 1888 auf der Lamma-Insel bei Hongkong ist von dem Schiffer H. dadurch verschuldet, daß er ohne Rücksicht auf die ihm bekannten in den befahrenen Gewässern vorhandenen unregelmäßigen Strömungen sein Schiff zur Nachtzeit in einem engen Fahrwasser unter vollem Dampf dahin fahren ließ. Dem Schiffer H. wird die Befugniß zur Ausübung des Schiffergewerbes nicht entzogen.

Gründe: Der eiserne Schraubendampfer „Fero“, Heimathshafen Flensburg, ist in der Nacht vom 10./11. Juni 1888 auf der westlich von Hongkong liegenden Insel Lamma gestrandet und in der Folge total verloren gegangen. Das Schiff war für 285000 M. versichert. Führer desselben war Schiffer J. N. H. aus Flensburg seit dem 16. April 1887. Der Dampfer war seit dieser Zeit ziemlich regelmäßig zwischen Chefoo und Hongkong gefahren, so daß er jeden 20. Tag in Hongkong einzutreffen pflegte. Der Steuermann M. aus Flensburg, ein Maschinist erster Klasse, ein Maschinist zweiter Klasse, ein Bootsmann und 16 Chinesen bildeten die übrige Besatzung.
Der Maschinendienst war in drei Wachen eingetheilt. Zwei Wachen hielten die beiden Maschinisten, die dritte hatte man einem Chinesen übertragen, welcher früher als Schmierer auf dem Schiffe gedient hatte, sich dabei sehr anstellig erwiesen hatte und deshalb zum Assistenten aufgerückt war. Zur Zeit der Strandung hatte der Chinese die Wache; weil man sich aber dem Lande näherte, war gleichzeitig der erste Maschinist zur Stelle, um vorkommenden Falls die Maschine zu leiten.
Man war am Abend des 10. Juni mit einer Ladung Bohnen von Chefoo in der Gegend von Hongkong angelangt. Die Nacht war dunkel aber gut feuersichtig. Als man um 12 Uhr das Feuer auf Cap d'Aiguilar in NNW ½ W gepeilt

hatte, steuerte man W 1/2 S. Nach Zurücklegung einer Distanz von 4 Seemeilen veränderte man den Curs auf NNW, wobei gleichzeitig das obengenannte Feuer in NO 3/4 N gepeilt wurde. Mit diesem Curse fuhr man unter voller Dampfkraft den Ost-Lama-Kanal hinauf. Um 1 Uhr Nachts peilte man dasselbe Feuer in ONO in einem geschätzten Abstande von 4 Seemeilen, dann verschwand das Feuer hinter der Halbinsel Taitam. Der Schiffer war auf der Commandobrücke, neben ihm stand der Steuermann. Man lothete und fand 12 bis 14 Faden Wasser.

Einige Zeit darauf gewahrte man an Steuerbordseite Land voraus. Der Schiffer ließ in der Annahme, daß er die kleine Insel Mascong vor sich habe, das Ruder hart steuerbord legen. Gleichzeitig bemerkte er sowohl wie der Steuermann, daß mehr Land voraus in Sicht komme. Der Steuermann machte den Schiffer darauf aufmerksam, daß man nicht die Insel Mascong vor sich haben könne, weil sonst an Backbordseite offenes Wasser sein müsse. Nunmehr ließ der Schiffer die Maschine, welche bis dahin mit voller Kraft vorwärtsgegangen war, auf rückwärts stellen. Die Maschine hatte eben rückwärts angeschlagen, als das Schiff auf einen Stein stieß. Durch das Rückwärtsarbeiten der Maschine kam das Schiff alsbald wieder ab. Während man eine Zeit lang SW anlag, ließ der Schiffer die Piek und die Kettenräume untersuchen. Man fand hier alles dicht.

Bald wurde aber von dem ersten Maschinisten gemeldet, daß Wasser in den Maschinenraum dringe, jedoch nicht mehr, als man durch die Pumpen bewältigen könne. Nicht lange nachher meldete der erste Maschinist, daß das Wasser im Maschinenraum zunehme, daß sich auch Wasser in den Seitenbunkern ansammele und die Nieten des Schotts zwischen Maschine und Laderaum sich lösten. Mittlerweile hatte der Schiffer wahrgenommen, daß der Vordertheil des Schiffes zu sinken begann. Befürchtend, daß die im Wasser aufquellenden Bohnen das Schiff zum Bersten bringen könnten, beschloß der Schiffer nunmehr, dasselbe auf den Strand laufen zu lassen. Zuerst wollte das Schiff dem Steuer nicht gehorchen. Nach einiger Mühe gelang es indeß mit voller Kraft vorwärts gehender Maschine den Bug nach steuerbord herum zu bringen.

Man steuerte dann auf eine helle Stelle am Lande zu, in der Annahme, daß man auf einen sandigen Strand laufe. Alsbald stieß das Schiff auf, indeß nicht auf einen sandigen, sondern auf einen mit weißen Steinen bedeckten Strand.

Um ein Abrutschen des Schiffes zu verhindern, ließ man gleich den Backbordanker fallen und den Ballasttank No.2, welcher leer war, voll Wasser laufen. Sodann wurden die Luken geöffnet und die obere Ladung herausgenommen, um den Druck der aufquellenden Bohnen zu vermindern. Gleichzeitig wurde der Steuermann in einem Boote nach Hongkong hinübergeschickt, um Hülfe zu requiriren.

Bei Tagesanbruch stellte sich heraus, daß man ungefähr 2 Seemeilen westlich von der Insel Mascong in der südöstlichen Bucht der Insel Lamma auf den Strand gekommen war. Zwischen 9 und 10 Uhr kam der Steuermann mit Schleppdampfern, Leichtern und 60 bis 80 chinesischen Arbeitsleuten zurück. Diese begannen sofort die Ladung zu löschen, während die Schiffsmannschaft sich daran machte, das Schiffsinventar und ihr Zeug zu bergen. Alsbald stellten sich eine Menge Seeräuber ein, stiegen auf's Schiff und nahmen von der Ladung weg, was sie konnten. Ein Versuch, die Seeräuber zu vertreiben, wurde nicht gemacht. Auf Requisition des Schiffers kam Abends ein englisches Polizeiboot mit einigen Soldaten bemannt von Hongkong an die Unfallstelle und hielt hier während der Nacht Wache. Bei Anbruch der Dunkelheit verließen die Schiffsleute und die Arbeitsleute das Schiff und begaben sich auf die an der Seite liegenden Leichter. Mit ihnen verschwanden denn auch die Seeräuber. Am andern Morgen verließ das englische Polizeiboot die Unfallstelle, gleich darauf waren die Seeräuber wieder an Bord des gestrandeten Schiffes und nahmen von der Ladung so viel sie habhaft werden konnten.

Gleichzeitig fuhren die requirirten chinesischen Arbeitsleute fort, die Ladung zu löschen. Am Abend kam das englische Polizeiboot zurück und blieb dann die Nacht hier liegen. So ging es bis zum dritten Tage fort, wo das Schiff gänzlich auseinander ging und deshalb nun nichts mehr zu bergen war. Am 14. Juni wurde das Wrack in öffentlicher Auktion verkauft.

Anmerkung

Zum Wirken des Schiffers H. wird auf die Entscheidung des Seeamts Flensburg vom 4. Mai 1888 im Kapitel „Kollisionen und Katastrophen", zu seinem weiteren Schicksal auf die Entscheidung des Seeamts Flensburg vom 14. November 1892 im Kapitel „Schuld und Sühne" verwiesen.

1888 gehörte das 1841 gegründete Hongkong seit 39 Jahren dem britischen Weltreich an.

Welche Bedeutung die Stadt und ihr Hafen für den Handel mit dem Kaiserreich hatte, läßt sich aus folgenden Zahlen ersehen (zitiert nach Meyers Konversationslexikon 5. Aufl., 1896) für das Jahr 1892:
a) einlaufende Schiffe insgesamt: 4 499;
davon deutsche Schiffe: 662
b) Tonnage: 5 166 938 t
davon deutsche: 630 938 t
c) zusätzlich sind eingelaufen: 31 971 Dschunken
Zu der Aussage des vor dem Kaiserlichen Konsul in Hongkong vernommenen Maschinenassistenten wird angemerkt, sie könne wegen des niedrigen Grades der Bildung nicht ohne weitere unterstützende Beweismomente als maßgeblich betrachtet werden. Eine derartige Anmerkung war erforderlich, weil dessen Darstellung und die Darstellung der Schiffsführung, insbesondere des 1. Maschinisten, zu einem entscheidenden Punkt, nämlich wo sich dieser unmittelbar vor der Kollision aufhielt, auseinandergehen.
Unterzieht man die Entscheidungspunkte einer kritischen Würdigung und bewertet dabei insbesondere die Schlüssigkeit der Gesamtaussage des 1. Maschinisten, drängen sich Zweifel an dem Wahrheitsgehalt seiner Aussage geradezu auf.
Dem Schiffer wird attestiert, er habe die gefährlichste von drei denkbaren Ansteuerungen – den sogenannten Ost-Kanal – gewählt, sei zudem mit voller Kraft gefahren und habe in der letzten Stunde vor dem Unfall fehlerhaft navigiert. Das Patent sei ihm zu belassen, weil sein Verschulden nicht erkennen lasse, daß ihm die für den Beruf eines Schiffers erforderlichen Eigenschaften fehlten.
Die Vorgänge nach der Strandung geben dem Seeamt Anlaß zu folgenden Erwägungen:
„Nach der Strandung, als es sich darum handelte, das Raubgesindel vom Schiffe fernzuhalten, hat Schiffer H. sich zwar nicht hervorragend muthvoll gezeigt, er hat indessen nach Kräften sich bemüht, von Schiff und Ladung möglichst viel zu bergen, so daß der Vorwurf einer Pflichtverletzung ihn nicht trifft.

Angesichts der Tatsache, daß der „Fero" von 60 – 100 Booten umlagert wurde, deren chinesische Insassen im Besitz und Bewußtsein großer Übermacht ohne weiteres den Dampfer bestiegen und ausplünderten, kann der Vorwurf der Furchtsamkeit und Feigheit um so weniger als gerechtfertigt anerkannt werden, als zweifellos die in überwiegender Zahl zur Mannschaft des „Fero" gehörigen Chinesen mit ihren Landsleuten gemeinschaftliche Sache gemacht haben würden."

Spruch des Seeamts zu Flensburg vom 19. September 1905, betreffend das Ingrundbohren des Dampfers „Thea“ von Kiel durch russische Kreuzer.

Der Spruch lautet: Der der Reederei H. Diederichsen in Kiel gehörige Dampfer „Thea“, Kapitän Hans Ohlerich aus Warnemünde, ist unweit Nojima südöstlich von der Einfahrt nach Yokohama auf der Fahrt von Otaru nach einem Hafenplatz in der Inlandsee von dem russischen Kreuzer „Rurik“ am 25. Juli 1904 zum Sinken gebracht und untergegangen.

Gründe: Der von dem Zeugen Ohlerich geführte, der Reederei H. Diederichsen in Kiel gehörige Dampfer „Thea“ befand sich im Juli 1904 auf der Fahrt von Otaru nach einem Hafen in der Inlandsee und hatte eine Ladung Fischdünger und Fischtran an Bord, welche in Iterdozzu gelöscht werden sollte. Am 25. Juli 1904 frühmorgens etwa 2 U. kam der russische Kreuzer „Rurik“ von dem in der Nähe befindlichen aus drei Kreuzern bestehenden Wladiwostock-Geschwader längsseits des Dampfers, nachdem von dem Geschwader zuvor ein blinder Schuß gefallen und das Flaggensignal zum Stoppen des Dampfers gegeben war. Dieser hatte eben Oschima-Feuer passiert und führte den Befehl aus. Es kamen dann Offiziere und Mannschaften des „Rurik“ an Bord, der Dampfer wurde untersucht, die Order zum Stoppen wiederholt und unter Mitnahme der beschlagnahmten Papiere ging die russische Mannschaft an Bord des „Rurik“ zurück.
Nachdem alsdann zwischen demselben und dem russischen Flaggschiffe „Rossia“ Flaggensignal gewechselt worden, brachte gegen ½ 6 U. Vm. ein mit einem Boote herangekommener russischer Offizier die Order, daß der Dampfer „Thea“, weil er Kriegskontrebande führe, in den Grund gebohrt werden solle und deshalb binnen 20 Minuten verlassen werden müsse. Dieser Befehl wurde alsbald ausgeführt und der Dampfer, nachdem zunächst Minen in denselben gelegt, auch zur Explosion gebracht waren, ohne daß indes das Schiff dadurch zertrümmert wäre, in den Grund geschossen.

Kapitän und Mannschaft sind vom „Rurik", wo sie Aufnahme fanden, in Wladiwostock gelandet. Die beschlagnahmten Papiere, darunter das Schiffsjournal, sind von den Russen bislang nicht ausgeliefert worden.
Nach Mitteilung der Reederei hat das Ober-Prisengericht in St. Petersburg die Versenkung der „Thea" für ungerechtfertigt erklärt.

Anmerkung: siehe Anhang zum folgenden Spruch.

Spruch des Seeamts zu Flensburg vom 16. September 1905, betreffend den Verlust des Dampfers „Tetartos“ von Flensburg.

Der Spruch lautet: Der Flensburger Dampfer „Tetartos“ – Kapitän Joachim Detlef Deßler aus Flensburg, Unterscheidungssignal LKWS, Reederei Flensburger Dampfschiffahrtsgesellschaft von 1869 – ist auf der Reise von Otaru nach Tientsin am 29. Mai 1905 annähernd auf 36° nördlicher Breite und 122° 4′ östlicher Länge von dem russischen Kreuzer „Rion“ zum Sinken gebracht und untergegangen.

Gründe: Der Dampfer „Tetartos“ verließ am 13. Mai 1905 leer für Otaru, belegen an der Nordspitze der japanischen Insel Jesso – mit einer Besatzung von 7 Europäern, 29 Chinesen und 6 Japanern Yokohama und begann, am 16. Mai in Otaru angelangt, sofort die aus Schwellen und Balken bestehende für Tientsin bestimmte Ladung einzunehmen. Diese war am 21. Mai Abends vollendet. Alle Schiffs- und Ladungspapiere waren vollzählich und in gehöriger Ordnung an Bord, außerdem war der Dampfer mit 360 Tonnen Bunkerkohlen und 160 Tonnen frischem Wasser versehen.
Er ging am 23. Mai 1905 5 U. Vm. in See, der Kurs in gerader Linie nach der östlichen Koreastraße, welche am 26. Mai Abends passiert wurde, die Fahrt dann durch die vorgelagerten Inseln des südkoreanischen Archipels nördlich von Port Hamilton. Am 27. Mai Abends wurde Roß-Island passiert und darauf der Kurs NNW¾W für Schantung NO Vorgebirge genommen.
Am 28. Mai 5 U. Nm. in annähernd 36° 37′ nördlicher Breite und 123°14′ östlicher Länge wurde das Schiff durch den russischen Kreuzer „Rion“ aufgefordert, zu stoppen, und dieser Befehl ausgeführt, worauf ein Boot mit 2 Offizieren und einigen Mannschaften längsseits kam und die Offiziere Einsicht von den Schiffs- und Ladungspapieren nahmen, nachdem sie an Bord gekommen waren, während nach Einholung der Erlaubnis des Schiffers die russischen Matrosen den Dampfer durchsuchten, ohne indes etwas Weiteres zu finden.

Der Schiffer erhielt um 6 U. Nm. die Order, dem Kreuzer zu folgen, worauf das Boot den Dampfer verließ. Gesteuert wurde nunmehr SW-licher Kurs mit langsamer Fahrt bis zum nächsten Morgen 7 U., wo dem Schiffer von einem mit einer großen Anzahl Matrosen und Handwerkern an Bord gekommenen russischen Offizier befohlen wurde, die Boote auszusetzen und in einer kleinen halben Stunde den Dampfer zu verlassen, da dieser versenkt werden solle, weil er Kontrebande führe und das Vorhandensein von Waffen und Munition in den Schiffsräumen vermutet werden. – Tatsächlich waren weder Waffen noch Munition an Bord. –
Da alle Proteste vergeblich waren, wurde nach vielen Schwierigkeiten – die chinesische Mannschaft wollte nicht helfen, sondern lief fortwährend weg, um ihre Effekten einzupacken – ein Boot fertig gemacht und um 8 U. Vm. verließen die Ersten teils in einem Schiffsboote, teils in einem Kreuzerboote den Dampfer, welcher um 8 U. 40 M. Vm. von den Letzten, darunter dem Kapitän, unter Mitnahme des größten Teiles ihrer Effekten verlassen, dann durch Zerschlagen und Öffnen von Seeventilen und Bullaugen, sowie durch einige Schüsse vom Kreuzer leck gemacht wurde und um 1 U. Nm. ganz wegsank. Die Effekten waren zumeist wild und durcheinander in Säcke gepackt und haben beim Hinunterwerfen ins Boot vielfach großen Schaden gelitten. Nachdem der Dampfer gesunken war, trieben noch einige Boote, Rettungsringe u.a.m. auf der Stelle der Versenkung, annähernd 36° nördlicher Breite und 122°4′ östlicher Länge.
Der Kreuzer, welcher den Schiffer und die Mannschaft des „Tetartos“ an Bord genommen hatte, setzte hierauf seine Kreuzerfahrten bis zum 14. Juni fort, wo er Morgens auf der Außenreede von „Tandjong-Priok“ – Hafenort von Batavia – ankerte und Schiffer und Mannschaft Erlaubnis erhielten, zu landen.

Anmerkung
Hintergrund der Entscheidungen des Seeamts Flensburg vom 16. und 19. 09. 1905 ist der im Februar 1904 erklärte Krieg des Kaiserreiches Japan mit dem Kaiserreich Rußland.
Im Februar 1904 hatte Admiral Togo erstmals vor Port Arthur ein Gefecht mit den dort liegenden russischen Einheiten gewagt. Die russische Pazifikflotte war so schwach, daß der Zar und seine Admiralität sich entschlossen, Verstärkung aus der Ostsee, um das

Kap der guten Hoffnung in den Pazifik zu verlegen, um dann die Entscheidung mit den Japanern zu suchen.
Es steht heute außer Zweifel, daß die kaiserlich-russische Marine sich auf der Fahrt von Libau in die japanischen Gewässer mit Billigung der kaiserlich-deutschen Regierung der Unterstützung durch die deutsche Handelsmarine versichert hatte. Deutsche Schiffe übernahmen teilweise die Kohleversorgung der Flotte (vgl. Frank Thiess, Tsushima. Die Geschichte eines Seekrieges. München 1977). Der Vorfall vom 25. Juli 1904 fällt in die ruhige (!) Phase des Krieges vor der Ankunft der zaristischen Flotte im Mai 1905.
Die „Tetartos“ lief aus Otaru, dem Hafen von Sapporo auf Hokkaido. Sie passierte die östliche Koreastraße am Abend des 26. Mai. Dort sichteten sich in den früheren Morgenstunden des 27. Mai die ersten russischen und japanischen Einheiten, nach Mittag des 27. Mai entbrannte in der östlichen Koreastraße die Schlacht von Tsushima.
Nach den Kursangaben in der Entscheidung querte die „Tetartos“ in der Nacht zum 27. den Kurs der russischen Flotte, die seit dem 14. September 1904 unterwegs war, um am darauffolgenden Tag vernichtend geschlagen zu werden.
Der russische Kreuzer gehörte offensichtlich nicht zu der geschlagenen Flotte. Ob er am Morgen des 28. Mai, als die Japaner noch einzelne Einheiten der geschlagenen Flotte verfolgten, schon von deren Schicksal wußte, ist zweifelhaft, da seinerzeit überhaupt nur die modernsten Einheiten einer Kriegsflotte mit Funk ausgerüstet waren.

Spruch des Seeamts zu Brake vom 12. Februar 1892 und Entscheidung des Kaiserlichen Ober-Seeamts vom 9. Juni 1892, betreffend den Seeunfall der Bark „Santiago“ von Brake.

Der Spruch des Seeamts lautet: Es ist dem Seeamt nicht zweifelhaft erschienen, daß der Koch Jarvis aus London, welcher von Bord der Bark „Santiago“ am 28. Juni 1891 verschwand, in selbstmörderischer Absicht in die See gesprungen und daß dieser Selbstmord dadurch mit veranlaßt worden ist, daß kurz vorher der Koch, als er den ersten Steuermann Wi., der ihn wegen grober Nachlässigkeit im Dienste zur Rede gestellt hatte, mit einer eisernen Casserolle thätlich angegriffen und an der Hand sowie im Gesicht verwundet hatte, von diesem und dem Schiffer überwältigt und dabei mit der Hand geschlagen worden war.
Wenn sich die beiden Schiffsofficiere dabei nicht vollständig in den Grenzen der zur Bewältigung des den Steuermann verfolgenden Kochs durchaus erforderlichen Handgreiflichkeiten gehalten haben, so findet solches in der Aufregung über den Angriff auf den Steuermann seine Erklärung.
Dem Schiffer G. und dem Steuermann Wi. ist die Befugnis zur Ausübung des Schiffergewerbes nicht zu entziehen.

Gründe: Die eiserne Bark „Santiago“, Heimatshafen Brake, wurde vom Schiffer auf großer Fahrt Meinhard G. aus Emden seit October 1889 geführt. Für die Reise des Schiffes nach dem Canal wurde am 19. Mai in San Francisco der aus London gebürtige Herbert Jarvis als Koch und Steward angemustert für eine Monatsheuer von 5 £; derselbe kam am 19. Mai 1891 an Bord; am 20. Mai ging die „Santiago“ von San Francisco in See. Die Besatzung bestand außer dem Schiffer und dem Ober-Steuermann Joh. Wi. aus Oldenburg im ganzen aus 11 Personen.
Die Personalien des Kochs sind nicht ermittelt; er wird als etwa 30jährig, mittelgroß und mittelkräftig geschildert, soll seiner Erzählung nach 4 Jahre an Bord eines englischen Kriegsschiffes gewesen sein, dann auf 2 Kauffahrtei-

schiffen als Koch gefahren haben, als Seemann aber nicht ausgebildet gewesen sein.
Bald nach der Ausreise stellte sich heraus, daß der Koch seine Obliegenheiten äußerst mangelhaft erfüllte, indem er nicht zu kochen verstand und dabei nicht reinlich zu Werke ging, obwohl er sich bei der Anmusterung für einen gelernten Koch ausgegeben hatte. Er wurde darüber vom Schiffer und Steuermann mehrfach zur Rede gestellt; der letztere achtete namentlich scharf darauf, daß er die Töpfe, ehe sie zum Kochen von Speisen verwandt wurden, reinigte.
Heftig gescholten hat ihn der Schiffer nur einmal, am 4. Tage der Reise. Geschlagen hat ihn weder der Schiffer noch der Ober-Steuermann. Letzterer hat ihn indessen wiederholt heftig gescholten und ihm mit Schlägen gedroht, wenn er sich nicht bessere, so daß der Koch einmal dem Matrosen Suhren gegenüber geäußert hat, er werde den Steuermann noch mal verhauen, wenn er ihn nicht in Ruhe lasse.
Am 28. Juni vormittags, einem Sonntage, als der Koch im Begriff stand, einen eisernen, mit Stiel versehenen Topf auf das Kochfeuer zu setzen, ehe er denselben gereinigt hatte, verlangte der Steuermann W. von ihm den Topf, um ihn dem Schiffer vorzuzeigen. Der Koch verweigerte dem Steuermann den Topf und schlug ihn mit demselben an den Kopf und auf die zum Pariren vorgehaltene rechte Hand, so daß der Steuermann sich zur Flucht wandte, verfolgte ihn auch über das Deck bis zum Großmast, wo auf seinen Hülferuf der Schiffer, von hinten kommend, den Koch festhielt und der im Gesicht und an der Hand blutende Steuermann ihm mehrere Schläge, der Schiffer mindestens einen Schlag mit der Hand ins Gesicht gab. Darauf schickte der Schiffer ihn in die Combüse, wohin er selbst ihm mit dem Steuermann folgte. Hier wurde er vom Schiffer und Steuermann heftig gescholten, auch wurden Drohungen wie: „I kill you“ vom Schiffer und „I knock you down“ vom Steuermann gegen ihn ausgestoßen. Letztere Drohungen sind nach des Schiffers und des Steuermanns Aussage erfolgt, um den Koch, welcher ein Messer gegen den Schiffer gezückt gehabt hatte, zu bewegen, dasselbe niederzulegen. Es wurde demselben darauf eröffnet, daß seine Heuer von 100 auf 60 M. p. Monat herabgesetzt werde.
Als nach etwa 10 Minuten Schiffer und Steuermann, die inzwischen in der Kajüte gewesen waren, wieder nach vorn kamen und sich nach dem Koch

umsahen, war derselbe verschwunden und beim Absuchen des ganzen Schiffes nicht wieder aufzufinden. Es war schönes ruhiges Wetter; man befand sich auf etwa 22°23′ Südbreite und 131°54′ Westlänge im Passat, als der Koch vermißt wurde. Die Mannschaft, soweit sie nicht Wache zur Koje hatte, befand sich mit Ausnahme des am Ruder stehenden Matrosen Bödeker auf dem Vordeck.
Niemand hat gesehen oder gehört, wo der Koch geblieben ist. In dem Nachlasse desselben wurde ein Buch gefunden, in welchem er einzelne Erlebnisse seit seinem Eintreffen an Bord der „Santiago" aufgezeichnet hat. Dasselbe ist zu den Acten geliefert und seinem wesentlichen Inhalt nach in der Hauptverhandlung mitgetheilt. Es enthält u. a. Betrachtungen des Jarvis darüber, daß er in sein Vaterland ärmer zurückkehre, als er es vor 5 Jahren verlassen habe, daß die ganze Besatzung außer ihm aus Deutschen bestehe, daß er am 4. Tage vom Capitain „got a good blowing up", daß er ein schweres Leben an Bord führe und wünsche, einen Genossen zu haben, mit dem er sprechen könne. Am 5. Tage heißt es: „Nothing occured today except I am tired of this ship's company and if it goes much longer I shall take a cold water bath". *(„Heute ist nichts passiert, außer daß ich die Gesellschaft auf diesem Schiff satt habe, und wenn es noch länger so weitergeht, ein Kaltwasserbad nehmen werde.")* Dann hören die Aufzeichnungen auf; nur findet sich noch die Bemerkung, daß am 19. Juni die Linie passirt wurde.

Anmerkung
In den Entscheidungsgründen hat das Seeamt das Verhalten des Schiffers und des Steuermanns zu würdigen. Hinsichtlich beider lag Patententziehungsantrag des Reichskommissars vor.
Es wird festgestellt, daß ohne Zweifel ein Zusammenhang zwischen dem Auftritt in der Kombüse und dem nachfolgenden Selbstmord besteht, indes sei nicht bewiesen, daß der Koch schon zuvor von Schiffer und Steuermann roh mißhandelt worden sei.
Der Angriff mit dem eisernen Topf wird als gefährliche Körperverletzung gewertet, dem Steuermann kann mithin Notwehr, wenn auch in exzessiver Form zugebilligt werden. Für die Schiffsführung spreche im übrigen, daß die vier als Zeugen vernommenen Matrosen jeweils über 2 Jahre angemustert und niemals Grund zu berechtigten Klagen gehabt haben.

Spruch des Seeamts zu Bremerhaven vom 10. August 1889 betreffend den Seeunfall des Schraubendampfers „Neckar“ von Bremen. (Selbstmord des Kohlenziehers J. F. K.)

Der Spruch des Seeamts lautet: Es ist nach der Verhandlung als erwiesen anzunehmen, daß der Kohlenzieher K. am 25. April 1889 auf der Reise des Dampfers „Neckar“ nach Ostasien im Rothen Meer über Bord gesprungen und ertrunken ist. Welche Beweggründe den K. zu dem Selbstmord getrieben haben, ist nicht völlig aufgeklärt. Wahrscheinlich liegt für die Annahme vor, daß ein krankhafter körperlicher Zustand und Verzweifeln an einem befriedigenden Auskommen in der Zukunft die Beweggründe für K. gewesen sind, sich das Leben zu nehmen. Festgestellt ist, daß er eine schlechte Behandlung an Bord des Schiffes nicht erfahren hat, wie auch, daß die ihm übertragene Arbeit eine besonders schwere nicht gewesen ist.

Gründe. Schraubendampfer „Neckar“, Heimathshafen Bremen, seine Zwillingsmaschine nach Compound-System hat 3250 Pferdestärken; die regelmäßige Besatzung des Schiffes besteht aus 114 Mann.

Die Beweisaufnahme über den vorliegenden Seeunfall hat sich auf die Vernehmung der Zeugen vom Dampfer „Neckar“ erstreckt. Außerdem ist über die Persönlichkeit des Verunglückten K. Auskunft eingezogen und ein von demselben geführtes Tagebuch zu den Akten gebracht.

K. wurde am 2. April 1889 zu Bremerhaven für den „Neckar“ zu einer Reise nach Ostasien und zurück gegen 36 M. Monatsheuer als Kohlenzieher angemustert. Er gehörte zu der dritten Wache und arbeitete mit 4 anderen Kohlenziehern zusammen. Jede Wache hatte 4 Stunden Dienst, dann 8 Stunden Ruhepause. Vor Beginn einer jeden Wache mußten die dazu gehörigen Kohlenzieher etwa 30 Minuten lang Asche hieven. Während der Wache bestand der Dienst der Kohlenzieher darin, daß sie von den Bunkern die Kohlen in Körben zu den Feuern schaffen mußten.

Der Dampfer, welcher 10 Kessel hat, verbraucht jeden Tag etwa 50 Tons

Kohlen zu je 22 Körben, so daß täglich etwa 1300 Körbe, mithin auf jeder Wache etwa 216 Körbe zu den Feuern zu schaffen sind. Danach hatte jeder der 5 Kohlenzieher während 4 Stunden 40 bis 45 Körbe zu füllen und fortzuschaffen. Die Entfernung der Bunker von den am meißten entfernt liegenden Feuern beträgt etwa 30 Fuß.

K. arbeitete bis Genua gut und ließ keine Klagen laut werden. Auf der Fahrt von Genua bis Port Said war er dagegen krank und wurde vom Arzte 4 bis 5 Tage lang von der Arbeit entbunden. Er litt an Stichen im Rücken und in den Seiten. Nach der Abfahrt des Schiffes von Port Said nahm er seine Arbeit wieder auf, jedoch wollen einige Zeugen gehört haben, daß er noch mehrfach über Schmerzen in der Brust geklagt habe.

Schraubendampfer „Neckar"

Nach den Aussagen der Zeugen ist die Wiederaufnahme der Arbeit seinerseits freiwillig geschehen, ohne daß er dazu gedrängt worden wäre. Der Kohlenzieher Althaus hat bekundet, daß K. zwei Tage vor dem Unfall weinend an Deck gestanden und geäußert habe, er wolle bald seinem Leben ein Ende machen. Ein Motiv dieses Entschlusses soll er nicht angegeben haben. Althaus rieth ihm von dem Vorhaben ab.

Am 25. April bezog K. Morgens 8 Uhr die Wache; besonders heiß war es an diesem Tage nicht. Die Lüftung des Kesselraumes, welche durch 6 Ventilatoren bewirkt wird, war nach den übereinstimmenden Aussagen der Zeugen, auch der Heizer und Kohlenzieher, eine gute. Auch bekamen die Leute im Roten Meere täglich jeder etwa 3/4 Liter Rothwein, der mit Wasser verdünnt wurde, zu trinken. Gegen 9 Uhr am fraglichen Tage bat K. den Oberheizer Rhode um die Erlaubnis nach oben gehen zu dürfen, um seine Nothdurft zu verrichten, was ihm gestattet wurde. Kurz darauf traf der Lagermeister Kraufe ihn im Kohlenzieherzimmer, wie er von dem dort hingestellten Weine außergewöhnlich viel trank. Auf die Bemerkung des Lagermeisters, daß die anderen Leute der Wache ebenfalls davon haben müßten, erwiederte K. ruhig, er wolle von dem übrig bleibenden Wein auch nichts mehr haben. Kraufe entfernte sich dann und sah den K. nicht wieder. Als dieser bis gegen 10 Uhr sich nicht wieder bei der Arbeit einfand, machte der Oberheizer Rhode hiervon bei dem vierten Maschinisten Anzeige, welcher weiter dem ersten Maschinisten Meldung erstattete. Letzterer ließ nach K. suchen und berichtete, als er nicht gefunden wurde, dies sofort dem Schiffer, welcher unverzüglich eine umfassende Durchsuchung des ganzen Schiffes nach dem Vermißten vornehmen ließ, die aber zu keinem Ergebnis führte. Obgleich Niemand gesehen hat, daß K. über Bord gesprungen ist, hegt doch keiner der vernommenen Zeugen hieran einen Zweifel.

Über den Beweggrund der That hat keiner der Zeugen eine bestimmte Vermuthung auszusprechen vermocht.

Anmerkung siehe im Anschluß an die nachstehend abgedruckte Entscheidung.

Spruch des Seeamts zu Bremerhaven vom 15. August 1889, betreffend die Seeunfälle des Schraubendampfers „Fulda“ von Bremen

Der Spruch des Seeamts lautet: Es ist nach der Verhandlung nicht zu bezweifeln, daß die beiden vermißten Kohlenzieher vom Schraubendampfer des Norddeutschen Lloyd „Fulda“, Heimathshafen Bremen, nämlich Julius W. (28 Jahre alt, aus Hamburg) und Louis B. (29 Jahre alt, aus L.) über Bord gesprungen und ertrunken sind, und zwar ersterer am 18. Juni, letzterer am 30. Juli 1889.

Als Beweggründe des Selbstmordes des W. sind dessen unglückliche Familienschicksale sowie der Umstand anzusehen, daß er sich der ungewohnten Arbeit als Kohlenzieher nicht gewachsen fühlte. Hinsichtlich des B. ist als Beweggrund der That nur der Umstand hervorgetreten, daß er sich in durchaus zerrütteten Vermögensverhältnissen befand.

Die Verhandlung hat folgendes Ergebniß ergeben, wobei vorauszuschicken ist, daß der Schnelldampfer „Fulda“ eine dreicylindrige Compoundmaschine von 6314 indicirten Pferdestärken besitzt und eine Besatzung von 168 Personen führt.

I. Julius W. war am 14. Juni 1889 in Bremerhaven als Kohlenzieher auf 6 Monate gegen eine monatliche Gage von 50 M. angemustert. Früher hatte er, soviel ermittelt ist, noch nicht als Kohlenzieher auf Dampfern gearbeitet. Ueber sein früheres Leben hat durch Nachfrage bei der Heimathsbehörde nichts festgestellt werden können; durch die vernommenen Zeugen ist nur ermittelt, daß er vor nicht langer Zeit seine Frau durch den Tod verloren hatte, und daß ein Kind von ihm noch in Hamburg leben soll. Nach seiner von anderer Seite bekundeten Aeußerung soll jedoch auch ein Kind von ihm gestorben sein. Der Kohlenzieher Mehldau, mit dem W. früher in Hamburg zusammen gearbeitet hatte, will bei seinem späteren Zusammentreffen mit ihm in Bremerhaven gefunden haben, daß er ganz still geworden sei; auch

soll W. gänzlich mittellos gewesen sein. Am Tage, bevor er vermißt wurde, soll W. zu Mehldau geäußert haben, „er habe gelebt und geliebt" und sei des Lebens überdrüssig. An demselben Tage hat er zu dem Kohlenzieher Böhm, wie dieser bezeugt, geäußert, er fühle sich krank und wolle über Bord springen, da ihm die Arbeit zu schwer sei.
Am Abend des 18. Juni gegen 9 Uhr 50 Minuten wurde W. vermißt. Es war der dritte Tag seit der Abfahrt des Dampfers von Bremerhaven. Das Suchen nach ihm war vergeblich und man gewann die Ueberzeugung, daß er über Bord gesprungen war, zumal seine vorher gethanen Aeußerungen des Lebensüberdrusses bekannt wurden. Seine Schuhe und seinen Kohlenhaken hatte er auf der Gräting in der Maschine stehen lassen.
Es ist hiernach anzunehmen, daß W. in einem Anfall von Schwermuth den Tod gesucht hat. Diese trübe Stimmung wird einerseits durch seine unglücklichen Familienschicksale, andererseits durch das Ungewohnte der ihm obliegenden Arbeit hervorgerufen worden sein.
II. Eduard B. ist am 29. Juni in New York gegen eine Monatsgage von 50 M.

Schraubendampfer „Fulda"

als Kohlenzieher angemustert worden, und zwar zusammen mit sieben anderen Kohlenziehern als Ersatz für ebensoviele Deserteure.
B. soll jedoch nach der Versicherung des Zeugen einer ärztlichen Untersuchung unterworfen worden sein. Er muß also auch vom Arzt für tauglich befunden worden sein. Ueber seine Persönlichkeit hat festgestellt werden können, daß er, wie seine Heimathsbehörde mittheilt, früher ein ihm von seinem Vater übertragenes Geschäft in H. betrieben, dieses aber so leichtsinnig geführt hatte, daß sein Vater es nach einigen Jahren wieder an sich zog. Seit 1887 hatte er in L. ein Fouragegeschäft betrieben, welches indeß in Folge seiner leichtsinnigen Wirthschaft bald zusammenbrach. Dann war er mit Hinterlassung seiner Familie aus L. verschwunden und hatte sich nach Amerika begeben; was er dort getrieben hat, ist nicht ermittelt.
Nach der Abfahrt des Dampfers von New York, welche am Nachmittage des 29. Juli erfolgte, hat B. während der ersten Wache gearbeitet. Am nächsten Morgen um 4 Uhr hat er auch die zweite Wache angetreten und bis 5 Uhr gearbeitet. Er arbeitete beide Male zur Zufriedenheit des ihm vorgesetzten Oberheizers Hilbers, doch setzte er sich nach Aussage des Kohlenziehers Müller während der ersten Wache eine halbe Stunde lang in der Nähe eines Bunkers hin und ließ solange die Arbeit ruhen; um 5 Uhr war er plötzlich verschwunden. Der Oberheizer fand auf der Gräting seinen Kohlenhaken und seine Holzpantoffeln. Eine gründliche Durchsuchung des Schiffes nach dem Verschwundenen blieb ohne Erfolg, sodaß auch hier ein Selbstmord durch einen Sprung über Bord angenommen werden muß.

Anmerkung
In den Jahren 1888/1890 häufen sich in der Veröffentlichung Entscheidungen betreffend Todesfälle aus dem Maschinenpersonal.
In keinem Fall kommt eines der Seeämter zu dem Ergebnis, die Reederei bzw. die Schiffsführung treffe ein Verschulden.
Die beiden hier veröffentlichten Entscheidungen des Seeamts Bremerhaven aus dem August 1889 sind beispielhaft ausgewählt, weil sie einerseits ein Bild der Arbeitsbedingungen eines Kohlenziehers auf einem „modernen" Dampfschiff zeichnen, zum anderen relativ ausführliche Feststellungen zur Herkunft und dem sozialen Hintergrund der Betroffenen enthalten.

Dampfer „Goslar“ aus Hamburg. Tod eines Maschinistenassistenten. Seeamt Hamburg, 26. März 1914.

Spruch: Der Maschinistenassistent Erich Adolf Johann H. ist am 18. April 1913 auf dem Dampfer „Goslar“ in selbstmörderischer Absicht über Bord gesprungen und ertrunken.
Der Selbstmord muß darauf zurückgeführt werden, daß der unbefahrene und empfindliche junge Mann von dem 3. Maschinisten M. andauernd schikaniert und wiederholt geschlagen ist, sodaß er aus gekränktem Ehrgefühl seinem Leben eine Ende gemacht hat.
Der 3. Maschinist M. hat sich gegen § 111 der Seemannsordnung vergangen, den 1. Maschinisten B. trifft der Vorwurf, die Beschwerde des H. über vorgekommene Mißhandlungen nicht an den Kapitän weitergegeben zu haben und den Kapitän S. trifft schließlich der Vorwurf, nachdem er von der Beschwerde erfahren hatte, die Vorschriften des § 126 der Seemannsordnung nicht beachtet zu haben.

Thatbestand: Der Dampfer „Goslar“ steht im Eigentum der Deutsch-Australischen Dampfschiffs-Gesellschaft in Hamburg und wird geführt von dem Kapitän S. geboren 1879.
Auf der Reise dieses Dampfers von Antwerpen nach Australien ist am 18. April 1913 der am 10. Juni 1894 in Heppens geborene Maschinistenassistent H. von Bord verschwunden, und ein von ihm hinterlassener, an seine Eltern gerichteter Brief läßt keinen Zweifel darüber, daß er durch Überbordspringen Selbstmord verübt hat. Dieser Brief hat folgenden Wortlaut:

„Liebe Eltern!
Ihr hättet gewiß von mir so etwas nicht erwartet. Ich hatte mir die Seefahrt auch anders vorgestellt. Ich sitze nun hier an Bord mit einem Schweinhund von Vorgesetzten, der andauernd schikaniert und schlägt. Wie ich seekrank

war und mich die letzte Stunde ablösen ließ, hat er mich bei den Beinen aus der Kammer, von der Bank gezogen. Wenn ich daran denke, daß ich noch 4 Monate mit diesem Menschen zusammen leben soll; zunächst sogar noch einen ganzen Monat ohne überhaupt an Land zu kommen, werde ich halb wahnsinnig. Der Satan ist der 3. Maschinist M. Von ihm, Lieber Vater, fordere Rechenschaft. Entschuldigt bitte, ich kann nicht anders. Seid tausendmal für alles Gute was Ihr mir erwiesen habt, bedankt.
Liebe Eltern und Geschwister seid noch einmal herzlich gegrüßt
von Erich".

Der Assistent H. ist in Hamburg kurz vor Abgang des Schiffes an Bord gekommen, ist daher erst in Antwerpen nachgemustert worden. In Hamburg ist er ärztlich untersucht und für tauglich befunden worden. Er fuhr zum ersten Male zur See, nachdem er bis dahin als Schlosser und Maschinenbauer gearbeitet hatte. Der Werkmeister des Kaiserlichen Minendepots in Cuxha-

Dampfer „Goslar"

ven hat ihm das Zeugnis gegeben, daß er ein fleißiger, strebsamer und ruhiger Mensch, welcher Ehrgeiz besessen habe, gewesen sei.
Auf der Reise hat H. stark an Seekrankheit gelitten, welche bis zur Höhe von Gibraltar, bis einige Tage vor seinem Selbstmord angehalten hat. Der 3. Maschinist M., geboren 1881, Inhaber eines Befähigungszeugnisses zum Maschinisten 1. Klasse von 1909, behauptet, daß er infolge seiner Seekrankheit wenig zum Arbeiten gekommen sei. Geschlagen habe er den Assistenten nicht. Im einzelnen äußert M. sich zu den in dem vorerwähnten Abschiedsbrief gegen ihn gerichteten Vorwürfen wie folgt:
„Nach Verlassen von Antwerpen habe er den H. einmal wegen Seekrankheit nach oben geschickt und ihm gesagt, daß er sich nicht in seine Kammer legen, sondern an Deck hinsetzen solle, da der Aufenthalt in frischer Luft besser sei. Als er etwa eine halbe Stunde später den H. doch in der Kammer auf der Bank liegend gefunden habe, habe er ihn aufgefordert herauszukommen und habe ihm, als er nicht antwortete, an der Hose geschüttelt. Von der Bank gezogen oder geschlagen habe er ihn nicht."
Während der Liegezeit des Dampfers in Antwerpen habe er einmal dem H. in der Maschine verschiedenes zeigen wollen. H. habe aber immer weggesehen und nicht aufgepaßt. Er habe den H. darauf an den Kopf gefaßt und ihm gesagt, daß er hinsehen solle, wenn ihm etwas gezeigt werde. Er habe ihm nur die Faust auf den Kopf gelegt, geschlagen habe er ihn bei dieser Gelegenheit nicht.
Einige Tage vor dem Selbstmord habe er eine Differenz mit H. in der Maschine gehabt, da H. sich geweigert habe, die Flurplatten und die Lagerdeckel abzuwischen. Ein Schmierer sei nicht auf der Wache gewesen, daher habe der Assistent die Lagerdeckel und Flurplatten abzuwischen und auch ausfegen müssen. H. habe gesagt, solche Arbeiten habe er nicht nötig. Er habe dann den H. am Arm gefaßt und ihn geschüttelt, ihn aber nicht geschlagen. Wenn der Trimmer Baumgarten gesehen haben wolle, daß er bei dieser Gelegenheit den Assistenten geohrfeigt habe, so beruhe diese Aussage darauf, daß er später in Sydney mit Baumgarten Differenzen gehabt habe, welcher sich dadurch an ihm habe rächen wollen.
Der Trimmer Baumgarten hat vor dem Deutschen Konsulat in Cardiff unter Eid ausgesagt, daß H. sich verschiedentlich bei ihm über die schlechte

Behandlung seitens des 3. Maschinisten beklagt habe, und daß er selbst einige Tage vor dem Verschwinden des H. gesehen habe, daß der 3. Maschinist dem H. zwei Ohrfeigen gegeben habe. Am Nachmittage nach dieser Szene hat H. dem Baumgarten weinend gesagt, daß er die Behandlung nicht mehr aushalten könne, und daß er Australien nicht sehen würde.
Ähnliche Klagen hat H. dem Assistenten Zeyss und dem 1. Steward Uebler gegenüber geäußert.
Auf den Rat des 1. Stewards, sich beim Kapitän zu beschweren, hat H. bei dem 1. Maschinisten B., geboren 1872, Befähigungszeugnis zum Maschinisten 1. Klasse von 1902, Klage über die Mißhandlungen erhoben. Dieser hat ihm gesagt, daß es Sache des Kapitäns sei, den 3. Maschinisten ins Journal einzutragen, er werde aber dafür sorgen, daß H. nicht wieder geschlagen werde. Der 1. Maschinist hat dann dem Kapitän keine Meldung von der Beschwerde gemacht, will aber den 3. Maschinisten M. ernstlich verwarnt haben.
Am Morgen des 18. April um 1 U. 30 M. ist der Assistent zuletzt gesehen worden und zwar lag er damals schlafend auf der Bunkerluke. Etwas vor 4 U. Vm. wurde er vermißt, worauf das Schiff nach ihm abgesucht wurde. Der Kapitän, welcher gegen 4½ U. Vm. Meldung von dem Verschwinden des Assistenten erhielt, ließ den Dampfer drehen und bis 5 U. 35 M. auf dem bisherigen Kurse zurücklaufen. Da gegen 5 U. der Brief gefunden wurde, aus welchem sich ergabe, daß H. Selbstmord verübt habe, wurden die Rettungsversuche aufgegeben und die Reise fortgesetzt. Es herrschte klares ruhiges Wetter bei etwas kabbeliger See.
Nach dem Verschwinden des H. hat der 1. Maschinist dem Kapitän Meldung von der von H. am 16. April erhobenen Beschwerde gemacht. Der Kapitän hat keinerlei Schritte in der Sache getan, insbesondere nicht einmal mit dem 3. Maschinisten über die Beschwerde gesprochen und auch nichts zur Feststellung des Tatbestandes nach § 126 der Seemannsordnung getan.

Anmerkung
Das Seeamt würdigt den Abschiedsbrief des H. in Verbindung mit Zeugenaussagen als schlagenden Beweis für die untragbare Behandlung durch den dritten Maschinisten. Den Kapitän trifft der Vorwurf, er habe seine Disziplinargewalt nicht im gebotenen Umfange ausgeübt, insbesondere habe er, nachdem er vom Tode des H. erfahren habe, nicht die notwendigen Untersuchungen eingeleitet.

Durchaus modern klingen die Erwägungen des Seeamts in bezug auf das Verhalten des Maschinisten P.,

„weil er die Beschwerde des H. nicht an den Kapitän weitergegeben hat. Bei den häufigen Selbstmorden an Bord von Schiffen ist von großer Wichtigkeit, daß in den Leuten der Besatzung das Gefühl geweckt wird, daß sie bei der Schiffsleitung Schutz gegen schlechte Behandlung an Bord finden. Diese Fahrt bringt ohnehin, besonders bei unbefahrenen Leuten, durch die Seekrankheit und durch den ungewohnten Dienst in heißen Räumen usw. oft Zustände von Depression hervor, welche zum Selbstmord führen, wenn dazu noch schikanöse und schlechte Behandlung hinzukommt.

Hätte der 1. Maschinist, anstatt sich mit tröstenden Redensarten zu begnügen, die Sache dem Kapitän gemeldet, damit für eine ordnungsgemäße Untersuchung gesorgt und den Assistenten vorläufig einer anderen Wache zugeteilt, was nach Sachlage sicherlich geboten war, so hätte er wahrscheinlich den Selbstmord des jungen Mannes noch verhindern können.“

Dampfer „Uhlenfels“ von Bremen / Rettung eines Mannes nach elfstündigem Treiben im Wasser. Seeamt Bremerhaven, 30. März 1908.

Spruch: Am 12. Oktober 1907 etwa 4 U. Vm. ist der indische Heizer Eusuphalla Hedatalla anscheinend in selbstmörderischer Absicht über Bord des Bremer Dampfers „Uhlenfels“ gesprungen. Der Mann ist nach etwa 11 Stunden am gleichen Tage von dem englischen Dampfer „Clan Macpherson“ aufgefunden und gerettet worden.
Welche Gründe den Heizer zum Überbordspringen veranlaßt haben, ist nicht festzustellen gewesen. Mißhandlungen, Überanstrengung oder mangelhafte Verpflegung haben nicht vorgelegen. Aus dem Unterlassen weiterer Rettungsmaßregeln ist in Anbetracht der Umstände, insbesondere der bis zum Bekanntwerden des Verschwindens verflossenen Zeit, der Schiffsleitung ein Vorwurf nicht zu machen.

Gründe: Am Sonnabend, dem 12. October 1907, befand sich der in Bremen beheimatete, der Deutschen Dampfschiffahrtsgesellschaft „Hansa“ daselbst gehörige Schraubendampfer „Uhlenfels“, Kapitän H. E. während der Reise von Calcutta nach Suez im Arabischen Meere. Um 5 U. 30 M. Vm. (Schiffsort 8°33′ N und 71°42′ O) meldete der Serang der Feuerleute dem wachehabenden 1. Offizier, daß ein arabischer Feuermann, der ungefähr 25 Jahre alte Eusuphalla Hedatalla aus Sylhet bei Calcutta, verschwunden sei. Dem Kapitän wurde sofort Meldung erstattet und das ganze Schiff in allen Teilen von Offizieren, Maschinisten und Laskaren abgesucht.
Der Mann wurde jedoch nicht gefunden. Derselbe hatte von Mitternacht bis 4 U. Vm. Dienst getan, sich an dem Reinigen der Feuer beteiligt und hatte sich um 4. U. 15 M. an Deck begeben; seitdem ist er nicht wieder gesehen. Man nahm zunächst an, daß der Mann sich, wie dieses öfters geschieht, irgendwo versteckt hatte, um sich der Arbeit zu entziehen.
Da von dem Verschwinden des Mannes bis zur Meldung über 5/4 Stunden

verflossen waren, wurde von weiteren Rettungsmaßregeln, insbesondere Zurücksteuern des bisherigen Kurses, Abstand genommen. Man suchte noch bis Mittag an Bord nach dem Manne, da seine gesamte Wache auf Befragen erklärte hatte, daß der Verschwundene nie über Schwäche geklagt, keinerlei Streitigkeiten gehabt habe und überhaupt nichts Auffälliges gezeigt hätte, sodaß allen sein Verschwinden unerklärlich war.

Der von der Schiffsleitung bereits aufgegebene Mann ist jedoch am gleichen Tage 3 U. 30 M. Nm., also nach etwa 11 Stunden, von dem auf der Reise von Chittagong und Colombo nach London begriffenen englischen Dampfer „Clan Macpherson“ gerettet. Auf diesem Dampfer hörte man, nach Log auf 8°25′ N und 71°45′ O, in 76 Seemeilen N 83° W von Minicoi Feuerturm Schreie im Wasser und sah gleich darauf einen Mann dort schwimmen, welchen man rettete.

Der Mann fiel dann für einige Zeit in Bewußtlosigkeit, erholte sich dann aber bei geeigneter Behandlung. Er erklärte dann, Heizer zu sein und 12 Stunden vorher über Bord gesprungen zu sein, weil der Serang und Burra Tindal ihn geschlagen hätten. Den Namen seines Dampfers konnte der Mann nicht angeben. Er hatte nur wenig Kleidung und zeigte keine Zeichen schlechter Behandlung, nur eine kleine Wunde an der Hand. Seinen Namen gab er als Esoop Ally an. Eine Verständigung mit dem Manne war wegen seines Dialekts sehr erschwert. Am 24. Oktober 3 U. Nm. in Port Said angekommen, erstattete der Führer des Dampfers dem englischen Konsul Bericht und brachte den Mann auf den Dampfer „Uhlenfels“ zurück. Der Kapitän E. war telegraphisch von der Auffindung des Mannes unterrichtet worden.

Als das Schiff wieder in See ging, wurde der Überbordgesprungene nach dem Grunde seines Tuns vom Kapitän befragt, jedoch war aus dem Manne nichts herauszubringen, auch trug er ein derartig scheues Wesen zur Schau, daß man ihn unbehelligt ließ. Dem Serang und den übrigen Laskaren wurde befohlen, den Mann freundlich zu behandeln und ihn über das Vorgefallene nicht weiter zu befragen. Da die Hand des Mannes sehr angeschwollen war und eiterte, wurde er verbunden und zur Koje geschickt. Er war zunächst von jedem Dienste befreit und hat späterhin auch nur leichte Arbeiten in der Maschine übertragen bekommen.

Spruch des Seeamts zu Flensburg vom 9. Februar 1885, betreffend den Seeunfall der Galeasse „Hoffnung“ von Arnis.

Der Spruch des Seeamts lautet: daß der Steuermann Heinrich Asmus J. aus Arnis den Unfall dadurch verschuldet hat, daß er seinen Standpunkt den Feuern gegenüber nicht sorgfältig genug beobachtete, daß denselben die Befugniß zur Ausübung des Steuermannsgewerbes zu entziehen sei.

Gründe: Die Galeasse „Hoffnung“ verließ am 3. December 1882 Danzig, um mit einer 1063 Centner schweren, aus Weizenkleie bestehenden Ladung nach Bogensee auf der Insel Fünen zu segeln. Das Schiff wurde geführt von seinem Eigenthümer, dem Schiffer Jürgen Hinrich Bruhn aus Flensburg. Außer ihm waren an Bord der Steuermann Hinrich Asmus J. aus A., ein Jungmann und ein Koch.

Am 6. December kurz nach 12 Uhr Mittags war das Fahrzeug in die Nähe der Küste der dänischen Insel Laaland gekommen. Nachdem, um die Entfernung vom Lande zu ermitteln, gelothet und dabei 7 Faden Wassertiefe gefunden war, wurde zuerst einige Stunden westlich, dann WzS gesteuert, um in die Mitte des Fahrwassers zwischen Laaland und Fehmarn zu gelangen. Der Wind wehte aus ONO und traten zeitweilig Schneeböen ein. Abends um 6 Uhr peilte man das Feuer der Marienleuchte auf Fehmarn in SSW nach dem Compaß und schätzte sich demnach in der Mitte des Fahrwassers.

Der Schiffer übergab um diese Zeit die Wache dem Steuermann mit dem Befehl, den Curs NWzW durch den Fehmarnsund zu steuern, falls aber die Luft unsichtig werden sollte, den Curs auf WNW zu ändern. Während der Steuermann dem ihm ertheilten Befehl gemäß NWzW steuerte, warf er ab und zu das Loth und fand hierbei 9 bis 12 Faden Tiefe. Das Logg wurde während dieser Zeit nicht gebraucht, überhaupt die Fahrgeschwindigkeit nicht beachtet. Das Wetter blieb ziemlich gut und der Wind raum aus ONO. Um 7 ½ Uhr Abends kam an Backbordseite voraus ein weißes Feuer in Sicht;

der Steuermann peilte dasselbe in WNW nach dem Compaß, der Curs wurde von ihm nicht geändert.
Als um ungefähr 8 Uhr 20 Minuten Abends der Schiffer wieder auf Deck kam, zeigte ihm der Steuermann das voraus sichtbare Feuer und bemerkte dabei, daß er es für das Feuer von West-Markelsdorf auf der Nordspitze der Insel Fehmarn halte. Der Schiffer, welcher das Feuer zu dieser Zeit in SW peilte, war gleich davon überzeugt, daß es nicht dieses Feuer sein könne. In der Vermuthung, daß er sich an der Ostseite der Insel Langeland befinde, ließ er sofort das Ruder hart Backbord legen, um das Schiff über Stag zu bringen; gleichzeitig ließ er lothen. Während das Loth eine Wassertiefe von 3 ½ Faden zeigte, versagte das Schiff die Wendung in Folge der kurzen und knappen See. Unmittelbar darauf stieß das Schiff auf den Grund und blieb festsitzen; es war an der Ostküste der Insel Langeland ungefähr 1 ½ Seemeilen nördlich von Fakkebjerg-Feuer gestrandet.

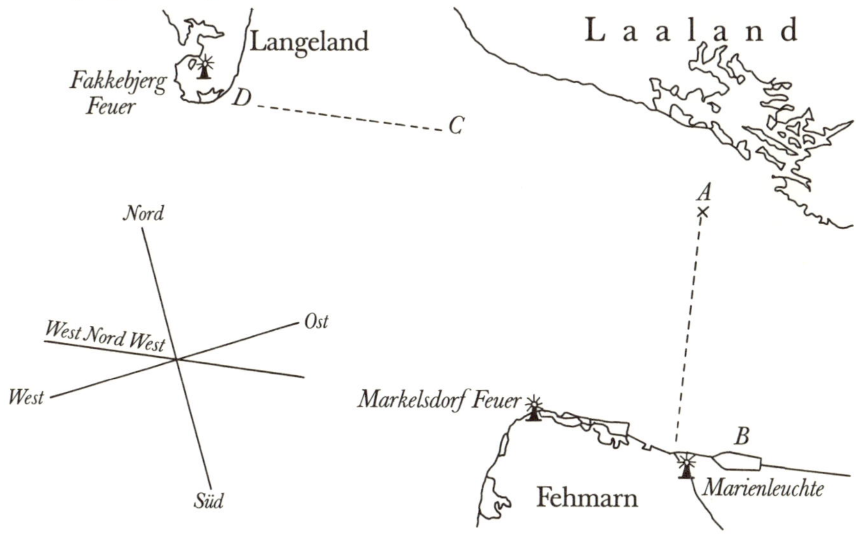

A. Standpunkt des Schiffes um 6 Uhr Abends.
B. Ort, wo das Schiff um 7 ½ Uhr Abends hätte stehen müssen, wenn das in Sicht gekommene Feuer das von Markelsdorf gewesen wäre.
C. Wirklicher Standpunkt des Schiffes um 7 ½ Uhr Abends.
D. Strandungsort.

Die Besatzung erreichte im Boote glücklich das Land. Im Laufe der folgenden Tage wurde zunächst die Ladung und zwar in fast unbeschädigtem Zustande gelöscht. Dann gelang es auch mit Hülfe von Bergern, das Schiff abzubringen. Da dasselbe sich nur wenig leck zeigte, konnte es in Ballast nach Flensburg segeln, um hier reparirt zu werden. Die Ladung ist an Ort und Stelle für 3500 Kronen verkauft, die Reparaturkosten des Schiffes veranschlagt der Schiffer auf ungefähr 800 M. Der Steuermann war mit einem von der Königlichen Regierung in Schleswig im Jahre 1871 ausgestellten Zeugnisse als Steuermann versehen. Dasselbe ist bei der Strandung verloren gegangen.

Anmerkung
Die beigefügte Skizze und die dazu gehörigen Erläuterungen des Seeamtes geben die Diskrepanz zwischen den Vorstellungen des Steuermanns und der Wirklichkeit am Nikolausabend des Jahres 1882 sehr eindrucksvoll wieder. Ergänzend ist anzumerken, daß nach den Feststellungen des Seeamtes die Entfernung zwischen der Stelle, an der gegen 6.00 Uhr abends Marienleuchte in SSW gepeilt und der späteren Strandungsstelle zwanzig Seemeilen beträgt.
Der Steuermann hatte behauptet, alles sei mit einer starken nach Süden setzenden Strömung zu erklären. Dazu führt das Seeamt aus, hätte er das Lot zwischen 6.00 Uhr und 7.30 Uhr jeweils kurz auf dem Grund liegen lassen, wäre die schnelle Fahrt über Grund Richtung Nordwest bemerkt worden. Zudem hätte ihn ein Blick in die Seekarte darüber belehrt, daß das Markelsdorfer Feuer ein festes rotes Licht, das Fakkebjerg Feuer hingegen festes weißes Licht zeigt.
Ob diese Verwechslung auf Nachlässigkeit oder einen Sehfehler des Steuermanns zurückzuführen ist, ergeben die Gründe, die damit schließen, daß die Handhabung der Navigation gezeigt habe, daß dem Steuermann die notwendigen Eigenschaften für die Ausübung seines Gewerbes fehlen, nicht.

Spruch des Seeamts zu Tönning vom 17. März 1891, betreffend den Seeunfall der britischen Galiote „Reintjedina".

Der Spruch des Seeamts lautet: Die britische Galiote „Reintjedina" ist auf der Reise von Morrisson im Firth of Forth nach Hamburg am 29. October 1890 bei Wenningstedt auf Sylt gestrandet und total verloren gegangen.
Von dem Strandvogt Bleiken in Kampen, sowie von den Stationen zur Rettung Schiffbrüchiger auf Sylt und Amrum ist alles zur Bergung der Schiffbrüchigen geschehen, was unter den obwaltenden Umständen gethan werden konnte.
Es ist lobend anzuerkennen, daß der Post-Inspector Schütz nach Amrum telegraphirte, man möge mit dem Rettungsboote den Schiffbrüchigen zur Hülfe kommen.
Es ist dringend zu empfehlen, daß in Zukunft bei Westerland auf der Insel Sylt ein passendes Rettungsboot zur Verfügung gehalten werde.

Gründe: Die britische Galiote „Reintjedina" war am 23. October 1890 mit einer Ladung feuerfester Steine und Thonröhren für Hamburg von Morrissonhaven im Firth of Forth in See gegangen.
In den ersten Tagen war die Reise bei gutem Wetter glücklich verlaufen. Dann war das Wetter schlecht geworden und hatte das Schiff in der hohen See stark gearbeitet, so daß es leck geworden war. Trotz angestrengten Pumpens war dabei das Schiff allmälig immer tiefer zu liegen gekommen; die Verschanzung vorn und mittschiffs war schließlich weggeschlagen, so daß das Deck bis mittschiffs fast immer unter Wasser stand.
Am 29. bei Tagesanbruch kam an Steuerbord die Südspitze der Insel Sylt in Sicht. Man segelte nun bei heftigem Sturm aus SSW und hohem Seegange nordwärts der Küste entlang. Als man zwischen 8 und 9 Uhr morgens in der Gegend von Wenningstedt angekommen war, ließ man das Schiff gradewegs

auf den Strand laufen. Das Schiff lief ungefähr 2 ½ Kabellängen vom Fuß des Kliffs an einer Stelle, wo man den Feuerthurm von Kampen in OzN peilt und wo bei gewöhnlicher Ebbe 6 bis 7 Fuß Wasser sind, auf den Grund. Nach dem Festkommen schlug es nicht herum, vielmehr blieb der Steven dem Lande zu gerichtet. Die Brandung ging nunmehr über das ganze Schiff hin, so daß die Mannschaft genöthigt wurde, sich in die Takelage zu flüchten. Sämmtliche 4 Leute kletterten auf die Breitfockraa und blieben hier sitzen.

Der Vorsitzende des Zweigvereins zur Rettung Schiffbrüchiger auf Sylt und der Strandvogt aus Kampen trafen sofort Anstalten, um die im Maste sitzenden Schiffbrüchigen zu retten. Zuerst kam der Kampener Raketenapparat, dann der Westerlander an die Strandungsstelle. Schon eine halbe Stunde nach der Strandung kamen die Raketenapparate in Thätigkeit. Weil das Schiff nicht in der Breitseite, sondern mit dem Buge dem Lande zugekehrt lag, war es schwierig, die Raketen so zu werfen, daß die Leine sich in der Takelage des Schiffes verfing. So kam es, daß es anfangs nicht gelingen wollte, eine Verbindung mit dem Schiffe herzustellen.

Nachdem es endlich gelungen war, eine Leine zu den Schiffbrüchigen hinzubringen, verfing sich das nachgezogene Jolltau mit der Leine an einer nördlich vom Schiff liegenden Steinbuhne. Versuche, die Leine von der Buhne klar zu machen, blieben erfolglos. Obgleich im weiteren Verlaufe des Tages im ganzen 18 Raketen verschossen wurden, gelang es doch erst gegen Abend, eine Leine in die Hände der Schiffbrüchigen zu bringen, welche diese oberhalb der Raa am Maste befestigten. Am Lande setzte man diese Leine hoch oben am Kliff fest und brach dann wegen eingetretener Dunkelheit einstweilen die Rettungsarbeiten ab. Zwischen 7 und 8 Uhr abends kam der Leichtmatrose James Tellfurt, an dieser Leine herunter, indem er einen vom Steuermann ihm zurecht gemachten Block auf die Leine hing und sich an dieser hinabgleiten ließ. Er fiel dabei allerdings ins Wasser, wurde aber, ohne die Verbindung mit der Leine zu verlieren, von der Brandung ans Land geworfen und so gerettet.

Gegen 10 Uhr abends versuchte auch der Steuermann in ähnlicher Weise ans Land zu kommen. Während er hinabglitt, riß indeß die Leine, in Folge dessen er ins Wasser fiel und als Leiche ans Land gezogen wurde.

Der Schiffer und der Leichtmatrose Miller blieben die Nacht über auf der Raa sitzen. Am anderen Morgen wurden die Rettungsarbeiten mit den Raketen-

apparaten wieder aufgenommen. Mittlerweise war auch das Lister Rettungsboot mobil gemacht. Dasselbe kam indeß nur bis in die Nähe des Schiffes; es mußte umkehren, ohne etwas auszurichten, weil Wind und Seegang so heftig geworden waren, daß man das Boot kaum über Wasser halten konnte. Nur mit genauer Noth konnten die Rettungsmannschaften List wieder erreichen. Die noch verfügbaren Raketen von Kampen und Westerland waren bald verschossen, ohne daß eine Verbindung mit dem Schiffe hergestellt wurde. Es trafen dann eine Anzahl Raketen ein, welche man von List und Rantum requirirt hatte. Mit diesen gelang es, mehrmals eine Verbindung mit dem Schiffe herzustellen.
Am Nachmittage kam eine Leine ans Schiff, welche die Schiffbrüchigen wieder oberhalb der Raa am Maste befestigten. Sie zogen mittelst derselben zwei Korkjacken, welche man am Lande daran festgemacht hatte, ans Schiff, konnten sie aber nicht weiter als bis unter das Bugspriet bringen, vermuthlich

Galiote „Reintjedina“ gestrandet vor Wenningstedt auf Sylt

weil sie sich hier am Tauwerk verwickelt hatten oder von Wrackstücken festgehalten wurden. Eine zweite Leine, welche traf, blieb im Vordergeschirr hängen, eine dritte, welche ebenfalls traf und von dem Leichtmatrosen ergriffen wurde, mußte wieder fahren gelassen werden, weil der Leichtmatrose sie nicht halten konnte.

So blieben der Schiffer und der Leichtmatrose auch bei Eintritt der Nacht noch auf der Raa sitzen. Mitten in der Nacht stieg der Schiffer hinunter; er hatte vorher dem Leichtmatrosen gesagt, er habe ein Telegramm um ein Boot ans Land geschickt; er müsse ans Land, denn er könne es nicht länger aushalten. Am darauf folgenden Morgen hing der Schiffer todt im Vordergeschirr. Das Wetter begann nunmehr besser zu werden, der Wind flaute ab und die See wurde ruhiger. Der Leichtmatrose Miller saß noch lebend auf der Raa. Man konnte auch jetzt noch nicht gleich mit einem Boote ans Schiff kommen, weil man nur das der Badedirektion zu Westerland gehörende Boot zur Verfügung hatte, ein Fahrzeug, welches allerdings vorn und hinten mit einem Luftkasten versehen ist, zur Zeit aber keinen Korkgürtel hatte und als seetüchtiges Rettungsboot nicht anzusehen war. Erst nach einer Stunde etwa, als die See ganz ruhig geworden und niedrigste Ebbe eingetreten war, konnten es 4 Leute unternehmen, in diesem Boote an das gestrandete Schiff zu rudern. Sie erreichten glücklich den aus dem Wasser ragenden Bug des Schiffes, holten den Leichtmatrosen von der Raa herunter und brachten ihn noch lebend ans Land. Derselbe ist am Leben erhalten geblieben.

Mittlerweile waren auch die Lister mit ihrem Rettungsboote wieder an Ort und Stelle gekommen. Sie nahmen die Leiche des Schiffers aus dem Vordergeschirr, brachten sie ans Land und kehrten dann heim.

Am zweiten Morgen, am 30. October also, hatte sich unter anderen auch der grade dienstlich auf Sylt anwesende Post-Inspector Schütz aus Kiel am Wenningstedter Strande eingefunden. Als er sah, daß alle Versuche, die beiden noch im Maste sitzenden Leute zu retten, erfolglos waren und unter den Zuschauern die Aeußerung fiel „wenn das bei Amrum passirte, wären die Leute längst gerettet“, begab er sich nach Westerland und telegraphirte von hier an den Postagenten zu Nebel auf Amrum:

„Ich komme eben von der Strandungsstelle eines Schooners bei Wenningstedt, die Raketen sind vergeblich verschossen, das Lister Rettungsboot ist wieder abgesegelt, die Brandung ist nach Angabe von Sachkennern mäßig, können Sie nicht Seeleute dort mobil machen, da hier nichts zur Rettung der Menschen geschieht, die in den Masten sind.“

Der Postagent in Nebel theilte den Inhalt dieses Telegramms dem Commandeur des Amrumer Rettungsbootes, dem Fischer Volkert Nikolaus Flohr in Norddorf mit. Dieser rief sofort die für das Rettungsboot designirten Leute zusammen. Nachdem das Boot mit 10 Mann besetzt war, ging man gleich nach Mittag mit demselben in See, um nach der Strandungsstelle zu fahren. Führer des Bootes war der genannte Fischer Flohr; unter den übrigen Leuten befanden sich sein Bruder Theodor Flohr und der Fischer Jens Bork. Sämmtliche Leute hatten Korkjacken angezogen.

Der Wind war nach WNW umgegangen, die See war ruhiger geworden und es schien sich das Wetter allmälig zu bessern. Zuerst wurde nur gerudert; als man glücklich durch die Brandung bei Amrum gekommen war, setzte man Segel und fuhr dann rudernd und segelnd nordwärts. Nordwestlich von der Hörnumer Bake angekommen, außerhalb der Brandung, zog man die Ruder ein, um einen Imbiß zu nehmen.

Da kam plötzlich eine große Kreuzsee von Backbord her aufs Boot losgestürzt. Das Boot schlug um, so daß es mit dem Kiel nach oben zu liegen kam. Sämmtliche Insassen bis auf zwei, welche unterm Boot blieben, fielen ins Wasser. Sie hingen sich an die Leeseite, um es wieder aufzurichten. Nach 3 bis 4 Minuten kam eine zweite Kreuzsee. Diese warf das Boot herum und brachte es wieder auf ebenen Kiel. Die unter dem Boot gebliebenen beiden Leute waren am Leben und saßen unversehrt darin. Das Boot war voll Wasser, die Masten waren abgebrochen und sämmtliche Riemen ins Wasser gefallen. Von den im Wasser befindlichen Leuten stiegen mit Hülfe der im Boote gebliebenen Leute 6 Mann wieder ins Boot.

Zwei Mann dagegen erreichten das Boot nicht. Der eine, der Bruder des Führers, schwamm windwärts hinter dem Boote her, der andere trieb leewärts mit zwei Rudern im Arm anscheinend regungslos im Wasser. Das Rettungsboot trieb nunmehr unaufhaltsam dem Lande zu. Im Treiben reichte man noch dem leewärts im Wasser liegenden Jens Bork einen Bootshaken hin. Er faßt aber nicht danach. Der Bruder des Führers schwamm hinter dem Boote her; das Boot trieb indessen rascher als er schwimmen konnte, so daß er bald aus Sicht kam. Nach einiger Zeit trieb das Boot ungefähr 50 Schritt südwestlich von der Hörnumer Bake auf die Düne. Die in demselben befindlichen

Leute kamen einstweilen nicht wieder zum Vorschein; ihre Leichen wurden 17 Tage später an der jütischen Küste aufgefischt, die des Flohr unversehrt, die des Bork mit eingedrücktem Schädel.

Nach Aussage der Amrumer wären sie auch dann mit ihrem Boote ausgegangen, wenn das von dem Post-Inspector Schütz aufgegebene Telegramm nicht den Zusatz enthalten hätte: „hier geschieht nichts zur Rettung der Menschen, die in den Masten sind".

Sie erklären, sie hätten sich auf alle Fälle verpflichtet gehalten, mit dem Boote nach der Strandungsstelle zu gehen, weil sie angesichts des sich bessernden Wetters die Hoffnung gehabt hätten, mit dem besonders tüchtigen Boote noch am Abend den Schiffbrüchigen Hülfe bringen zu können. Sie sind deshalb auch der Meinung, daß der Post-Inspector durchaus richtig handelte, als er die Nachricht von dem bei Wenningstedt stattgefundenen Strandungsfall nach Amrum telegraphirte.

Als die Lister bei ihrer Rückkehr von der Strandungsstelle erfahren hatten, daß das Amrumer Rettungsboot gekentert sei und zwei zur Besatzung desselben gehörende Leute vermißt wurden, machten sie sich sofort wieder auf den Weg. Sie fuhren ganz nach Hörnum hinunter, ohne indeß der Vermißten ansichtig zu werden, und kehrten erst am 1. November nach List zurück.

Anmerkung

In den Gründen setzt sich das Seeamt auch mit dem Schicksal der zwei Besatzungsmitglieder des durch den Postinspektor alarmierten Rettungsbootes aus Amrum auseinander und führt aus, der Postinspektor sei wegen des Wortlauts des Telegramms letztlich nur deshalb nicht zu rügen, weil festgestellt sei, daß das Rettungsboot aus Amrum in jedem Fall losgemacht hätte.

Spruch des Seeamts zu Flensburg vom 31. Januar 1882, betreffend den Seeunfall des Schooners „Solid“ von Heiligenhafen.

Schiff auf dem Amurflusse wiederholt an Grund gerathen und erheblich beschädigt.

Der Spruch des Seeamts lautet: dass die Unfälle, welche das Schiff auf der Reise von Castries Bay nach Nicolajews betroffen haben, den russischen Lotsen, welche des Fahrwassers unkundig gewesen sein müssen, zur Last fallen.

Gründe: Der Schoner „Solid“, Unterscheidungszeichen LCBD, verliess am 27. Mai 1881 mit einer Ladung Stückgüter den Hafen von Hongkong, um nach Nicolajew am Amur zu segeln. Geführt wurde das Schiff von dem Schiffer Eduard Nikolaus Alexander Wiese aus Heiligenhafen. Die übrige Besatzung bildeten der Steuermann J. Hoye und 5 Matrosen.

Am 7. Juli 1881 erreichte man Castries Bay, eine kleine im russischen Amurgebiete liegende Seestadt. Nachdem man hier zwei russische Lootsen an Bord genommen hatte, segelte man unter deren Commando mit ziemlich starkem südlichen Winde nordwärts weiter. Abends um 6 Uhr stiess das Schiff der Mündung des Amur gegenüber, ungefähr 6 deutsche Meilen nordöstlich von Castries Bay, auf der Saglialin Bank auf den Grund. Es gelang freilich nach $3/4$ Stunden wieder abzukommen; während dieser Zeit hatte das Schiff aber sehr heftig gestossen und mehrere grosse Seen von achtern über Deck genommen, so dass die Cajüte ganz mit Wasser gefüllt war; auch hatten sich die Nähte des Decks gegeben, das obere Band der Ruderpinne war gebrochen und das Ruder selbst gespalten.

Die Schäden wurden im Weitersegeln so gut wie thunlich ausgebessert, man vermochte auch durch angestrengtes Pumpen das Schiff einigermassen lenz zu halten, es machte per Stunde ungefähr $5 1/2$ Zoll Wasser. Man erreichte glücklich den Amur. Am nächsten Tage Mittags 12 Uhr jedoch gerieth das Schiff bei abnehmendem Wasser innerhalb der Barre wieder fest. Erst am folgenden Tage Morgens 10 Uhr, als das Wasser gestiegen war und man alle Segel beigesetzt hatte, konnte man den Fluss weiter hinauf segeln. Man war indess nur ungefähr eine Stunde nach Anweisung der Lootsen bei heller Luft weiter gesegelt, als man auf eine Steinbank stiess und wieder festsass. Alle Versuche, von der Steinbank abzukommen, misslangen. Das Schiff blieb hier bis zum 16. Juli, also volle sieben Tage, liegen.

Am 14. Juli war der Schiffer mit zwei Mann in einem Boote nach Nicolajew gefahren und am Abend mit einem Dampfer und einem Leichterfahrzeuge zurückgekehrt. Nachdem man am 16. Morgens einen Theil der Ladung gelöscht hatte, wurde das Schiff gegen 12 Uhr Mittags bei hohem Wasser von einem russischen Kanonenboot, welches gerade vorbeikam und seine Hülfe anbot, abgeschleppt. Während der Zeit, wo das Schiff auf der Steinbank sass, stiess es bei hohem Wasser sehr heftig, bei niedrigem Wasser lag es ganz auf der Seite und hatte beim Kiel nur ungefähr drei Fuss Wasser. Durch angestrengtes Pumpen wurde das eindringende Wasser thunlichst beseitigt.

Es ist leider in seemännischen Kreisen eine offenkundige Thatsache, dass die russischen Lootsen im Amurgebiete mit dem Fahrwasser, in welchem sie Dienst leisten, meist sehr ungenügend bekannt sind, weshalb denn auch die Assecuranz-Compagnien für Schiffe, welche dieses Gebiet befahren, die Prämien um 1 % zu erhöhen pflegen. Die Unfälle, welche den Schooner „Solid“ betroffen haben, liefern dafür einen neuen Beweis, sie fallen ausschliesslich den russischen Lootsen zur Last, welche mit dem Fahrwasser offenbar nicht so genügend bekannt gewesen sind, wie es erforderlich ist, um ein Schiff ungefährdet von Sandbänken und Klippen den Amur hinauf zu lootsen.

Anmerkung

Aus einer ganzen Reihe von Entscheidungen, die sich mit dem Fehlverhalten oder Versagen von Lotsen beschäftigen, seien an dieser Stelle erwähnt,

1. unheilbare Geisteskrankheit, die zu alsbaldiger Einweisung in eine Irrenanstalt und Entmündigung führte, was den bestellten Vormund gleichwohl nicht hinderte, gegen den Patententzug Beschwerde einzulegen;

2. der Hinweis eines chilenischen Lotsen, ihm sei eine bestimmte Untiefe im unmittelbaren Bereich seines Heimathafens nicht bekannt gewesen, bevor er nach Auflaufen des Schiffs und stiller Beobachtung vergeblicher Rettungsbemühungen zur Stunde des Feierabends von Bord ging.

Spruch des Seeamts zu Hamburg vom 30. März 1883, betreffend den Seeunfall der Schoonerbrigg „Meta“ von Hamburg.

Der Spruch des Seeamts lautet: Die Ursache der am 21. Januar 1883 in der Nähe von Tampico erfolgten Strandung und des in der Folge eintretenden mit dem Verlust von 4 Menschenleben verbundenen Untergangs der Schoonerbrigg „Meta“, liegt in dem Ungehorsam des Steuermanns Theodor Wilhelm W. gegen den Befehl des Schiffers Stiefel, welcher, bevor er an Land ging, die Anweisung hinterließ, Anker zu slippen und mit dem Schiffe in See zu halten, sobald das Wetter schlecht werde, und in der Nachlässigkeit und Ungeschicklichkeit des Steuermanns W. in der Ergreifung anderweitig gebotener Sicherungsmaßregeln.

Thatbestand: Nach einer von Hamburg aus angetretenen, ohne Vorfälle von Bedeutung in 73 Tagen zurückgelegten Reise wurde die „Meta“ am 15. Januar 1883, Nachmittags 4 Uhr, auf der Rhede von Tampico auf 9 Faden Wassertiefe mit 45 Faden Kette vor Backbordanker verankert. Tampico-Feuerthurm peilte SWzW ungefähr in 6 Seemeilen Abstand. Die Ladung des Schiffes bestand aus gemischten Gütern, die Besatzung im ganzen aus 7 Personen. Von den 5/4 zölligen Ankerketten war die Backbordkette nach Angabe des Schiffers neu, die Steuerbordkette 1 Jahr alt, aber in sehr gutem Zustande. An Bord des Schiffes, dessen Casco an der Hamburger Börse zu 22 500 M. unter Assecuranz stand, befanden sich für den Nothfall 2 Boote und 3 Korkjacken.

In der Nähe der „Meta“ lagen eine Bark und ein Schooner britischer Nationalität, sowie eine Anzahl Küstenfahrer.

Am 15. Januar, Abends 5 Uhr – das Wetter war hell und klar und es wehte eine leichte Brise – begab sich der Führer der „Meta“, Schiffer Jürgen Hinrich Stiefel aus Breiholz, an Land, um das Schiff einzuklariren und Leichter zum Löschen der Ladung zu bestellen.

Am 16. Januar Morgens kehrte Schiffer Stiefel an Bord seines Schiffes zurück und es wurde mit dem Entlöschen der Ladung begonnen.
Am 17. Januar war die Tampico-Barre, auf der die Wassertiefe unter normalen Witterungsverhältnissen 7 bis 8 Fuß beträgt, für Leichter unpassirbar, da zu schwere See auf derselben stand.
Am 18. Januar kamen wieder zwei Leichterfahrzeuge um Ladung abzunehmen. Der eine, im Verhältnis zur „Meta" sehr große und schwere dieser Leichter konnte jedoch des herrschenden Seegangs wegen nicht längsseits der „Meta" liegen bleiben und mußte leer zurückkehren. Schiffer Stiefel begab sich Abends 5 Uhr mit dem erwähnten Leichter an Land, um mit den Consignatären der Ladung Rücksprache zu nehmen, damit kleinere Leichter gesendet würden. Das Wetter war zu dieser Zeit klar und schön und es wehte eine leichte Brise aus NNO.
Bevor Schiffer Stiefel von Bord ging, instruirte er den Steuermann Theodor Wilhelm W. aus Burg auf Femahrn dahin, daß derselbe, im Falle das Wetter ungünstig werde und die in der Nähe vor Anker liegenden Küstenschooner seewärts gingen, die Ankerkette slippen und mit der „Meta" gleichfalls seewärts gehen solle; auch ließ Schiffer Stiefel eine Boje an der Ankerkette befestigen.
Am 19. Januar, Vormittags 5 ½ Uhr, wollte Schiffer Stiefel mit einigen Leichtern zur „Meta" zurückkehren, fand die Barre aber unpassirbar.
Am 20. Januar, Vormittags 5 ½ Uhr, fand Schiffer Stiefel die Barre gleichfalls unpassirbar. Es herrschte zu dieser Zeit dicker Nebel und Mittags setzte ein heftiger Norder ein, welcher nach und nach zum Orkan anwuchs.
Am 21. Januar, Abends 8 Uhr, kam der Leichtmatrose Mettelem nach Tampico und meldete dem Schiffer Stiefel, daß die „Meta" am Vormittag desselben Tages gegen 7 Uhr gestrandet sei. Da es unmöglich war, den Weg nach der Strandungsstelle während der Nacht aufzufinden, so brach Schiffer Stiefel erst am nächsten Morgen mit Hülfsmannschaften auf, um nach dem verunglückten Schiffe und der Besatzung zu suchen. Trotzdem Schiffer Stiefel und die requirirte Hülfsmannschaft in den nächstfolgenden 10 Tagen die Küste auf einer Strecke von 15 Seemeilen absuchten, konnte man nichts weiter entdecken, als einige Colli von der Ladung.
Außer dem Leichtmatrosen Mattelem hatte sich inzwischen auch der Koch Albert Johannes Bernbom aus Nyborg in Tampico eingefunden.

Aus den vor dem Seeamt eidlich abgelegten Depositionen der beiden geretteten Schiffsleute Mettelem und Bernbom ergiebt sich über die näheren Umstände des vorliegenden Seeunfalls das folgende:
Nachdem es am 20. Januar Mittags angefangen hatte heftig aus Norden zu wehen, ließ Steuermann W. Nachmittags gegen 3 ½ Uhr den zweiten Anker fallen. Nachmittags 4 Uhr – Mettelem befand sich mit dem Steuermann an Deck, Bernbom in der Combüse – sah man, daß einige nördlich von der „Meta“ liegende kleine Schooner nach See zu hielten. Mettelem begab sich jetzt ins Volkslogis um Kaffee zu trinken, so daß Steuermann W. allein an Deck zurückblieb. Ungefähr eine halbe Stunde später beorderte der Steuermann die gesammte Mannschaft auf Deck, da der eine der seewärts gehenden Schooner auf den Bug der „Meta“ zutrieb. Dieser Schooner ging jedoch klar vor der „Meta“ vorüber. Es wurde nun mehr Kette gesteckt und der Steuermann erklärte, die „Meta“ könne den Sturm vor ihren Ankern abreiten. Der Sturm nahm in den folgenden Stunden an Stärke zu.
Am 21. Januar 1 ¼ Uhr Morgens wurde die gesammte Mannschaft ausgepurrt, um das durch die See losgeschlagene Großboot wieder zu befestigen. Mettelem, welcher um 2 ½ Uhr seine Wache anzutreten hatte, blieb nach dem Befestigen des Bootes mit dem Steuermann auf Deck, während die übrigen Schiffsleute sich wieder zur Koje begaben. Steuermann W., welcher auf der Großluke stand, ertheilte an Mettelem den Befehl, in der Stunde einige Male zu lothen und sobald das Ergebniß dieser Lothungen ein anderes sei als dasjenige der Lothungen des Steuermanns, welcher eine Marke am Loth befestigt hatte, hiervon Meldung zu machen. Der Steuermann trat dann in das Volkslogis, um sich zu erwärmen und Mettelem warf das Loth während seiner Wache zweimal, ohne jedoch eine erhebliche Aenderung der Wassertiefe wahrzunehmen.
Um 3 Uhr Morgens wurde Mettelem durch den Matrosen Carstens abgelöst und jetzt kam auch der Steuermann wieder an Deck, während Mettelem sich in seine Koje begab. Um 4 Uhr Morgens wurde der Koch Bernholm zum Kaffeekochen ausgepurrt. Zu dieser Zeit erwachte auch Mettelem, welcher gleichzeitig mit dem Auspurren des Kochs ein starkes Rucken in den Ankerketten wahrnahm und den ins Logis getretenen Matrosen Carstens ersuchte, nachzusehen, ob die Ankerketten gebrochen seien. Carstens beruhigte ihn jedoch und Mettelem blieb in der Koje liegen, während Bernbom an Deck

stieg, um Kaffee zu kochen und sich zu diesem Zweck in die Combüse begab. Um 5 Uhr wollte Koch Bernbom die Mannschaft zum Kaffeetrinken auspurren, Steuermann W. hielt ihn jedoch hiervon ab und sagte, es sei nicht nöthig, die Leute brauchten so frühzeitig nicht geweckt zu werden. Koch Bernbom half dann beim Lothen. Das Schiff arbeitete immer noch sehr heftig.
Gegen 7 1/2 Uhr bemerkte Bernbom, daß die „Meta" trieb und meldete dies sofort dem Steuermann. Jetzt wurde die Mannschaft zum Kaffeetrinken ausgepurrt. Leichtmatrose Mettelem kam an Deck und der auf der Großluke stehende Koch rief ihm zu: „Wir treiben schnell auf Land zu". Da Steuermann W. jedoch keine entgegenstehenden Befehle ertheilte, so begab Mettelem sich wieder ins Logis um Kaffee zu trinken. Als die Mannschaften mit Kaffeetrinken fertig waren, trat der Steuermann in die Logisthür und forderte sie auf an Deck zu kommen, um den Backbordanker einzuhieven; es stellte sich jedoch heraus, daß die Backbordankerkette gebrochen war. Die Steuerbordankerkette stand noch steif, der Anker schleppte jedoch mit, indem das Schiff ersichtlich auf Land zutrieb.
Die Mannschaft forderte den Steuermann auf, Anker und Kette zu Slippen, Segel zu setzen und mit dem Schiff seewärts zu halten, allein Steuermann W. bestand auf dem Einhieven der Backbordankerkette. Dieselbe war jedoch unklar geworden und wollte nicht durch die Klüse wandern, da sich vor derselben durch das an der Kette befestigte Ankerbojentau ein Knoten gebildet hatte, welchen der Steuermann wiederholt aber vergeblich zu kappen versuchte. Die „Meta" trieb inzwischen mit dem Heck voran auf das in schräger Richtung südwärts in Sicht liegende Land zu. Auch jetzt gab der Steuermann der wiederholten Aufforderung, den Steuerbordanker zu slippen und nach See abzuhalten, keine Folge, ertheilte vielmehr den Befehl, die Marssegel, die Fock und einige Stagsegel los zu werfen, indem er sagte, dann würde der Wind das Vorderende des Schiffes wohl von selbst nach See zu legen.
Dieser Befehl wurde ausgeführt und Steuermann W. übergab dem Leichtmatrosen Mettelem das Steuerruder, indem er befahl: „Halt so fest". Die „Meta" trieb jedoch in derselben Richtung wie vordem weiter und so ließ Steuermann W. die losgeworfenen Segel wieder festmachen und die Steuerbordankerkette weiter auslaufen. Dann stellte W. sich auf das Halbdeck und alsbald stieß die „Meta" durch. W. eilte an das an Backbordseite befindliche Boote und rief: „Kinder kommt her, wir wollen das Boot aussetzen", allein

dies gelang nicht, da die „Meta“ nach dem zweiten oder dritten Durchstoßen sich nach Steuerbordseite überlegte.
Die Mannschaft forderte den Steuermann nunmehr auf, die Masten zu kappen, und so kappten Steuermann W. und Zimmermann Zobel Vormars- und Bramstenge, jedoch ohne Erfolg: die „Meta“ richtete sich nicht wieder auf. auch die fortgesetzten Versuche, ein Boot klar zu machen, blieben erfolglos, da die beständig über das Schiff brechenden Grundseen das Boot fortrissen und zertrümmerten. Die Besatzung flüchtete sich nunmehr auf das Halbdeck. Die „Meta“ legte sich schon nach kurzer Zeit vollständig nach Steuerbord über. Steuermann W. und Leichtmatrose Mettelem kletterten in die Backbordsgroßrüsten, Koch Bernbom und die Matrosen Carstens und Bähr setzten sich bei der Cajüte auf die Backbordseite des Schiffes und der Zimmermann Zobel hing mit den Armen über der nach Steuerbord überhängenden gekappten Bramstenge im Wasser.
Koch Bernbom, welcher sich entkleidet und eine leere ziemlich große Petroleumkanne auf den Rücken gebunden hatte, um sich so besser über Wasser halten zu können, war der erste, den die See fortriß. Bernbom wurde dann durch die See in halb erstarrtem Zustande an den Strand geworfen und alsbald von zwei Mexikanern aufgefunden, welche ihn in eine wollene Decke hüllten und sich mit ihm an ein Feuer setzten, welches sie zu diesem Zweck auf freiem Felde angezündet hatten.
Kurze Zeit nachdem Koch Bernbom fortgewaschen war, wurde auch Mettelem durch eine See fortgerissen. Mettelem ergriff ein Stück Holz und schwamm auf eine im Meere treibende Kiste zu, welche von der Ladung des Schiffes herrührte, kletterte auf dieselbe, wurde jedoch von der See wieder fortgeschlagen und mußte in der Folge von der einen zu der andern der im Meere treibenden Kisten schwimmen, indem die See ihn stets wieder fortriß. Mettelem sah den Steuermann einmal im Wasser sehr heftig arbeiten, aber eine See führte Mettelem weg und so sah er den Steuermann nicht wieder. Mettelem wurde schließlich durch eine See auf den Strand geworfen, wieder ins Meer gewaschen und abermals auf den Strand geworfen. Dann lief Mettelem auf eine kleine Erhöhung und nach kurzer Zeit kamen die beiden erwähnten Mexikaner und brachten ihm Kunde von der Rettung des Kochs Bernbom. Mettelem traf nun mit Bernbom bei dem von den Mexikanern angefachten Feuer zusammen. Bernbom, welcher sich noch nicht erholt

hatte, blieb einstweilen mit dem einen der beiden Mexikaner zurück, während Mettelem sich unter Führung des anderen nach Tampico begab und den dortigen Consul und dem Schiffer Meldung von dem Vorgefallenen machte. Kurze Zeit nachdem Mettelem seine Wanderung angetreten hatte, verließ der zurückgebliebene Mexikaner Bernbom, welcher dann am Strande umherirrte, um Hülfe zu suchen. Nach Verlauf einiger Stunden traf Bernbom drei Frauen und einige Kinder, welche ihn mit in ihr Dorf nahmen. Hier erhielt Bernbom Beinkleider und Aufnahme für die kommende Nacht. Am anderen Morgen wanderte auch er nach dem 15 englische Meilen entfernt liegenden Tampico.
Außer Mettelem und Bernbom ist, abgesehen von dem zur Zeit des Unfalls am Lande befindlichen Schiffer Stiefel, von der Besatzung des Schiffes Niemand gerettet worden.

Anmerkung
In den Entscheidungsgründen räumt das Seeamt dem Steuermann zwar das „Recht der freien Wahlentschließung" trotz bestimmter Anweisungen des Schiffers ein, kommt aber unter Darlegung im einzelnen zu dem Ergebnis, daß der Steuermann von Anfang an ohne triftige Gründe gegen die Order gehandelt habe, und zwar auch dann noch, als er durch Untergebene auf das nunmehr Zweckmäßige aufmerksam gemacht worden sei.
In einer Nebenbemerkung weist das Seeamt darauf hin, es sei durchaus merkwürdig, daß zwar Korkjacken an Bord vorhanden, die beiden allein geretteten Besatzungsmitglieder indes ohne solche davongekommen seien.

Spruch des Seeamts zu Hamburg vom 20. Januar 1891 und Entscheidung des Kaiserlichen Ober-Seeamts vom 6. März 1891, betreffend den Seeunfall des Schraubendampfschiffes „Buenos Aires" von Hamburg.

Der Untergang des Dampfers „Buenos Aires" bei der Insel Raza vor Rio de Janeiro ist durch eine überaus sorglose und leichtfertige Navigirung seitens des Schiffers L. sowie durch einen völlig unbegreiflichen Mangel an Umsicht seitens des Steuermanns Z. herbeigeführt. Beiden Schiffsführern wird die Befugniß zur Ausübung des Schiffergewerbes entzogen.

Thatbestand: Der „Buenos Aires", ein eisernes Schraubendampfschiff mit einer Maschine von 1200 indicirten Pferdekräften, ward für Rechnung der Actiengesellschaft Hamburg-Südamerikanische Dampfschiffahrts-Gesellschaft zu Hamburg im Jahre 1873 erbaut und von dieser Gesellschaft zu regelmäßigen Fahrten zwischen Hamburg und Südamerika benutzt.
Am 26. Juni 1890 trat der Dampfer unter Führung des Schiffers Carl Ludwig Wilhelm L. die Reise über Lissabon nach Südamerika an und gerieth am Abend des 23. Juli auf die ungefähr 7 Seemeilen vor der Hafeneinfahrt von Rio de Janeiro liegende Insel Raza, in Folge dessen derselbe voll Wasser lief und untersank.
Die an Bord befindlichen 19 Kajüts- und 75 Zwischendeckspassagiere, sowie die aus 50 Köpfen bestehende Besatzung retteten sich in die Schiffsboote. Mit dem Schiff gingen dessen werthvolle Ladung, das Passagiergepäck, die für Rio und Santos bestimmte Post einschließlich einer Contantensendung von 200 Contos = 400 000 M, sowie alle Schiffspapiere verloren.
Ueber diesen Unfall hat eine umfassende Beweisaufnahme stattgefunden. Diesem Beweismaterial ist die folgende Darstellung des Unfalls entnommen. Nach dem Anlaufen von Pernambuco ging das Schiff am 18. Juli nach Bahia weiter. Auf dieser Reise wurde der hintere Backbordkessel unbrauchbar. Man dampfte mit drei Kesseln weiter, wobei das Schiff noch 8 bis 9 Seemeilen in der Stunde machte. Am 20. Juli wurde die Reise von Bahia nach Rio de

Janeiro und Santos angetreten. Am 23. Juli um 6 Uhr abends passirte der „Buenos Aires“ Cap Frio. Der zweite Steuermann Paul David August Z. übernahm zu dieser Zeit von dem ersten Steuermann Meyer die Wache, erhielt von demselben die Mittheilung, daß man Cap Frio in zwei Seemeilen Abstand gepeilt habe und daß der zu steuernde Curs WNW¼W sei, was rechtweisend West ergab. Die Deviation des Compasses betrug 18° auf diesem Curse.

Um 9 Uhr 30 Minuten kam das Feuer der Insel Raza in Sicht – ein elektrisches, weiß und rothes Blinkfeuer – und zwar einen Strich an Steuerbord. Um 10 Uhr 30 Minuten kam Schiffer L. auf die Brücke und gab den Befehl, direct auf das Feuer von Raza Island zuzusteuern, und ging dann wieder hinunter. Das Wetter war sehr schön. Gegen 11 Uhr ging der Mond unter, der Himmel war sternenklar. Um diese Zeit wich der „Buenos Aires“ einem Schooner unter Backbordruder aus.

Etwa um 11 Uhr kam Schiffer L. wieder auf die Brücke und fragte den zweiten Steuermann, ob er etwas von den Maricas – zwei Inseln von ungefähr 120 Fuß Höhe unfern der Küste – auf Steuerbord gesehen habe, was dieser mit der Bemerkung verneinte, daß die Luft nach Land zu häsig gewesen sei. Schiffer L. war der Ansicht, daß man querab von jenen Inseln sein müsse. Man steuerte jetzt NWzW = rechtweisend WNW¾W und hatte Raza Feuer ungefähr einen Strich an Backbord frei. Schiffer L. ging dann auf die untere Commandobrücke, wo mehrere Passagiere sich befanden, und rief dem Steuermann von dort aus zu: „Halten Sie das Feuer recht voraus.“ Da zu dieser Zeit alles klar war und Schiffer L. sich noch 5 bis 6 Seemeilen von Raza Feuer abschätzte ging derselbe unter Deck, um seiner Angabe nach seine Nothdurft zu verrichten.

Dann will Schiffer L. durch den Rauchsalon nach seinem Zimmer gegangen und auf dem Wege dorthin von einem Passagier Roßmann angerufen sein mit den Worten: „Herr Capitain, wir laufen auf Land.“ Schiffer L.'s Abwesenheit von der Brücke betrug damals seiner Angabe nach 10 Minuten. Auf jenen Zuruf des Passagiers Roßmann eilte Schiffer L. auf die Commandobrücke und ertheilte schon von Deck aus das Commando „hartbackbord“, welches nach den Angaben des zweiten Steuermanns und der Rudersleute bereits kurz vorher von dem Steuermann gleichfalls befohlen war. In die Maschine wurde gleich darauf volle Kraft rückwärts telegraphirt. Ehe jedoch jene

Manöver zur Wirkung kamen, lief das Schiff mit großer Gewalt auf die unmittelbar vor dem Leuchtthurm befindlichen Felsen und legte sich dann stark nach Backbord über.

Schiffer L. ließ sofort die Pumpen peilen und es zeigte sich, daß im Vorderraum 16 Fuß, im Mittelraum 6 Fuß Wasser standen, während der Hinterraum noch trocken war. Da die Passagiere und Mannschaften in Gefahr waren zu ertrinken, falls das Schiff vom Felsen abrutschte, und man hinten am Heck des Dampfers 9 Faden Wasser gelothet hatte, wurde sofort der Befehl zum Abbrennen von Nothsignalen und zum Aussetzen der Boote gegeben. Es gelang auch bald, 5 Boote zu Wasser zu bringen und die Passagiere in dieselben zu bergen.

Unter Führung des ersten Steuermanns steuerten die Boote dann auf Anordnung des Schiffers L. nach dem Hafen von Rio, weil ein Landen auf dem Felsen von Raza der dort stehenden Brandung wegen in der Dunkelheit nicht rathsam schien. Nach mehrstündigem Rudern, an welchem sich die Passagiere mitbetheiligten, gelang es den Booten, bei Tagesanbruch in die Nähe der Hafeneinfahrt zu gelangen, wo sie dann von dem einige Stunden nach dem „Buenos Aires“ aus Bahia abgefahrenen Bremer Dampfer „Ohio“ in Schlepptau genommen und nach Rio de Janeiro gebracht wurden.

Schiffer L. war mit 13 Mann der Mannschaft an Bord zurück geblieben und hatte die Gig und das dritte Rettungsboot zu seiner Verfügung, welches letztere jedoch der überhängenden Lage des Dampfers wegen nicht zu Wasser zu bringen war. Nach der Abfahrt der Passagiere waren die Post, die Contanten und das Passagiergepäck an Deck geholt worden, um wenigstens dieses zu retten. Vergeblich sah man sich nach Hülfe aus. Es waren mindestens einige 20 Raketen als Nothsignale abgefeuert worden.

Als nach Verlauf einiger Zeit der Dampfer vom Felsen abzurutschen schien, ließ Schiffer L. in die zu Wasser gebrachte Gig den größten Theil der noch an Bord befindlichen Leute einsteigen und ließ hierauf die Contanten-Kiste, eine 2 ½ Fuß lange hölzerne Kiste von 50 – 60 Kilo Gewicht, vorn selbst mit in das Boot hinab. Die Kiste enthielt in Blech verpackt 200 Contos brasilianisches Papiergeld. Auch einige der Post- und Zeugsäcke gelangten in das Boot, sowie auch die in einem Sack befindlichen Schiffspapiere. Auf Ordre des Schiffers fuhr die Gig dann nach der Steuerbordseite herum.

Kaum war man dort angekommen, als der Dampfer vom Felsen herabrutschte. Das Boot gerieth in Gefahr, mit in den Strudel hinabgezogen zu werden, und als vorn das Wasser bereits in das Boot strömte, warf man die Kiste und Säcke zur Erleichterung des Bootes über Bord. Besonders drang der zweite Maschinist Bade auf das Ueberbordwerfen der Sachen. In der Aufregung wurden dann auch vom Heizer Lange die Werthkiste mit den 200 Contos Papiergeld sowie die Schiffspapiere in's Wasser geworfen. Schiffer L. hält es für möglich, daß die Kiste fortgetrieben sei; nach Heizer Lange's Aussage liegt jene Kiste indeß auf Steuerbordseite des Dampfers im Grunde. Als der Dampfer sank, gingen Schiffer L., ein Ueberarbeiter sowie der Schiffsjunge Voigt mit dem Schiffe unter. Es gelang indessen den Insassen des Bootes, alle drei Personen, welche mit Schwimmgürteln versehen waren, zu retten. Das Sinken des Schiffes erfolgte etwa um 3 Uhr morgens am 24. Juli. Die Taschenuhr des Schiffers L. war auf 4 Minuten nach 3 Uhr stehen geblieben. Auch das Boot des Schiffers L. gelangte dann glücklich nach Rio.

Die auf dem deutschen Consulat zu Rio de Janeiro vernommenen Passagiere Goßler und Wahnschaffe geben über die Vorgänge an Bord vor der Strandung nachfolgende Einzelheiten an.

Bis 10 Uhr 45 Minuten hatten die gedachten Zeugen mit Schiffer L. in dessen Kajüte Karten gespielt; dann war letzterer auf die obere Commandobrücke gegangen, während die gedachten Zeugen mit mehreren anderen Passagieren auf der Brücke unter der Commandobrücke sich aufhielten. Etwas nach

Schraubendampfer „Buenos Aires“ der Hamburg-Süd

11 Uhr gingen die meisten Passagiere in die Kajüte zurück, um noch Bier zu trinken, und auch Schiffer L. verließ ungefähr um 11 Uhr 15 Minuten die Commandobrücke, um, wie er dem zurückgebliebenen Passagier Goßler sagte, diesem Beispiel zu folgen.
Auf der unteren Brücke befand sich noch der zweite Bootsmann Nausch, welcher seit 6 Uhr dort Wache hatte. Nach etwa 10 Minuten – jedenfalls soll die Zeit nicht kürzer gewesen sein – fiel es dem Passagier Goßler auf, daß der Curs des Schiffes noch immer gerade auf den Leuchtthurm beibehalten wurde, während das Land ganz deutlich näher rückte. Da der auf der oberen Brücke befindliche zweite Steuermann mit dem Nachtglas scharf aufzupassen schien und auch der Bootsmann nach vorn sah, glaubte auch Passagier Goßler, sich beruhigen zu sollen. Da indeß die Felsen, auf welchen der Leuchtthurm stand, gefährlich nahe zu kommen schienen, Passagier Goßler sich aber nicht in die Obliegenheiten des wachthabenden Steuermanns glaubte direkt mischen zu dürfen, rief er dem Bootsmann zu, er wolle Schiffer L. rufen, und eilte nach dem Rauchsalon. Bootsmann Nausch bemerkte erst jetzt, daß der zweite Steuermann sich allein auf der Commandobrücke befand.
Schiffer L. saß im Rauchsalon, die Passagiere um ihn herum, und führten letztere einen ziemlich lauten Wortwechsel. Passagier Goßler theilte seine Wahrnehmungen sofort dem ihm zunächst befindlichen Passagier Roßmann mit, welcher den Schiffer L. sofort benachrichtigte. Mit der Erwiderung „es ist noch nicht so schlimm“ eilte Schiffer L. dann sofort nach der Commandobrücke, schon auf dem Wege dorthin „hartbackbord“ rufend. Steuermann Z. hatte kurz vorher selbst bereits die gefährliche Nähe der Felsen bemerkt und das gleiche Commando gegeben. Das Ruder lag somit bereits hart über, als Schiffer L. bei dem Ruderhaus vorbeieilte. Oben angekommen, stellte Schiffer L. den Maschinentelegraphen sofort auf volle Kraft rückwärts, doch ehe noch dieses Maschinenmanöver zur Wirkung kam, stieß das Schiff zweimal ziemlich stark auf, saß dann fest und legte sich auch sofort nach Backbord über.

Anmerkung
1. Die brasilianischen Behörden haben ein Untersuchungsverfahren gegen den Schiffer eingeleitet, weil einige Passagiere wertvolle Effekten nicht versichert hatten und darauf

hofften, im Falle der Verurteilung des Schiffers wegen einer Straftat Schadensersatz gegen die Reederei geltend machen zu können.
2. Die Untersuchungen wurden eingestellt, weil nur der Tod oder Körperverletzung zum Nachteil von Passagieren oder Mannschaften eine Verurteilung hätten tragen können. Die Reederei hat – ausweislich der Entscheidungsgründe – gleichwohl hohe Entschädigungen gezahlt und es steht im Hinblick auf die Reputation der namhaften deutschen Reederei in Südamerika zu vermuten, daß der Wert der noch immer auf dem Meeresgrund ruhenden Effekten nach Qualität und Quantität nicht unbedingt dem entsprach, was die Schadensmeldungen bezifferten.
3. Ausweislich der Entscheidungsgründe kam es alsbald zu einem Streit zwischen der Schiffsführung und den brasilianischen Behörden wegen der Nichtbeachtung der Notsignale des Havaristen:
Die brasilianischen Behörden führen dazu aus, die Unfallstelle sei vom Wachtschiff bei der Hafeneinfahrt von Rio de Janeiro nicht zu sehen. Nach sachverständigen deutschen Feststellungen bestand jedoch kein Zweifel an der Sichtbarkeit von Notsignalen vom Bereich der Unfallstelle für das Wachtschiff.
4. Die Verteidigung der Schiffsoffiziere L. und Z. klingt nicht nur im nachhinein angesichts des festgestellten Sachverhalts äußerst dünn.
a) L.: Er habe sich wohl wegen des sehr hellen Leuchtfeuers und der dunstigen Luft über die Entfernung getäuscht, sich im übrigen aber auf Steuermann Z. verlassen.
b) Z.: Auch er habe sich wohl bei der Schätzung geirrt, sich allerdings nicht für befugt gehalten, den Kurs auf eigene Verantwortung zu ändern, sei im übrigen nie zur Navigation des Schiffs herangezogen worden und habe deshalb keinerlei Kenntnis von den Karten und Feuerbüchern, der Zutritt zum Navigationsraum sei ihm verboten gewesen.
Um sich mit einer solchen Verteidigung auseinanderzusetzen, bedurfte es wohl damals wie heute allenfalls des gesunden Menschenverstandes und keiner besonderen seemännischen Kenntnisse. Aus diesem Grunde hat der Steuermann Z. die Entscheidung sofort akzeptiert. Den Schiffer L. mußte das Oberseeamt auf seine Kosten in der gleichen Weise erneut belehren.

Spruch des Seeamts zu Brake vom 7. November 1902, betreffend die Seeunfälle der Bark „Nautilus" von Brake, des Vollschiffs „Coriolanus" von Elsfleth und der Bark „Arnold" von Elsfleth.

Der Spruch des Seeamts lautet: Am 1. September 1902 sind in der Algoa-Bay auf der Reede von Port Elizabeth bei orkanartigem Sturme die Schiffe „Nautilus", „Coriolanus" und „Arnold" gestrandet und völlig verloren gegangen. Vom „Nautilus" ist die ganze Besatzung bis auf drei Mann, vom „Coriolanus" ist der Zimmermann Müller aus Kiel umgekommen, die Mannschaft des „Arnold" ist dagegen gerettet. Die Führung der Schiffe trifft kein Verschulden.

Gründe: Die Bark „Nautilus", Heimatshafen Brake, war 1878 aus Eisen erbaut, Eigentum einer durch den Korrespondentreeder G.O. Köster zu Brake vertretenen Reederei und führte eine Besatzung von 14 Mann.
Das Vollschiff „Coriolanus", Heimatshafen Elsfleth, war 1876 aus Eisen erbaut, Eigentum einer durch den Korrespondentreeder J. F. Ramien zu Elsfleth vertretenen Reederei und führte eine Besatzung von 14 Mann.
Die Elsflether Bark „Arnold", war 1868 aus Eisen erbaut, Eigentum einer durch den Korrespondentreeder Gustav Adolf Schiff zu Elsfleth vertretenen Reederei und führte eine Besatzung von 15 Mann.
Am 31. August 1902 lagen diese drei Schiffe auf der Reede von Port Elisabeth vor Anker nach Anweisung des Hafenkapitäns, der vorher das Ankergeschirr besichtigt und für genügend befunden hatte. Der Wind war südöstlich. Am Nachmittag wurde der Wind heftiger und steigerte sich in der Nacht zu orkanartigen Böen. Dabei herrschte ein außerordentlich hoher Seegang. Infolgedessen gerieten fast alle dort vor Anker liegenden Segelschiffe ins Treiben. Insgesamt sind 22 große und 12 kleinere Schiffe gestrandet.
Der „Nautilus" war unter Führung des Schiffers auf großer Fahrt J. J. Assing aus Brake am 21. August 1902 mit einer Ladung Mehl und Weizen angekommen und hatte seine Ladung bis auf 820 Sack Weizen gelöscht und an Ballast

100 Sack Sand eingenommen. Er lag vor 2 Ankern, die mit je 105 Faden Kette versehen waren. Die Oberbram- und Bramraaen waren heruntergenommen. Um Mitternacht wurde des schlechten Wetters wegen ein dritter Anker mit Trosse fallen gelassen. Um 4 Uhr morgens am 1. September brach diese Trosse. Sogleich wurde der Warpanker fertiggemacht und über Bord geworfen. Inzwischen brach die Backbordkette.
Gegen 5 Uhr fing das Schiff langsam an zu treiben. Der Kapitän, der sich wie die Mannschaft die ganze Nacht an Deck befunden, ließ zur Stärkung Wein verteilen und die Korkwesten ausgeben. Um 5 ½ Uhr befand sich das Schiff in der Brandung und stieß gleich darauf auf ein altes Wrack, das sich etwa 200 m vom Lande befand und von dem nur ein David über Wasser zu sehen war. Die ganze Mannschaft bis auf Kapitän Assing und den Leichtmatrosen Lange, die sich am Besahnmast festhielten, versammelte sich auf dem Achterdeck und hielt sich dort am Geländer fest. Nachdem das Schiff ein paar mal auf das Wrack gestoßen hatte, legte es sich plötzlich ganz auf die Steuerbordseite und sank vorn ganz unter Wasser. Dabei wurden Kapitän Assing und Lange durch die See weggerissen. Während es Lange gelang, sich zum

Bark „Nautilus“

Skylight hinüberzuarbeiten und dort solange festzuhalten, bis ihm vom Achterdeck eine Leine zugeworfen war, an der er herübergeholt wurde, kam Kapitän Assing vom Schiffe ab. Er kam zwar nach kurzer Zeit wieder an die Oberfläche und es wurde ihm auch eine Leine zugeworfen, er griff jedoch nicht danach und trieb, anscheinend tot, weiter.

Der erste Steuermann Albers rief der Mannschaft zu, jeder solle sich retten, so gut er könne. Er selbst und mit ihm der Matrose Ulpts, der Leichtmatrose Lange und der Koch Holzweber sprangen über Bord. Von diesen erreichte Ulpts das Land, während Lange von der in der Nähe gestrandeten Hamburger Bark „Hans Wagner“ aufgefischt und an Bord geholt wurde. Der zweite Steuermann Straatmann wurde durch eine Sturzsee über Bord gerissen, erreichte das Schiff jedoch wieder. Später wurde er nochmals von einer Sturzsee mitgerissen und suchte dann den Strand zu gewinnen. Dies gelang ihm nicht, er trieb aber auf den „Hans Wagner“ zu und wurde von dessen Mannschaft gleichfalls an Bord geholt.

Vom Lande aus wurden Leinen mit Raketen nach dem „Nautilus“ hinübergeschossen, die Mannschaft konnte sie aber nicht erfassen, da sie nicht über das Schiff fielen. Nach einiger Zeit fing das Wasser an zu steigen und infolgedessen wurden die noch an Bord des „Nautilus“ Befindlichen nach und nach hinweggerissen. Als um Mittag die an Bord des „Hans Wagner“ Befindlichen an Land gelangten, war vom „Nautilus“ bereits nichts mehr zu sehen.

Die Mannschaft des „Nautilus“ bestand außer dem Kapitän A. aus dem ersten Steuermann A., dem zweiten Steuermann St. und 11 Matrosen und Jungen. Von diesen sind nur der Steuermann Straatmann, der Matrose Ulpts und der Leichtmatrose Lange gerettet. Die ganze übrige Mannschaft hat ihren Tod in den Wellen gefunden. Geborgen sind, soweit bekannt geworden, nur die Leichen des Kapitäns A., des Leichtmatrosen B. und des Schiffsjungen H.

Das Vollschiff „Coriolanus“, unter Führung des Schiffers auf großer Fahrt Johann Heinrich Götting aus Elsfleth, lag gleichfalls vor zwei Ankern. Bei dem gegen Abend zunehmenden Winde und Seegange wurde vom Steuerbordanker mehr Kette gesteckt, sodaß das Schiff vor 60 und 75 Faden Kette lag. Es konnte nicht mehr Kette gesteckt werden, weil recht achteraus eine norwegische Bark lag. Um etwa 4 Uhr morgens kam der „Coriolanus“ ins Treiben, geriet mit der norwegischen Bark in Kollision und fiel, da er nur losen Ballast hatte, gleich auf die Seite, dabei wurde die Verschanzung an der Backbordseite weggerissen und die Kajüte voll geschlagen. Es wurden nunmehr die Korkwesten ausgegeben.

Als der „Coriolanus" nach etwa 10 Minuten von der Bark frei kam und nun vor seinen Ankern liegen blieb, während die Bark dem Strande zu trieb, wurde ein dritter Anker mit Stahltrosse fallen gelassen und sodann begonnen, den Ballast zurechtzutrimmen. Um 6 Uhr fing das Schiff wieder an zu treiben und näherte sich langsam dem Strande. Trotzdem Kapitän Götting der Mannschaft untersagte, ohne seine Erlaubnis über Bord zu springen, taten dies 8 Mann. Von diesen kamen 4 Mann an Land, 3 Mann wurden wieder vom „Coriolanus" aufgenommen, während der achte, der Zimmermann Martin F. L. Müller aus Kiel, in den Wellen versank.

Auf dem „Coriolanus" war die Takelage nicht an Deck genommen, da eine entsprechende Anordnung vom Hafenkapitän nicht getroffen war.

13 Schiffe stranden am 2. September 1902 in der Algoa Bay. Rechts die britische Bark „Wayfarer", links „Two Brothers", Norwegen

Gegen Mittag wurde mittels einer Leine die Verbindung mit dem Lande hergestellt und dann die ganze Mannschaft im Bootsmannstuhl an Land geholt.
Die Bark „Arnold“, geführt von dem Schiffer auf großer Fahrt H. Ahlers aus Elsfleth, hatte gleichfalls 2 Anker ausgebracht. Beim Zunehmen des Windes wurde zunächst von der Steuerbordkette bis 70 Faden und nachmittags noch mehr Kette gesteckt, sodaß schließlich beide Ketten, an Steuerbord mit 90 Faden und an Backbord mit 75 Faden, gleichmäßig trugen. Auf beide Ketten wurden schwere Tauspringe gesetzt, die um den Fockmast festgemacht wurden. Trotz des orkanartigen Sturmes und der wilden See hielten die Anker während der Nacht. Als sie gegen 7 Uhr morgens anfingen durchzugehen, wurden noch 2 Notanker fallen gelassen. Deren Trossen brachen aber, sobald sie steif kamen. Das Schiff trieb vor den 2 Ankern allmählich dem Strande zu. Um 9 Uhr stieß es auf und legte sich querfees, drehte sich dann aber noch mehr herum mit dem Bug nach dem Lande zu.
Der Kapitän ließ nun, um das Schiff soweit wie möglich auf den Strand zu bringen, daß Großstagsegel setzen. Um 10 Uhr saß das Schiff vollständig fest. Das Ruder war inzwischen weggeschlagen. Bei den Pumpen wurden 2 Fuß 4 Zoll Wasser gepeilt. Ohne fremde Hilfe konnte die Mannschaft das Land nicht erreichen. Um ein Überbordspringen zu verhüten, schloß Kapitän Ahlers die Mannschaft in der Kajüte ein. Um 2 Uhr nachmittags wurde vom Schiffe aus mittels einer an einer Leine treibenden Boje die Verbindung mit dem Lande hergestellt und dann die ganze Mannschaft vermittels Rettungstaues an Land befördert. Als der Kapitän und der erste Steuermann als letzte das Schiff verließen, brach das Tau, sodaß sie in die Brandung fielen, doch gelangten sie ohne weiteren Schaden an Land.
Am 2. September, als der Sturm sich gelegt hatte, ging ein Teil der Mannschaft wieder an Bord, um soviel wie möglich von den Effekten zu bergen. Das Schiff hatte sich auf die Seite gelegt und fing auch bereits an, aufzubrechen.

Anmerkung
Im September 1902 waren die Auseinandersetzungen des Burenkrieges eben beendet, gehörte Port Elizabeth zu dem englischen Einflußgebiet der heutigen Republik Südafrika. 7000 Seemeilen südlich der großherzoglich-oldenburgischen Nachbarstädte Brake

und Elsfleth treffen drei dort beheimatete Schiffe für die Nacht der Katastrophe zusammen.

Zu den Ursachen stellt das Seeamt fest:

a) mangelhafte Rettungsvorrichtungen, u.a. zu wenig Rettungsraketen;

b) Rettungsboote seien im Hafen nicht vorhanden gewesen;

c) die anwesenden Dampfschiffe seien nicht ausreichend in die Rettungsaktionen einbezogen worden.

Das Seeamt gibt die Hafenordnung von Port Elizabeth, welche diverse Katastrophen aus den Jahren 1859 und 1869 mit dem Verlust von 6 bzw. 11 Schiffen bereits berücksichtigt, wie folgt wieder:

„Daß die Schiffe mit besonders starkem Ankergeschirr versehen seien, zwei Buganker ausbringen und besonders darauf achten müssen, daß sie von den Ankern anderer Schiffe frei bleiben und daß ihre Kettenlage nach Südost zu klar ist.“

Spruch des Seeamts zu Flensburg vom 28. Januar 1896 und Entscheidung des Kaiserlichen Ober-Seeamts vom 17. September 1896, betreffend den Tod von 6 Emigranten an Bord des Schraubendampfers „Hermann“ von Flensburg.

Der Spruch des Seeamts lautet: Der erste Steuermann Jürgen Heinrich D. aus Apenrade hat den Tod der am 3. Januar 1896 an Bord des Schraubendampfers „Hermann“ verstorbenen russischen Emigranten dadurch verschuldet, daß er deren Unterbringung in der hinteren Peak geduldet hat.
Ihm wird die Befugniß zur Ausübung des Schiffer- und Steuermannsgewerbes entzogen.
Dem Schiffer und dem zweiten Steuermann wird die Befugniß zur Ausübung ihres Gewerbes nicht entzogen.

Gründe: Am 3. Januar 1896 sind 6 russische Auswanderer, welche sich an Bord des Schraubendampfers „Hermann“ auf der Reise von Libau nach Hull befanden, ums Leben gekommen. Soweit hat ermittelt werden können, waren es Männer im Alter von 20 – 30 Jahren.
Am 3. Januar um 11 Uhr vormittags hatte der Dampfer den Anlegeplatz im Libauer Hafen – ganz am westlichen Ende – verlassen und war mit einem Schleppdampfer voraus und einem Lootsen an Bord nach See gedampft. Im Vorderraum waren Stückgüter, im Hinterraum Holz geladen. In den oberen Räumen der beiden mittschiffs liegenden Bunker waren 85 russische Auswanderer beiderlei Geschlechts, darunter 17 Kinder, als Passagiere untergebracht.
Um 11 Uhr 30 Minuten, als man am Ende der Molen angekommen war, kehrte der Schleppdampfer um und ging der Lootse von Bord. Als das Schiff eben außerhalb der Molen angekommen war, kamen 10 russische Männer, welche vorne im Schiff unter dem Kettenkasten versteckt gehalten waren, zum Vorschein. Als man dann das Achter-Peak klarte, stellte sich heraus, daß unter dem Achter-Peak im Ballast-Tank noch mehrere Männer versteckt waren. Zwei Matrosen, welche durchs Mannloch in den Tank einzudringen

suchten, um die hier versteckten Leute ans Tageslicht zu fördern, mußten umkehren, weil ihnen eine schlechte Luft entgegenströmte.
Erst nachdem man einen Windsack hinuntergelassen hatte und mehrere Ventilationsapparate von der Maschine in Gang gesetzt waren, gelang es den Matrosen, in den Tank hineinzukriechen. Sie fanden hier 15 russische Männer, die sämmtlich bewußtlos waren. Alle 15 wurden nacheinander herausgeholt und nach oben gebracht. Von ihnen kamen 9 Männer, diejenigen, welche dem Mannloch am nächsten gelegen hatten und zuerst nach oben geschafft wurden, wieder zum Bewußtsein. Die übrigen 6 waren trotz aller Wiederbelegungsversuche nicht zum Bewußtsein zurückzubringen. Man überzeugte sich schließlich, daß sie tot waren. Um 4 Uhr nachmittags bei Eintritt der Dunkelheit wurden die Toten mit Kohlen beschwert über Bord gesetzt und im Wasser bestattet.
Das Schiff, welches zu Anker gegangen war, sobald dem Schiffer die Vorgänge hinten im Tank gemeldet waren, setzte dann seine Reise fort. Es hat demnächst ohne weiteren Unfall seinen Bestimmungsort Hull in England erreicht.
Die Oertlichkeiten, wo die 25 Männer versteckt waren, lassen sich nur an der Hand einer Zeichnung einigermaßen beschreiben.
In dem mit b bezeichneten Raume, waren 15 Männer versteckt. Als man die 15 Männer herausholen wollte, war der auf dem Ballast-Tank liegende Mannlochdeckel lose aufgelegt und an Backbordseite durch einen fingerdicken Holzkeil etwas gelüftet. Ueber dem Deckel lag ein eisernes Rad, welches zum Löschen der Ladung benutzt wurde. Die darüber befindliche Luke war mit Ketten, mit vollen Kartoffelsäcken und sonstigen Gegenständen völlig bepackt. Zwei im Ballast-Tank befindliche Luftrohre, die beim Einlassen von Wasser geöffnet werden, um die Luft aus dem Tank abziehen zu lassen, waren geschlossen. Zwei Tage vorher hatte man im Ballast-Tank noch Eis gefunden, nachher stellte sich heraus, daß 2 – 3 Fuß Wasser im Tank standen.
Die vorne und hinten versteckten Männer waren morgens zwischen 3 und 4 Uhr von dem Agenten Hermer in Libau und dessen Gehülfen an Bord geleitet. Der Matrose Andreas Leonhard Hansen aus Gravenstein hatte zunächst den 15 im Peak-Tank versteckten Leuten hinuntergeleuchtet. Er hockte neben dem geöffneten Mannloch, während der Agent Hermer etwas höher im Proviantraum stand, als die Leute durch's Mannloch in den Tank hineinkrochen.

Sobald dieses geschehen war, ist er mit dem Agenten nach vorne gegangen und hat in dessen Gegenwart die andern 10 Leute in das Kabelgatt und den darunter befindlichen Raum gewiesen. Wer nachher hinten den Mannlochdeckel aufgesetzt, das Löschrad darüber gelegt, die Luke dicht gemacht und den Lukendeckel mit Kartoffelsäcken, Heringstonnen und Ketten bepackt hat, ist nicht zu ermitteln gewesen. Es ist anzunehmen, daß dieses von dem russischen Agenten und seinen Gehülfen besorgt wurde. Der Matrose Hansen will es nicht gethan haben, er behauptet, er sei gleich nach dem Verstekken der Leute in sein Logis gegangen.
Für seine Dienstleistungen sind ihm von dem russischen Agenten 5 Rubel bezahlt.
Morgens 9 Uhr kamen mehrere russische Beamte – Gendarmen – an Bord und revidirten das Schiff. Sie wurden von dem Schiffer überall umhergeführt, sie untersuchten auch alle erdenklichen Räume, ließen sich auch die bereits verschalkten Ladeluken öffnen, fanden aber die versteckten Leute nicht. Während die Gendarmen an Bord waren, standen auf Befehl des ersten

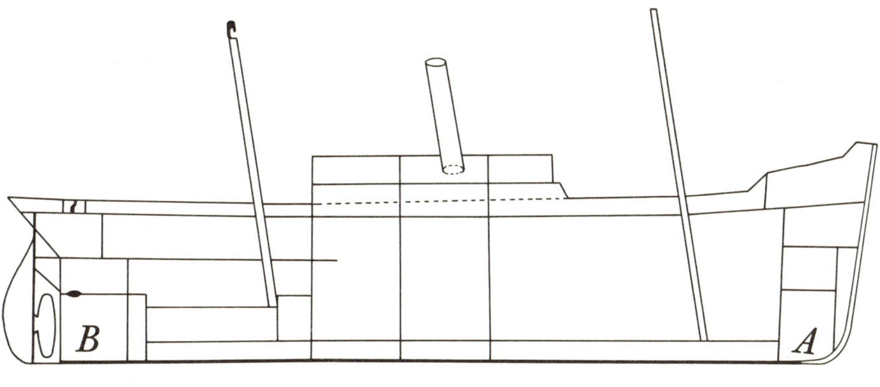

Dampfschiff Hermann
A = Raum vorne, wo 10 Mann untergebracht waren.
B = Raum hinten, wo 15 Mann untergebracht waren.

Steuermanns zwei Matrosen, einer vorne beim Kabelgatt, der andere hinten beim Achter-Peak Wache und riefen den versteckten Passagieren zu, daß sie ruhig sein sollten. Die Gendarmen verließen nach etwa 2stündigem Revidiren das Schiff; gleich nachdem erhielt einer der Matrosen vom ersten Steuermann den Auftrag, den vorne versteckten Leuten zu sagen, sie möchten ins Kabelgatt hinaufkommen.

Anmerkung
Aus den Entscheidungsgründen ergibt sich zunächst, daß der Schiffer, nur durch den ersten Steuermann belastet, nach Ansicht des Amtes von den blinden Passagieren nichts wußte. Soweit der erste Steuermann sich nicht durch Belastung des Schiffsführers reinzuwaschen versuchte, war es sein Ziel, sich als Opfer des russischen Agenten darzustellen, der die 25 blinden Passagiere selbstverantwortlich an Bord gebracht und dort versteckt habe.
Dieser Darstellung folgt das Seeamt nicht. Hierzu ist eine Abwägung der Glaubwürdigkeit der Aussage des Steuermanns und des Matrosen H., der selbst mit 5 Rubeln bedacht war, vorzunehmen.
Die Aussage des Matrosen H. faßt das Seeamt in den Entscheidungsgründen wie folgt zusammen:
„Schon zwischen 12 und 1 Uhr 30 Minuten nachts war der Agent Hermer mit 3 bis 4 seiner Leute bei mir und sagte, der erste Steuermann schicke ihn zu mir, ich solle ihm helfen, den Peak-Tank zu öffnen, damit Leute darin versteckt werden könnten. Da es mir auffiel, daß der 1. Steuermann sich gar nicht sehen ließ, ging ich zuvor noch zu diesem, um von ihm selbst zu hören, ob ich dem Agenten helfen solle. Der Steuermann stellte sich wüthend und drohte mir mit Strafe, weil ich den Agenten an Bord gelassen hätte.
Später hat der Steuermann mir erklärt, ich solle dem Agenten helfen, dies solle ihm aber unbewußt bleiben. Daraufhin habe ich die Leute, wie geschehen, verstecken helfen. Morgens etwa nach 6 Uhr sagte der erste Steuermann zu mir, wenn wir hinauskämen, solle ich mit einer Lampe hinuntergehen und zusehen, daß doch keiner von den Leuten erstickt sei."
Das Seeamt führt weiter aus, es sei nicht seine Aufgabe, die Mitursächlichkeit des Verhaltens des Steuermanns an dem Tod der 6 Emigranten zu beurteilen, indes,
„ihm fällt zur Last:
1. daß er in einem ausländischen Hafen Leute versteckte, welche nach dortigen Gesetzen zur Auswanderung nicht berechtigt waren;

2. daß er die Leute in Räumen unterbrachte, in denen lebende Wesen ohne Gefahr für Leben und Gesundheit längere Zeit nicht verweilen können;
3. daß er es unterließ, nach dem Fortgehen des russischen Lotsen unverzüglich die Versteckten zu befreien.
In ausländischen Häfen gegen Bezahlung an der Übertretung der dort geltenden Gesetze mitzuwirken, ist eines deutschen Schiffsofficiers unwürdig und geeignet, das Ansehen der deutschen Schiffsofficiere herabzusetzen.
Es war unmenschlich, die Leute so unterzubringen, wie es geschehen ist. Namentlich gilt dies vom Ballasttank.“

Das wesentliche Vergehen der blinden Passagiere bestand in dem Übertreten der russischen Passgesetze, man hatte – zu einem hohen Preis – die Gebühren für die Ausstellung eines Passes ersparen wollen oder müssen.
Auf die Beschwerde des Reichscommissars und des 1. Steuermanns blieb es in Ansehung des letzteren bei der Entscheidung des Flensburgischen Seeamts.
Das Patent des Schiffers wurde jedoch unter Belassung des Steuermannspatents entzogen. Diese Verschärfung wird allein auf das Verhalten des Schiffers nach Abfahrt seines Dampfers abgestellt. Auch das Oberseeamt geht davon aus, der Schiffer, welcher erstmals Libau angesteuert habe, hätte nichts von der Anwesenheit der blinden Passagiere gewußt und sich pflichtgemäß verhalten, als er Mannschaft und den Steuerleuten vor Anlaufen des Hafens ausdrücklich verboten habe, sich mit russischen Agenten wegen der Unterbringung unbefugter Auswanderer einzulassen.
Dem Schiffer wird jedoch vorgeworfen, er habe selbst dann, wenn die „blinden Passagiere“ erst eine Stunde (nach Angaben der Matrosen ½ Stunde) nach Abfahrt und Abgehen der Lotsen zu seiner Kenntnis gelangt seien, sich nicht auf die Feststellung von der Erfolglosigkeit laienhafter Wiederbelebungsversuche verlassen dürfen, er hätte vielmehr nach Libau oder Memel einlaufen müssen, wo vielleicht der eine oder andere der Bewußtlosen durch einen Arzt wieder ins Leben zurückgerufen worden wäre.
Die Entschuldigung, er habe Schwierigkeiten für Schiff, Ladung und Besatzung befürchtet, sei, da Menschenleben auf dem Spiel gestanden hätten, unbeachtlich.
In Abwägung aller Umstände seien die Schwierigkeiten, ärztliche Hilfe zu beschaffen, um Menschenleben zu retten, nicht so unüberwindlich gewesen, daß nicht von der Ursächlichkeit der Verhaltensweise des Schiffers für den Tod der Auswanderer ausgegangen werden müsse.

Spruch des Seeamts zu Flensburg vom 10. September 1886, betreffend den Seeunfall des Großbootes des Schraubendampfers „Gottorp“ von Schleswig.

Der Spruch des Seeamts lautet: 1. Der Schiffer L. hat unrichtig gehandelt, als er anordnete, daß das Großboot ausgesetzt werde, um an der ihm unbekannten Küste einen Landungsversuch zu machen.
2. Der Steuermann S. hat das Kentern des Großbootes dadurch verschuldet, daß er sich mit demselben zu weit gegen die Brandung vorwagte.
3. Es ist zu rügen, daß die Führung des Schiffes nicht einem Seemanne übertragen war, welcher die Prüfung zum Schiffer auf großer Fahrt abgelegt hat, und daß nicht ein Maschinist erster und ein Maschinist zweiter Klasse sich an Bord befanden.

Gründe: Der in der Stadt Schleswig beheimathete eiserne Schraubendampfer „Gottorp“ wurde durch Chartepartie vom 23. Januar 1886 von dem korrespondirenden Rheder Thomas Reimer in Schleswig an die deutsche Exportbank in Berlin, vertreten durch deren Direktor, Dr. Robert J. in Berlin, für eine Reise von Hamburg nach europäischen und afrikanischen Gewässern bis südlich von Cap Verde verfrachtet. In der Chartepartie war insonderheit bestimmt, daß der Schiffer den Anordnungen des Befrachters oder dessen Vertreters bezüglich des Ziels der Reise, Consignation des Schiffes u.s.w. Folge zu leisten habe.
Am 5. Februar 1886 ging das Schiff in See. Die Besatzung bestand aus folgenden Personen:
1. dem Schiffer August L. aus Königstein, welcher ein Zeugniß über die Befähigung zum Schiffer auf europäischer Fahrt besitzt,
2. dem Obersteuermann Karl Wilhelm Ludwig G. aus Franzburg, welcher mit einem Zeugniß über die Befähigung zum Schiffer auf großer Fahrt versehen ist,
3. dem zweiten Steuermann S. aus Arnis,

ferner einem Maschinisten II. und einem Maschinisten III. Klasse, sowie vier Matrosen und zwei Heizern.
Außer diesen waren folgende Passagiere an Bord:
1. Der Direktor der Exportbank, Dr. Robert J. aus Berlin,
2. der Kaufmann C. ebendaher,
3. Franz Friedrich Waldemar von der H. und A. aus Cöln,
4. dessen Diener.
Am 12. Februar 1886 langte man im Hafen von Lissabon an. Am 4. März fuhr man von hier wieder weg. Als man den Hafen hinter sich hatte und sich kurz vor der Barre befand, ertheilte der Dr. J. dem Schiffer vertraulich die Ordre, nach Mogador an der Westküste Marokkos zu steuern. Sobald der Lootse von Bord gegangen war, setzte man den Curs nach Mogador. Am 7. März hier angelangt, fuhr man am 11. desselben Monats weiter südwärts, um nach Cap Noun zu kommen und hier womöglich einen Landungsversuch zu machen.
Da indeß bei der Ankunft an Cap Noun die Witterungsverhältnisse eine Landung nicht gestatteten, fuhr man wieder nordwärts, zunächst nach Safy und dann nach Casa blanca, Orte, welche beide weiter nordwärts an der Westküste Marokko's liegen. Nachdem man in Casa blanca noch den Kaufmann Fricke an Bord genommen hatte, um ihn bei etwaigen Landungen als Dolmetscher zu verwenden, fuhr man am 22. März wieder südwärts nach der Gegend des Cap Noun. Am Morgen des 24. März kam Cap Noun in Sicht. Cap Noun liegt gegenüber den Canarischen Inseln an der Nordwestküste Afrikas auf 11 Grad 5 Fuß westlicher Länge von Greenwich und 28 Grad 45 Fuß nördlicher Breite. Ungefähr 45 Seemeilen weiter südlich zeigen die Seekarten unter dem Namen Wad Noun einen Einschnitt ins Land. Im Uebrigen waren sowohl dem Schiffer wie den anderen an Bord befindlichen Personen Land und Gewässer in dortiger Gegend gänzlich unbekannt.
Auf der Höhe des Einschnitts angelangt, beschloß man auf Vorschlag des Schiffers, hier einen Landungsversuch zu machen. Es war reichlich 11 Uhr Morgens, es herrschte völlige Windstille, die See war in der Nähe des Schiffes spiegelglatt und die Luft heiter und klar. Man fuhr nun zunächst bis auf ungefähr 2 Seemeilen an die Küste heran und ankerte hier in 5 Faden Wasser. Nachdem man von diesem Standpunkte die Küste noch möglichst genau beobachtet und gefunden zu haben glaubte, daß in der Nähe der Küste wohl

etwas Dünung, aber keine eigentliche Brandung sei, sowie daß eine Flußmündung hier sein werde, setzte man das Großboot aus. In dasselbe stiegen der Steuermann S., zwei Leichtmatrosen, der II. Maschinist S., sowie sämmtliche 5 an Bord befindliche Passagiere.

Der Schiffer übergab das Commando des Bootes dem Steuermann, ließ auch einen schweren Anker mit Leine ins Boot bringen und instruirte den Steuermann, sich unter keinen Umständen zu weit in die Brandung zu wagen, wenn diese sich stärker zeigen sollte, als vom Schiff aus beobachtet wurde, den mitgenommenen Anker aber zu verwenden, wenn sich der Rückkehr aus der Brandung Schwierigkeiten darbieten sollten.

Das ungefähr 20 Fuß lange, 7 Fuß breite und 2 Fuß tief gehende Boot fuhr nun gradenwegs nach der Küste zu. Am Steuerruder saß der Dr. J., während der Steuermann S. und die beiden Matrosen ruderten. Als man sich nach etwa einer halben Stunde der Küste auf 150 Meter genähert hatte, richtete sich der Steuermann S. auf, um sich umzusehen, wie es mit der Brandung stehe. Er gewahrte, daß die Brandung heftiger und größer war, als sie sich vom Schiff aus angelassen hatte. Unter solchen Umständen ließ er das Boot umkehren, so daß es mit dem Vordersteven nach See zu liegen kam, und dann den Anker fallen.

Während man so lag und der Steuermann S. wahrzunehmen glaubte, daß die Brandung wohl zu überwinden sein werde, kam plötzlich eine heftige und ziemlich hohe See gegen den Bug an und warf das Boot in die Höhe. S. gab nunmehr Befehl, in See zurückzurudern, und ließ, um nicht durch den Anker behindert zu sein, die Leine schlippen. Unmittelbar darauf kamen aber eine zweite und dritte See. Die letztere brachte das Boot zum Kentern. Obgleich man so weit nach See zurückgerudert war, daß der Anker neben dem Hintertheil des Bootes am Grunde lag, hatte es doch nicht gelingen wollen, rechtzeitig aus der Brandung herauszukommen. Infolge des Kenterns fielen sämmtliche Insassen ins Wasser. Herr von H. und A. und sein Diener ertranken, die übrigen retteten sich theils durch Schwimmen, theils dadurch, daß sie sich ans Boot anklammerten und mit diesem der Küste zutrieben, ans Land.

An Bord des „Gottorp“ hatte man die Bootfahrt soweit thunlich verfolgt und dabei wahrgenommen, daß das Boot im hohen Seegange gekentert war. Der Schiffer ließ nun das kleine Schiffsboot aussetzen und mit dem Obersteuermann und einem Matrosen bemannt nach der Unglücksstätte zurudern.

Das Boot mußte indeß nach etwa 20 Minuten umkehren, weil die Brandung sich so stark zeigte, daß an ein Durchkommen nicht zu denken war. Um die Schiffbrüchigen unter allen Umständen mit Proviant zu versorgen, ließ der Schiffer zwei Tonnen mit Brod, Wein und Wasser an eine Leiter befestigen, diese dann ins Wasser bringen und vom Schiffe nach dem Lande zu treiben. Weil mittlerweile Seewind eingetreten war und die Brandung ersichtlich höher wurde, lichtete man Nachmittags 5 Uhr die Anker und ging weiter in See hinaus. Am anderen Morgen näherte man sich wieder der Küste. Um 8 Uhr konnte man deutlich 6 am Strande stehende Personen sehen; da die Brandung stetig zunahm, konnte man aber nicht daran denken, ihnen vom Schiff aus zu Hülfe zu kommen. Man machte sich nun daran, noch eine Tonne mit Proviant zu bepacken, um diese ins Wasser zu lassen.

Bevor man damit fertig war, zeigte sich, daß die gesehenen Personen spurlos verschwunden waren. Man stand deshalb davon ab, die Tonne ins Wasser zu lassen, und beschränkte sich darauf, an der Küste hin und her zu fahren. Da man auch bis zum Abend des 26. nichts von den Schiffbrüchigen entdecken konnte, fuhr man nordwärts zunächst nach Mogador und von da nach Tanger. Hier wurde der Unfall sofort dem Kaiserlich deutschen Ministerresidenten gemeldet. Dieser hat demnächst die Vermittelung des zur Zeit in Mogador weilenden Sultans von Marokko zur Rettung der Schiffbrüchigen in Anspruch genommen, und zwar mit dem Erfolg, daß sie am 3. Mai in Mogador wieder an Bord des Schiffes gelangen konnten.

Die überlebenden Insassen des Großbootes waren so glücklich gewesen, der Leiter mit den beiden Proviantonnen, die man vom Bord des „Gottorp“ abgelassen hatte, habhaft zu werden. Nachdem sie vergeblich nach Wasser gesucht hatten, hatten sie sich am andern Morgen nach Norden aufgemacht, um womöglich nach Mogador zu gelangen. Erst nach zwei Tagesreisen in völlig unwirthschaftlicher und unbewohnter Gegend waren sie auf Menschen gestoßen. Nach vielen Drangsalen waren sie dann am 3. Mai nach Mogador gekommen.

Anmerkung

Das Seeamt stellt fest, daß die Bemannung des Schiffes nicht dem Gesetz entsprach, weil der Schiffer das für die Reise erforderliche Patent nicht besaß. Daraufhin hatten in der Verhandlung Reederei und Schiffsführung entgegnet, es sei vereinbart gewesen, daß ab

Überschreiten der Grenze des europäischen Fahrtgebietes der insoweit patentierte Obersteuermann das Kommando übernahm. Das Seeamt teilt aus eigener Kenntnis zu den Akten mit, daß an der Stelle, an der das Großboot verloren gegangen war, zu allen Zeiten Brandung selbst dann herrsche, wenn der Wind still und die See anderswo spiegelglatt sei. Das Seeamt konstatiert des weiteren, alle objektiven Anzeichen sprächen gegen das Vorhandensein einer Flußmündung in der Nähe der Strandungsstelle.
In Lissabon lag man knapp 3 Wochen, bevor der Schiffer nach Abreise vertrauliche Order betreffend den neuen Kurs bekam. Aus all diesen Merkwürdigkeiten läßt sich eine Reihe von Fragen ableiten, die nachfolgend ohne Anspruch auf Vollständigkeit und ohne Hoffnung, jemals Antwort zu erlangen, wiedergegeben werden:
1. Zu welchem Zweck chartert eine berlinische Exportbank ein Dampfschiff?
2. Warum übernimmt der Direktor der Bank an Bord das Kommando?
3. Was treibt den Freiherrn nebst Bedienung an Bord?
4. Wozu wird später der Dolmetscher benötigt?
5. Warum unternehmen sofort alle Mitreisenden einen Landungsversuch, obschon einige Tage zuvor – noch ohne Dolmetscher – Landungsversuche aus Witterungsgründen unterblieben?

Spruch des Seeamts zu Stettin vom 19. Juni 1882, betreffend den Seeunfall des Schraubendampfers „Kätie“ von Stettin.

Der Spruch des Seeamts lautet: Der Unfall, welcher am 25. November 1881 und an den folgenden Tagen bis zum 29. December 1881 das Schraubendampfschiff „Kätie“ auf der Reise von New York nach Stettin durch Bruch eines Steuerreeps des Handsteuer-Apparats und des Ruders selbst betroffen hat, ist verursacht durch schweres Wetter und den Druck der See auf das Ruder, in seinen Folgen aber erschwert durch die Bauart des Schiffes, da in dem Tiefdeck zwischen Poop und Hochdeck sich das überstürzende Wasser sammelte und das Schiff beschwerte. Das Verhalten des Schiffers, der Steuerleute und Maschinisten ist durchaus musterhaft gewesen.

Gründe: Der dem Kaufmann Karl Heinrich Samuel Schultz und der Firma des Stettiner Lloyd gehörige Schraubendampfer „Kätie“, Heimathshafen Stettin, ist auf der Fahrt von New York nach Stettin in der Zeit vom 25. November bis 29. December 1881 nach Verlust des Steuers umhergetrieben und nach den größten Mühen und Gefahren in Queenstown eingebracht.
Die „Kätie“ ist 1880 auf der Werft der Handelsgesellschaft Al. Stephen et Sons zu Govan erbaut.
Das Schiff ist ein eiserner Schraubendampfer, mit 2 Masten als Schooner getakelt und mit einer Dampfmaschine von 240 Pferdekraft nominell, während die Zahl der effectiven Pferdekräfte der Maschine 1200 beträgt.
Am 18. November 1881 ging die „Kätie“ mit einer aus Mais, Harz, Kleesaat und anderen Gegenständen bestehenden Ladung von 2900 Tons und 16 Passagieren von New York nach Stettin in See. Die Besatzung zählte 46 Köpfe. Bis zum 20. November ging die Reise bei gutem Wetter und mit Benutzung des günstigen südwestlichen Windes ohne Störung vor sich. Inzwischen hatte sie bereits vom 20. bis 21. November 1881 einen starken Sturm aus WNW zu bestehen, während dessen die Fock zerriß, viel Wasser über Deck

kam, ohne jedoch weiteren Schaden anzurichten oder den Gebrauch der Pumpen zu erfordern. Das Schiff blieb vielmehr auch jetzt völlig dicht.
Nachdem das Wetter etwas besser gewesen war, erhob sich am 22. November ein orkanartiger Sturm aus NW, vor welchem die „Kätie“ mit voller Dampfkraft, Untermarssegel und gerefften Vor- und Achtersegeln lenzte und mehrere schwere Sturzseen von hinten übernahm, so daß mehr abgehalten werden mußte und das Tiefdeck voll Wasser lief. Das Geländer der oberen Commandobrücke und 2 Treppen wurden losgeschlagen, die Backbordrettungsboote im Boden beschädigt, sonst aber kein Schaden angerichtet.
Es blieb, wenn auch hin und wieder etwas abflauend, bis zum 24. November stürmisches Wetter mit hoher durcheinanderlaufender See, die fortwährend viel Wasser über Deck brachte. Am 24. November begann es wieder orkanartig aus SSW zu wehen, so daß das dicht gereffte Vorgaffelsegel zerriß; die See lief aus allen Richtungen, das Hinterdeck lag beständig unter Wasser, welches die Luken einzuschlagen drohte. Es wurde mit Dampf gesteuert.
Am 25. November 1881 Morgens 3 Uhr 50 Minuten, während der Schiffer an Deck, der wachthabende Obersteuermann Petrowsky mit dem dritten Steuermann Fischer auf der Commandobrücke war, wurde an einem Rucke und dem Losgehen der Steuerketten bemerkbar, daß am Ruder etwas in Unordnung gerathen sei. Petrowsky telegraphirte sofort: „Maschine langsam!“ und schickte den Untersteuermann Fischer und den Zimmermann Thiele nach achtern.
Sie fanden nach einigem Suchen, daß die Backborddrahtsteuerreep in der Mitte zwischen 2 Stützen und etwa 50 Fuß von hinten entfernt gebrochen war und zwar an einer Stelle, die nicht bis zu den Rollblöcken kam und nicht gescheuert war. Das Tau war *gerissen* und wurde später weggespült. Das heftig schlagende Ruder wurde mit den Steuertaljen festgelegt und der hintere Handsteuerapparat durch Einsetzen des Bolzens so schnell in Thätigkeit gesetzt.
Um 4 ½ Uhr Morgens war der Handsteuerapparat klar zum Gebrauch und wurde mit 4 Mann am Ruder das Schiff, welches in den Wind geschossen war und sehr gefährlich lag, wieder vor den Wind gebracht. Man befand sich um diese Zeit in 48° 10′ nördlicher Breite und 39° 41′ westlicher Länge von Greenwich. Der Barometerstand wechselte von 30,60 bis 29,38 Zoll. Der Sturm wehte den ganzen 25. November und steigerte sich bis zu orkanartiger

Heftigkeit. Um 10 Uhr 40 Minuten Abends brach der Handsteuerapparat, indem die gußeiserne Scheibe auseinandersprang. Das Schiff legte sich sofort wieder dwars in die See, die fortwährend darüber wegbrach.
Das Ruder, dessen Stopperklötze bereits weggebrochen waren, riß nun mit der Pinne auch den Einschnitt der Trommel auseinander und arbeitete mit solcher Gewalt von Bord zu Bord, daß das ganze Heck erzitterte und der Achtersteven sich aus den Nuten zu lösen drohte. Unter der größten Gefahr, von den stets über das Achterdeck brechenden Sturzseen weggespült zu werden, gelang es nach stundenlanger Arbeit, das Ruder mit Ketten und Taljen zu befestigen, während gleichzeitig das große Sturmsegel und das gereffte große Stagsegel beigesetzt waren.
Mit Mühe und Noth gelangte die Mannschaft vom Achterdeck wieder bis zur Brücke; drei Leute, die sich auf der Poop festgehalten hatten und verloren geglaubt waren, kamen erst am andern Tage wieder zum Vorschein. Der Sturm tobte auch jetzt noch und bis zum 26. November mit unverminderter Heftigkeit fort. Eine gewaltige Sturzsee riß das Großsegel aus den Lieken und zerbrach den großen Baum.
Sämmtliche Boote an der Backbordseite und die an Steuerbordseite befindliche Gig wurden weggerissen und zerschlagen, die Schanzkleidung auf beiden Seiten wurde aus ihrer Lage gebracht und theilweise zertrümmert, Regelingsstützen waren weggebrochen, die Achterladeklappen aufgeschlagen, so daß Wasser in das Zwischendeck kam. Das große Marssegel flog aus den Lieken, denn brachen auch die Trossen und Ketten des Ruders um 5 Uhr Morgens am 26. November und das Ruder war wieder der Gewalt der See preisgegeben, da nicht sogleich hinzukommen war, denn das Schiff lag derartig unter Wasser, daß dieses über die hohen Schwellen in die Kammern eindrang.
Erst um 1 Uhr Mittags, nachdem die großen Katt- und Fischblöcke der Anker mit schwerer und gefahrvoller Arbeit nach hinten gebracht waren, wurde das Ruder wieder festgelegt. Auch dabei wurden die Leute durch überbrechende Sturzseen und das Schlagen der Ruderpinne, die den Steuermann Fischer auf ein Haar getroffen hätte, im höchsten Grade gestört und gefährdet. Mit dem Ruder Steuerbord gelegt und langsam gehender Maschine lag das Schiff etwas besser auf der See, zu welchem Zwecke auch bereits Kabel und Leine mit je 15 Faden Kette ausgestochen waren. So trieb die „Kätie“ vor dem anhal-

tenden schweren Sturm bis zum Morgen des 27. November. Die Trümmer des großen Baumes und der zerschlagenen Boote waren befestigt.
Inzwischen begann das Schiff immer schwerfälliger in der wilden See sich zu bewegen. Es war zwar noch immer dicht und fest, bekam aber von oben soviel Wasser, daß die Dampfpumpe unablässig arbeitete, um lenz zu halten, und das Tiefdeck beständig mit einer Wassermenge ganz gefüllt war, weil durch die Speigatte nicht soviel und so schnell ablaufen konnte, als überkam.
Um ins Zwischendeck zu gelangen, wurde vom Steuerbordlazareth aus eine eiserne Thür gesprengt und Mais und Kleesaat auf diesem Wege, der zum Kohlenbunker führte, über Bord geworfen, da man nur so zu dem bei den abgebrochenen Regelingsstützen und Bolzen eingedrungenen Wasser gelangen konnte. Erst am Vormittag des 27. November wurde der Sturm so viel mäßiger, daß man auf Deck arbeiten, dasselbe verdichten und vor allen Dingen die Steuerleitung nach vorn herstellen konnte.
Das Wetter war jetzt soviel mäßiger, daß die Luken 2, 3 und 4 geöffnet werden konnten, aus denen von der Mannschaft und den Passagieren Ladung geworfen wurde, um besonders das Achterschiff zu erleichtern. Dabei kam jedoch viel Wasser in das Zwischendeck.
Man trieb nun mit Maschine und Segel über den Ocean der europäischen Küste zu. Verschiedene Versuche, ein Nothruder herzustellen, erwiesen sich als nutzlos oder wurden durch neu hereinbrechende Stürme vereitelt. Schon am 29. November wehte es wieder orkanartig aus NW und trieb die „Kätie“ nach OSO, wobei das Barometer bis auf 29,18 Zoll sank. Ein ostwärts vorbeisteuerndes Schiff sah oder beachtete der eigenen Noth wegen das Nothsignal des bedrängten Dampfers nicht.
Das Stagsegel, welches statt des großen Sturmsegels untergeschlagen war, zerriß; der Versuch, neue Segel unterzuschlagen, wurde von Sturm und See ebenso wie die Herstellung einer Nothsteuervorrichtung gehindert. Der Curs nördlich von Schottland wurde aufgegeben; man suchte den nächsten Hafen zu erreichen und hielt sich thunlichst in östlicher Richtung. Am 1. December befand sich die „Kätie“ nach Tagebuch und Reisezeichnung in 49° 23′ nördlicher Breite und 32° westlicher Länge von Greenwich. Sie war von dem Curse nördlich von Schottland bereits um 5° nach Süden abgetrieben.
Am 1. und 2. December war das Wetter etwas ruhiger, doch machte das Schiff mehr Wasser als gewöhnlich, weshalb die Pumpen unter steter Aufsicht

blieben und vorn wie hinten Ladung geworfen wurde. Um das treibende Schiff einigermaßen lenken zu können, wurde zunächst ein neues Untermarssegel und Großsegel untergeschlagen und beigesetzt; dann wurden die 90 Faden Ankerkette, die nach dem Verlust des Ruders aus jeder Klüse ausgestochen waren, um den Bug gegen die See zu halten, eingehievt, weil sie gefährlich gegen den Steven und Bug schlugen; die mit einer Trosse befestigte, mit 15 Faden Kette beschwerte und über den Bug ausgeworfene Bramraa half ebensowenig, als das Nachschleppen der Ladebäume.
Man laschte Spieren auf das Achterdeck, befestigte die Ladebäume quer über die Poop, versuchte mit Schlepp, Steuerleine und Hahnenpfote ein Nothruder herzustellen, welches aber gekappt werden mußte, weil es der Schraube und den Cajütenfenstern gefährlich und bei wiederbeginnendem Sturme unbrauchbar sich erwies. Vom Morgen des 3. December an wehte es wieder hart und erreichte von SSW über NW nach NNW herumgehend bei schnellem Fallen und Steigen des Barometers am 5. December die Stärke eines Orkans, der die völlig preisgegebene dwarstreibende „Kätie“ dem Untergange nahe brachte.
Ein in Sicht kommendes Segelschiff legte auf das Nothsignal des Dampfers bei, segelte aber bald weiter. Es kam ein Augenblick, da die ganze Schiffsbesatzung des Unterganges gewärtig, sich um ihre Offiziere auf der Commandobrücke versammelte und die Passagiere sich mit Chloroform versehen zu Bette legten. Das Schiffstagebuch sagt hierüber:
„Der Sturm wuchs zum Orkan und tobte mit furchtbarer Kraft und Geschwindigkeit; keine halbe Schiffslänge weit war zu sehen. Alles ein Dampf von Seewasser. Das neue Voruntermarssegel flog aus den Lieken, lagen jetzt ohne jegliches Segel, es war auch unmöglich eine solches zu setzen. Achterdeck war fortwährend mit Seewasser angefüllt. Barometer fiel um 9 Uhr auf 29,20 Zoll und stieg dann wieder. Der Orkan erreichte bei diesem Barometerstand seine höchste Kraft, schien aber um 9 ½ Uhr gebrochen zu sein. Es war nicht möglich, etwas thun zu lassen. Die Laternen brannten nicht, platzten theilweise. Das Schiff machte starke zitternde Bewegungen, die durch die von verschiedenen Seiten laufende See verursacht wurden und das Schiff zum Sinken zu bringen drohten.“
Man fürchtete, daß Vorschiff und Achterschiff auseinanderbrechen würden und hatte, um das Schlingern des Schiffes zu mäßigen, das große Stagsegel

und das Untermarssegel gesetzt, von denen jedoch das letztere, wie oben erwähnt, wegflog. Am 6. December ging der Wind nördlicher und wurde dann mäßiger, so daß das Schiff abermals durch Werfen von Ladung geleichtert und endlich von Sturzseen frei wurde und bis zum 12. December ohne besondere Unfälle weiter trieb.

Ein Versuch des spanischen Dampfers „Barenquen", die „Kätie" ins Schlepptau zu nehmen, endete mit dem Verluste einiger Trossen und einer Lothleine. Eine abermalige Schlagseite nach Backbord wurde durch Trimmen der Ladung nach Steuerbord aufgehoben, der naß gewordene Mehlvorrath durch Entnahme von der Ladung ersetzt, auch noch einmal ein Nothruder mit Hülfe der letzten Ladeketten und Drahttaue gebaut und am 21. December, nachdem der seit dem 17. December wehrende Sturm wieder nachgelassen hatte, an der Schiffsseite hinter dem großen Want angebracht, aber gleich wieder eingenommen, weil es von neuem zu stürmen anfing. Man mußte sich darauf beschränken, mit Segel und Maschine soviel möglich vorwärts zu kommen.

Mit Segeln, Maschine und dem ab und zu über Bord gesetzten Nothruder kam man etwa 4 Seemeilen in der Stunde vorwärts, trieb aber, sobald es zu stürmen begann, dwars in der See. Man bemerkte, daß es mit Schraube und Segel, obwohl nur mit geringer Fahrt, doch immerhin möglich war, Curse von allen Compaßstrichen gut zu machen. Wehte es aufs Land, so ließ man die Maschine mit ganzer Kraft vorwärts gehen, indem das Schiff alsdann in und durch den Wind und bis auf 2 Strich an demselben hin und hergierte. Wehte es vom Lande, so ließ man die Maschine langsam gehen und trieb so von selbst ab.

In dieser Weise konnte die „Kätie" nahe der Einfahrt eines Hafens sicher vor Anker gebracht werden. Sie war durch die Stürme vom 4. bis 6. December noch weiter südöstlich getrieben und befand sich am 8. December in observirter nördlicher Breite von 48° 23′ und nach todter Stechung in 25° 41′ östlicher Länge von Greenwich. Von da ab trieb das Schiff der irischen Küste zu, bis zum 50° nördlicher Breite hinaufgehend, auf diesem zwischen dem 22. und 23. December hintreibend und dann dem Hafen von Queenstown in nordöstlicher Richtung zu haltend. Schon am 13. December kam der englische nach Glasgow bestimmte Schooner „Lucie March" so nah, daß Obersteuermann Petrowsky an Bord gehen und Briefe übergeben, auch den

Schiffer um Meldung bitten konnte. Es war in 48° 39′ nördlicher Breite und 20° 12′ westlicher Länge von Greenwich.

Andere Schiffe segelten achtlos vorüber; die westlichen Stürme vom 17. bis 21. December, bei denen die „Kätie" sehr arbeitete und viel Wasser einnahm, mußten noch ohne fremde Hülfe bestanden werden. Am 22. December stürmte es zur Abwechslung einmal aus Ost, dann ging der Wind über Süd nach West und wurde zur leichten Brise mit schönem Wetter. Am 27. December wurden mit mehreren Segelschiffen Signale gewechselt und einer schwedischen Bark Briefe nach Queenstown mitgegeben. Dann trieb man in Sicht von Fastnet Rock-Feuer, welches OzN gepeilt wurde. Die Nothsignale riefen den Lootsenkutter herbei, der eine Depesche nach Crookhaven mitnahm; dann kam bei Kap Cloar ein Lootse an Bord. Die „Kätie" trieb mit leichter südlicher Brise längst der Küste, machte Nothsignale mit Raketen und Flammen und sandte den 2. Steuermann an Land, um einen Dampfer zu holen.

Ein erster Schlepper mühte sich 5 Stunden vergebens ab, die „Kätie" vorwärts zu bringen, wobei das Schlepptau brach. Mit Segel und Maschine näherte sich die „Kätie" dem Hafen von Queenstown, in welchen sie am 29. December 1881 von 3 Schleppern eingebracht wurde und um 8 Uhr Abends vor Anker ging. Das Schiff hatte schwer gelitten.

Anmerkung

Im Tatbestand wird u.a. ausgeführt, daß das z. Z. des Unfalls praktisch neue Schiff zwischenzeitlich in der Weise umgebaut wurde, daß das vordere Hochdeck durch ein Sturmdeck zur Poop gezogen, womit das Schiff vom Heck bis zum Steuerhaus ein glattes Hochdeck habe.

2. Von dem am Bug befindlichen Steuerhaus der Kätie wurde das Ruder per Hand oder Dampf gelegt. Zusätzlich befand sich auf dem Poopdeck ein Handsteuerapparat. Nach dem Unfall hat man sich entschlossen, die Verbindung zwischen Steuerapparat und Ruder durch Stangen anstelle von Ketten und Tauen herzustellen.

3. Die Beweisaufnahme in dieser Angelegenheit war ausgesprochen umfangreich und schloß auch ein Sachverständigengutachten sowie Besichtigung der Ruderanlage durch den Vorsitzenden des Seeamtes ein.

Spruch des Seeamts zu Hamburg vom 23. Februar 1892 und Entscheidung des Kaiserlichen Ober-Seeamts vom 24. Januar 1893, betreffend die am Bord des Schraubendampfers „Sommerfeld" von Hamburg stattgehabten Vorkommnisse.

Der Spruch des Seeamts lautet: Der Kohlentrimmer Jack Tyning alias John Jennings, welcher am 21. Juni 1891 vom Dampfer „Sommerfeld" über Bord sprang, hat freiwillig den Tod gesucht.

Über die Ursachen jenes Selbstmordes hat sich Genaues nicht feststellen lassen.

Die Ventilationsanlagen im Kesselraum des „Sommerfeld" sind als durchaus genügend zu bezeichnen.

Es lag weder Überbürdung im Dienste vor, noch führten Streitigkeiten oder Mißhandlungen zu jener That. Des Tyning eigene Collegen haben keine Erklärung für dieselbe.

Möglich ist, daß der von seinen Mitarbeitern bezeichnete körperliche Zustand des Tyning zu jenem Schritte beigetragen hat. In ärztliche Behandlung hat Tyning sich nicht begeben.

Daß den Feuerleuten nicht genug Wasser zum Reinigen verabreicht worden ist, ist zu mißbilligen. Trinkwasser ist denselben genügend zu theil geworden.

Nach ärztlichem Ausspruch sind die auf der im August 1891 angetretenen Reise des Dampfers „Sommerfeld" nach Australien vorgekommenen Todesfälle

1. des Trimmers Johann Henning P. alias Johann Henning am 10. September 1891,
2. des Meßraumstewards John Hermann Friedrich H. am 11. September 1891,
3. des Heizers Heinrich St. am 12. September 1891,

auf Hitzschlag zurückzuführen.

Das Seeamt hat jedoch die Ueberzeugung gewonnen, daß sowohl P. wie auch St. in krankhaftem Zustande von dem ersten Maschinisten F. in roher Weise zum Arbeiten angehalten und geschlagen worden sind.

Auch das Verhalten des Schiffers P. dem erkrankten Trimmer P. gegenüber war ein durchaus ungebührliches.
Der Trimmer Franz Br. suchte am 15. September 1891 freiwillig seinen Tod. Daß ihn hierzu das gleichfalls zu mißbilligende Verhalten der Maschinisten F. und Si. veranlaßt hat, ist nicht als erwiesen anzusehen, da Br. nach den übereinstimmenden Aussagen seiner Collegen durch andere Mißgeschicke arbeitsunlustig geworden war. Hierin dürfte das Hauptmotiv seiner Handlung zu suchen sein.
Das Seeamt hat sich gleichfalls der Überzeugung nicht verschließen können, daß die vielen Klagen der Passagiere sowie der Besatzung des Schiffes auf jenen beiden Reisen über die zeitweilige Verabreichung mangelhaften Essens berechtigt waren.
Die Proviantausrüstung ist von der Rhederei laut amtlichen Ausweises in genügender Menge und guter Qualität geliefert worden.
Die Klagen über den Proviant sind lediglich auf die schlechte Verwaltung zurückzuführen.
Dieser Umstand sowie das brutale Auftreten des Schiffers P. ist nach Ansicht des Seeamts nicht ohne Einfluß auf die vielfachen Desertionen unter der Mannschaft gewesen.
Für jene Vorkommnisse trifft zunächst den Schiffer P. und sodann bezüglich der Vorgänge im Maschinendepartment auf der zweiten Reise den ersten Maschinisten F. die Verantwortung, und ist deren Verhalten auf das allerschärfste zu tadeln.
Die Befugniß zur Ausübung seines Gewerbes wird dem Schiffer P. belassen.
Der Staatsanwaltschaft wird, dem Antrage des Reichscommissars entsprechend, Mittheilung von jenen Vorfällen gemacht werden.

Thatbestand: Der 1889 erbaute Schraubendampfer „Sommerfeld“, mit einer Maschine von 1 400 indicirten Pferdekräften, gehört der Actien-Gesellschaft Deutsch-Australische Dampfschiffs-Gesellschaft zu Hamburg und wird von dieser zu Fahrten zwischen Hamburg und Australien verwandt.
Seit dem Frühjahr 1891 wurde das Schiff von dem Schiffer auf großer Fahrt Simon P. aus Apenrade geführt.
Die Besatzung des Schiffes bestand aus 38 Mann. Siebenzehn Personen gehörten dem Maschinenpersonal an.

Auf der ersten vom Schiffer P. mit dem Dampfer „Sommerfeld“ unternommenen Reise befand sich das Schiff am 27. Juni 1891, abends gegen 8 Uhr 30 Minuten, auf ungefähr 12 Grad 25 Minuten Nord-Breite und 43 Grad 52 Minuten Ost-Länge etwa 25 Seemeilen östlich von Perim im Rothen Meere, als Schiffer P., im Begriff die Kajütstreppe hinaufzugehen, vernahm, wie jemand mit ungewöhnlich großem Geräusch aus dem Heizraum hinauf an Deck stieg.

Gleich darauf hörte derselbe dann an Steuerbordseite einen schweren Fall in's Wasser. Da dies verdächtig erschien, sandte Schiffer P. sofort einen Matrosen in den Heizraum hinunter, um die Vollzähligkeit der Wachtmannschaft feststellen zu lassen. Der Matrose kam mit dem Bescheid zurück, daß der Trimmer Jack Tyning fehle, und ließ Schiffer P. nunmehr den Dampfer sofort umdrehen und dorthin zurückfahren, wo er seiner Meinung nach jenen Fall in's Wasser gehört hatte.

Inzwischen wurde überall noch an Deck nach Tyning gesucht. Nach Trimmer Holtkott's Angaben sind von dem Ueberbordspringen bis zum Stoppen der Maschine ungefähr 20 Minuten verflossen. Auf der Unfallstelle angelangt, wurde ein Boot ausgesetzt und während einer halben Stunde nach allen Richtungen hin nach dem Verschwundenen gesucht, jedoch ohne Erfolg; dann wurde die Reise fortgesetzt.

Das Wetter war zur Zeit schön, die See ruhig, es wehte eine flaue östliche Briese; man steuerte einen westlichen Curs, und lief der „Sommerfeld“ mit etwa 10 Seemeilen Fahrt in der Stunde.

Der Kohlenverbrauch des Dampfers „Sommerfeld“ beträgt ungefähr 23 Tons per Tag. Jeder Trimmer hatte während seiner 4 Stunden dauernden Wache ungefähr 4 Tons Kohlen zu schaufeln. Die derzeit heranzuschaffenden Kohlen lagen verhältnißmäßig nahe bei den Feuern, waren somit nicht weit zu transportiren.

Trimmer Tyning versah bereits seit 7 Wochen an Bord des „Sommerfeld“ den Dienst als Trimmer. Er war in Sydney an Bord gekommen.

Seiner äußeren Erscheinung nach machte Tyning den Eindruck, als ob er früher übermäßig geistige Getränke genossen habe; an Bord war derselbe aber nie betrunken. Von Charakter war Tyning durchaus verträglich. Tyning besaß viel Humor und war deshalb bei jedermann sehr beliebt. Er litt an Heimweh und wollte nach England zurück. Seinem Stande nach soll er früher

Lehrer gewesen sein; er stand im Alter von 26-28 Jahren. Seine Arbeit verrichtete derselbe willig, doch fiel sie ihm schwer, und halfen ihm seine Collegen vielfach, da sie ihn gern hatten.
Dem ersten Maschinisten Meinecke gegenüber hat Tyning zwei Tage vor seinem Verschwinden geklagt, daß ihm die Arbeit zu viel würde. Ihm sind dann verschiedene Erleichterungen gewährt. An dem fraglichen Tage hatte Tyning morgens von 8-12 Uhr Wache gehabt, sich dann bis 7 Uhr abends ausgeruht und war zuletzt von 7 Uhr an beschäftigt gewesen, die Asche über Bord zu hieven. Nach den Angaben des Heizers Thomsen verließ er plötzlich, ohne ein Wort zu sagen, diese Arbeit, ging nach oben und verschwand.
Tyning litt über den ganzen Körper an Ausschlag.
Im Krankenjournal des Schiffsarztes kommt Tyning nicht vor.

Ueber schlecht zubereitetes und verdorbenes Essen wurde nach Angabe der vernommenen Zeugen allgemein geklagt.
Dem Maschinisten Meinecke wurden fast täglich seitens des Heizer- und Trimmerpersonals hierüber dringend Vorstellungen gemacht, und wandte

Schraubendampfer „Sommerfeld“

derselbe sich dieserhalb wiederholt mit den beschwerdeführenden Leuten und selbständig an Schiffer P. und ersuchte für die Leute um besseres Essen. Auch der zweite Maschinist that dies, wurde indeß von Schiffer P. grob angefahren.

Als es indeß einmal gutes Essen, Backobst und Klöße, gab, erschien Schiffer P., um sich nach dem Essen zu erkundigen.

Maschinist Meinecke hat sich für die Rückreise des Schiffes theilweise auf eigene Kosten verproviantirt und hiervon seinen Leuten mehrfach zugetheilt.

Das Maschinen- und Heizpersonal befand sich in Folge der mangelhaften Ernährung theilweise so schwach und elend, daß es nur zu den nothwendigsten Arbeiten herangezogen wurde und manche Arbeiten, deren Vornahme eigentlich erforderlich war, unterbleiben mußten.

Auf der fraglichen Reise sprang außer Tyning noch der Trimmer G. über Bord; doch gelang es, diesen wieder zu bekommen. Einen dritten Mann, welcher die gleiche Absicht hatte, erfaßte Schiffer P. noch rechtzeitig, bevor er sein Vorhaben ausführen konnte.

In Adelaide desertirten 5 Mann des Heizerpersonals. Von den hierfür wieder angemusterten Leuten verweigerten die Heizer Williams, Stafford und Cronin in Singapore die Weiterarbeit, bevor sie nicht besseres Essen erhielten, wiederholten diese Weigerung vor dem Consul und blieb Stafford lieber 3 Monate in Haft, als mit dem Schiffe weiter zu fahren. Williams desertirte kurz vor Abgang des Schiffes in Singapore und nur Cronin setzte die Reise mit fort. Auf der Reise nach Port Said wurde derselbe geisteskrank. Nach dem Krankenjournal beantragte Dr. Freudenberg, denselben in Port Said dem Hospital zu übergeben. In der Nacht vom 3. auf den 4. Juli dersertirte derselbe, wurde am nächsten Tage von Schiffer P. und 4 Matrosen wieder eingefangen und am 6. Juli in Port Said abgemustert.

Als der „Sommerfeld" auf der Rückreise Suez anlief, haben von dort aus sämmtliche Maschinisten und Assistenten die Rhederei um ihre Entlassung bei der Rückkehr des Schiffes nach Hamburg ersucht, da sie nicht gewillt waren, unter den obwaltenden Umständen noch eine fernere Reise mit dem Dampfer „Sommerfeld" zu machen.

Es sind bei der Rückkehr des Schiffes nach Hamburg dann nicht nur jene Maschinisten und Assistenten, sondern auch die gesammte Besatzung, mit Ausnahme des ersten Steuermanns, abgegangen.

Der als Zeuge vernommene Schiffsarzt Dr. Curt Freudenberg bestätigt, daß er sich zu verschiedenen Malen von der Mangelhaftigkeit des den Leuten verabreichten Essens persönlich überzeugt habe. Kurz vor Adelaide roch seiner Auffassung nach das ganze Schiff nach verdorbenem Fleisch. Dr. Freudenberg ging dann zum Proviantmeister, dem dritten Steuermann, und ersuchte diesen, einer in Behandlung befindlichen kranken Passagierin besseres Essen zu geben.

Bei dieser Gelegenheit kam eine Deputation von Passagieren bei ihm vorbei, welche zum Schiffer P. wollte, um über das Essen Beschwerde zu führen. Einer der Leute hielt dem Dr. Freudenberg das ihnen vorgesetzte Fleisch vor das Gesicht und fragte ihn, ob das eine gesunde Speise sei. Dr. Freudenberg verneinte dies. Des Arztes Aeußerung wurde dem Schiffer P. von jener Deputation der Passagiere mitgetheilt, worauf Schiffer P. den Arzt zur Rede stellte, in Folge dessen dann zwischen diesem und dem Schiffer eine sehr erregte Discussion entstand, welche damit endigte, daß Schiffer P. erklärte, er, Dr. Freudenberg, mache seine erste Seereise und kenne die Verpflegungsverhältnisse an Bord eines Schiffes nicht.

Auf der Rückreise des Schiffes ist Dr. Freudenberg dann wiederholt Zeuge gewesen, daß Leute der Besatzung zum Schiffer P. gekommen sind, um diesem die völlig schwarze und verdorbene Erbsensuppe zu zeigen.

Der Proviant war theils durch Seewasser, theils durch Petroleum verdorben. Schon im Hamburger Hafen hat Verwalter P. den Schiffer P. darauf aufmerksam gemacht, daß der Proviantraum nicht dicht sei. Während der Reise drang dann, wenn das Schiff beim Stampfen die Seen über die Back nahm, Wasser in denselben ein, und fand P., welcher von Antwerpen ab eine zeitlang krank war, bei dem Wiederantritt seines Dienstes einen großen Theil des Proviants durch Seewasser beschädigt. Insbesondere waren die Kartoffeln schon vor Suez vielfach verdorben.

Ferner leckte auch der Petroleumtank in jenem Raume und theilte sich der Petroleumdunst dem ganzen Proviant mit.

Trotzdem P. den Schiffer P. sowie auch den ersten Steuermann T. auf jenen Uebelstand aufmerksam machte, geschah doch nichts zur Abstellung jenes Uebelstandes.

Diesen belastenden Aussagen gegenüber bestreitet Schiffer P., daß während seiner ersten Reise mit dem Dampfer „Sommerfeld“ häufig Klagen der Besat-

zung über das Essen vorgekommen seien. Maschinist Meinecke sei höchstens zwei oder dreimal dieserhalb mit Leuten aus der Maschine bei ihm gewesen. In jedem Hafen sei soviel frisches Fleisch angeschafft worden, als sich in dem heißen Klima halten konnte; auch sei auf See zweimal wöchentlich frisches Fleisch, d. h. in Dosen präservirtes Fleisch gegeben, in der Kajüte beinahe täglich. Der damalige Verwalter hätte zur Arbeit angehalten werden müssen, weil er sonst die Gelegenheit zum Trinken benutzte.
Auf der Rückreise war kein gelernter Koch an Bord; der Koch desertirte in Sydney, der Kochsmaat in Port Adelaide. Schiffer P. war daher selbst häufig mit der Zubereitung des Essens nicht zufrieden.
Die zweite unter Führung des Schiffers P. nach Australien unternommene Reise des Dampfers „Sommerfeld“ wurde am 14. August 1891 abends 6 Uhr 30 Minuten angetreten. Die Besatzung bestand aus einer gleichen Anzahl Personen; der leitende Maschinist war Heinrich F., welcher im Besitze eines in Hamburg 1885 ausgestellten Befähigungszeugnisses erster Classe ist.
Der „Sommerfeld“ traf am 16. August in Antwerpen ein und completirte dort seine Ladung. Von den in Hamburg angemusterten Heizern desertirten während der Nacht vom 17. auf den 18. August die Heizer S., E. und G. und in der darauf folgenden Nacht die Trimmer B. und L. Für diese wurden Heizer F., de V. und D. sowie Trimmer Br. und Sch. angemustert und am 22. August die Reise nach Australien fortgesetzt. Von Antwerpen aus waren im ganzen 93 Passagiere an Bord.
Am 31. August befand sich der „Sommerfeld“ im Mittelländischen Meer auf der Fahrt nach Patras, als man um 2 Uhr morgens den Trimmer Franz Br. aus Ohlsbach in Baden vermißte, und, da man dessen Pantoffeln an der Steuerbordseite beim Maschinen-Skylight stehen sah, glaubte man, derselbe sei über Bord gesprungen. Das Wetter war derzeit schön, die See ruhig.
Am 1. September ging der „Sommerfeld“ auf der Rhede von Patras zu Ufer.
Am 2. September abends entdeckte man den verschwundenen Trimmer Br. im Poop-Deck zwischen der Ladung versteckt.
Am 7. September traf der „Sommerfeld“ in Port Said ein. Kurz vor der Abfahrt durch den Suez-Canal desertirten die Heizer Sofianore aus Athen und Sarries aus Constantinopel, und wurden an deren stelle die Ueberarbeiter Johann Henning Pe. aus Kreisch in Siebenbürgen und de Giglio Vito als Kohlenzieher an Bord genommen, jedoch nicht mehr angemustert.

Am 9. September erkrankte der vom Trimmer zum Heizer avancirte Heinr. St. aus Langdorf am Hitzschlag. Der „Sommerfeld“ befand sich jetzt im Rothen Meer.

Während der Arbeit um 6 Uhr fiel St. um und fing an, an allen Gliedern heftig zu zittern. Fahrenhorst versuchte ihn zunächst von den Feuern nach einem etwas kühleren Platze zu bringen, und benachrichtigte dann den wachthabenden ersten Maschinisten. Maschinist Fe. erschien auch sogleich und sagte, man solle den Mann etwas ausruhen lassen, dann würde es ihm wohl wieder besser gehen. Auf Vorstellung von Fahrenhorst, daß das nicht angehe, da St. zu krank sei, wurde dieser alsdann an Deck geschafft. Dort verfiel er in heftige Krämpfe und lag in denselben die ganze Nacht hindurch. Während seiner Freiwache wachte Fahrenhorst bei ihm im Logis. In dem Krankheitsjournal heißt es:

„Patient wird bewußtlos an Deck gebracht. Erbrechen, Puls zeitweilig aussetzend, Zuckungen des linken Armes. In der Nacht werden die Krämpfe des linken Armes heftiger.“

Am 10. September erkrankte der erst seit zwei Tagen an Bord befindliche Trimmer Johann Henning P. Heizer Fahrenhorst machte bezüglich dieses Vorfalls folgende Angaben: P. befand sich mit Fahrenhorst an dem fraglichen Morgen auf Wache und arbeitete ersterer 4 Schritt von ihm vor den Feuern. Da erklärte jener Trimmer, daß er wegen Krankheit nicht mehr zu arbeiten vermöge. Fahrenhorst benachrichtigte hiervon sofort den wachthabenden dritten Maschinisten.

Daraufhin kamen der erste und der zweite Maschinist in den Heizraum und frugen ihn: „Willst du arbeiten oder nicht?“ Als er darauf erwiderte: „Ich kann nicht, ich bin krank“, schlugen ihn sowohl der erste sowie der zweite Maschinist mit Fäusten – „wo es gerade hinkam“ – nach Angabe des Fahrenhorst auch in das Gesicht und zwar derart, daß er umfiel. Trimmer B. bestätigt gleichfalls, daß Maschinist F. den „Oesterreicher“, wie P. genannt wurde, geschlagen hat. Der zweite Maschinist nahm hierauf einen Schlauch und führte den Wasserstrahl nach dem Kopf des Mannes. Auf Anordnung seiner Vorgesetzten ging der Mann dann an Deck, woselbst er wieder umfiel und zu phantasiren anfing.

Nach den Angaben des Heizers d. V. und der Matrosen Eling und Bock nahmen diese ihn auf und legten ihn an Deck an der Steuerbordseite bei der

Ankerkette hin. Nach einiger Zeit sah Schiffer P. den Erkrankten dort liegen und hieß die an Deck sich aufhaltenden Feuerleute, „den schwarzen Kerl“ dort wegzunehmen. Heizer d. V. erklärte dem Schiffer, er wolle eine Matratze holen, um denselben darauf zu legen und dann nach vorn zu tragen. Ehe er indeß dies noch ausführen konnte, packte Schiffer P. den Kranken am Kragen, schleppte ihn über einen dort liegenden Kohlenhaufen nach vorn und ließ ihn auf der Luke No. 1 liegen.
Die Maschinisten F. und S. bestreiten, den P. geschlagen zu haben. In gleicher Weise bestreitet Schiffer P. das von ihm behauptete Verfahren und erklärt, er habe den Mann bei der Kajütsthür liegend gefunden. Auf Befragen habe der Arzt erklärt, der Mann müsse vorläufig dort liegen bleiben, bis er zu sich gekommen sei. Schiffer P. will den Mann alsdann gefragt haben, ob er sich besser befinde, und auf dessen Bejahen habe er denselben unter die Arme gefaßt und durchaus nicht unsanft über die Kohlen nach vorn geleitet; der Mann sei vorher noch selbst aufgestanden. Der zweite Steuermann Schröder bestätigt, daß der Erkrankte mit dem Schiffer P. gegangen sei.

Nach dem Krankheitsjournal hatte der erkrankte H., wie er hier genannt wird, nachdem er schon am Tage vorher über Mattigkeit geklagt hatte, sich bald nach Antritt seiner Morgenwache von 4 – 8 Uhr aus dem Heizraum entfernt, wieder über Schwäche klagend, jedoch ohne ärztliche Hülfe nachzusuchen. Um 7 Uhr 15 Minuten fand Dr. Bloch denselben an Deck liegend, halblaut in verwirrter Weise betend. Auf „energischen Zuruf“ kommt er zu sich, versteht anscheinend, was ihm gesagt wird, ohne jedoch nähere Auskunft über sich zu ertheilen. Er vermag mit geringer Unterstützung nach dem Vorderdeck zu gehen und sich dort niederzulegen.
In dem ärztlichen Krankheitsjournal heißt es über H.: „Patient kommt um 11 Uhr 30 Minuten vormittags zu mir und klagt über Verstopfung, Appetitlosigkeit, Mattigkeit. Puls 106, Temperatur 39,6. Außer diesen Fieberzeichen ist objectiv nichts festzustellen. Patient erhält Ricinusöl und soll sich zur Ruhe legen und zunächst über den Nachmittag arbeitsfrei bleiben. Entgegen dieser Verordnung steht Patient um 2 Uhr wieder auf, da er sich, wie er zum zweiten Steward äußert, besser fühlt, und wird ohne Kopfbedeckung an Deck gesehen. Um 5 Uhr 30 Minuten wird mir durch den ersten Steward gemeldet, daß derselbe leblos in der Koje zu liegen scheine. Ich finde den Patienten mit

außerordentlich hoher Temperatur ohne Puls, ohne Hornhaut-Reflex, ganz leises Herzgeräusch.“
Trotz aller dann angewandten Mittel gelang es nicht, denselben wieder zu Bewußtsein zu bringen.
Nach etwa 3 Stunden war H. verstorben.
Die ärztliche Diagnose bezeichnet Hitzschlag als Todesursache.
Am folgenden Morgen wurde die Leiche nach Seemannsgebrauch über Bord gesetzt.

In der Nacht zum 12. September bezog der am Hitzschlag erkrankt gewesene Heizer St., welcher sich laut Krankheitsjournals am 11. September wieder gesund gemeldet hatte, von neuem seine Wache. Die erste Wache schien keinerlei nachtheilige Folgen für ihn zu haben. Mit demselben waren Heizer d. V. und Trimmer Busch auf Wache. Busch hatte sich schon nach jener Wache morgens krank gemeldet und blieb um 12 Uhr, als St. seine Wache antrat, im Logis liegen. Auf dem Wege nach dem Heizraum erklärte St. dem d. V., er sei schlapp und könne nicht arbeiten. d. V. rieth ihm, dies dem ersten Maschinisten zu sagen, was derselbe jedoch nicht zu thun wagte. Darauf ging d. V. mit ihm zum ersten Maschinisten und erklärte diesem, St. könne nicht arbeiten. Maschinist F. erwiderte hierauf, er muß arbeiten und thun, was er kann.
Während F. dann nach vorn ging, erklärte St. dem d. V., er könne doch nicht arbeiten. Nun ging d. V. mit St. zum Arzt. Dr. Bloch befand sich mit dem Schiffer P. an Backbordseite ungefähr vor der Kajütsthür im Gespräch. d. V. erzählte dem Arzte darauf, daß St. sich krank gemeldet habe, trotzdem aber vom ersten Maschinisten nach unten beordert sei. Dr. Bloch sprach dann einige Worte mit Schiffer P., wovon d. V. indeß nichts verstand, und erklärte hiernach, der Mann müsse mit nach unten und arbeiten.
Darauf gingen d. V. und St. dann nach unten.
Als St. zu arbeiten anfangen wollte, erklärte er dem d. V. abermals, er könne die Krücke nicht heben und sei gänzlich unfähig zu arbeiten. Da d. V. deutlich sah, das St. nicht arbeiten konnte, sagte der ihm, er solle sich nur auf den Ventilkasten setzen, er, d. V., wolle sehen, so viel wie möglich die Feuer im gange zu halten. Während St. auf dem Ventilkasten saß, kam B. von vorn und gleichzeitig Maschinist F. von der Maschine aus in den Heizraum.

F. war sehr aufgeregt. Als er sah, daß St. auf dem Ventilkasten saß, fragte er: „Was du Aas, willst du andere Leute hier für dich arbeiten lassen", packte ihn dann vor der Brust, warf ihn auf die Plattform hin und schlug ihn.
St. war jetzt so elend, daß er nach oben transportirt werden mußte. Maschinist S. will St. allein hinaufgebracht haben, da trotz S.'s Aufforderung niemand den St. nach oben brachte. Oben angelangt, kamen noch einige Feuerleute zu Hülfe, trugen ihn nach der Luke 2 und legten ihn dort nieder. Dann wurde der Arzt geholt. d. V. wusch den bewußtlosen St. ab und gab auch seine wollenen Decken her, um den Kranken auf Anordnung des Arztes darin einzuschlagen, weil der Steward ohne Befehl des Schiffers P., welcher sich zum Schlafen hingelegt hatte, keine Decken verabfolgen wollte.
Nach den Aufzeichnungen des Dr. Bloch war St. völlig bewußtlos und hatte eine außerordentlich hohe Temperatur, 41°. Trotz aller angewandten Mittel gelang es nicht, den Kranken wieder zum Bewußtsein zurückzubringen. Um 8 Uhr 45 Minuten trat der Tod ein.
Nach der in das Schiffsjournal eingetragenen ärztlichen Diagnose war die Ursache des Todes Hitzschlag.
Am 13. September morgens wurde die Leiche St.'s nach Seemannsgebrauch über Bord gesetzt.
Abends erreichte der „Sommerfeld" die Insel Perim und ging im Hafen zu Anker. Es gelang dort durch Vermittlung des Kohlen-Agenten Heizer für die Weiterreise zu engagiren und wurden dieselben dem Schiffer P. als besonders geeignet für jenen Dienst bezeichnet.
Am 14. September verließ der „Sommerfeld" den Hafen von Perim. Schon bald nachher zeigte es sich, daß jene Araber indeß weder den Heizer- noch den Trimmerdienst kannten.
Am 15. September hatten die Heizer d. V., Scheel und Trimmer Br. um 8 Uhr abends ihre Wache anzutreten.
Als die ersteren beiden in den Heizraum kamen, war Br. noch nicht dort. Scheel bat d. V. einmal nachzusehen, ob er Br. nicht finden könne. d. V. fand denselben nicht. Als kurz darauf der erste Maschinist F. und der Assistent Müller im Heizraum die Wache revidirten und den Br. nicht fanden, ertheilte Maschinist F. dem zweiten Maschinisten S. den Befehl, den Br. zu suchen. S. fand denselben vorn unter der Winsch versteckt. Br. kam der mehrmaligen Aufforderung, aus dem Versteck herauszukommen, nicht nach, erklärte

vielmehr dem Maschinisten S.: „Ich muß sämmtliche Arbeiten an Bord verrichten und werde noch dazu von den übrigen Schiffsleuten herumgestoßen.“ Schon vorher hatte Br. sich beim Aschehieven über die zu anstrengende Arbeit beschwert.

Da Br. nicht herauskam, zog Maschinist S. denselben hinter der Winsch hervor und es entstand nun ein Handgemenge zwischen beiden, bei welchem dieselben über die Rohrleitung an Deck stolperten und hinfielen. Maschinist S. hielt den Br. am Boden fest und sagte zu den umstehenden Feuerleuten: „Ihr seid mir noch alle nicht über.“ Mittlerweise kam Maschinist F. hinzu und auf die Frage, weshalb Br. nicht arbeiten wolle, erwiderte dieser, er könne nicht, die Arbeit sei ihm zu schwer.

Maschinist F. will dann erwidert haben, Br. solle nur hinuntergehen, er solle es leichter haben. Br. ging dann auch nach hinten zu und die Treppe nach dem Oberdeck, wo sich der Eingang zum Heizraum befand, hinauf. Maschinist F. folgte demselben; hinter diesem ging Maschinist S.

Der auf der Brücke am Ruder stehende Matrose Steiner hatte von seinem Standpunkte aus vorn mehrere Leute, die anscheinend im Handgemenge waren, dicht zusammen stehen sehen und hörte, als Br. und F. an Steuerbordseite auf der zum Oberdeck führenden Treppe sein mußten, deutlich den ersten Maschinisten die Worte sagen: „Teuf du Hund“. Gleich darauf sah er, wie der Trimmer bei dem dort befindlichen Rettungsboot über Bord sprang. Steiner konnte, weil auf der oberen Brücke kein Brückenkleid angebracht war, indem er sich nach den Worten des Maschinisten unwillkürlich etwas vorbog, um zu sehen, was es gäbe, den Sprung ins Wasser sehen.

Von zwei auf dem Oberdeck stehenden Personen, welche Matrose Steiner in jenem Augenblick nicht erkannte, hörte er laut den Ruf „Mann über Bord“ und auch den Ruf „Stopp die Maschine“, welchen Zuruf er, da sich in jenem Augenblick kein Officier auf der Brücke befand, auch befolgte.

Dem Ueberbordgesprungenen sind nach einigen Zeugenaussagen zwei, nach anderen drei Rettungsbojen nachgeworfen. Der später in Sydney desertirte Matrose Nielsen soll eine solche Boje vom Heck des Schiffes aus geworfen haben und diese, nach Angaben von Passagieren auch in unmittelbarer Nähe des Br. zu Wasser gefallen sein.

Inzwischen waren verschiedene Personen der Besatzung damit beschäftigt, das bereits ausgeschwungen hängende Rettungsboot No. 5 fertig zu machen.

Nach Aussagen der Zeugen Beyer und Wendtland ertheilte der auf dem Hinterdeck sich aufhaltende Schiffer P. den Befehl, das Boot hinunter zu fieren, was vom Schiffer P. freilich bestritten wird. Schiffer P. will damals schon auf der Brücke gewesen sein und nur gerufen haben „klar beim Boot". Als das Boot zu Wasser kam, lief dasselbe, weil die Vorwärtsfahrt des Dampfers noch eine zu große war, vollständig voll Wasser, so daß das Bootsinventar, als Ruder, Steuer etc., wegtrieb und die im Boot befindlichen Leute sich nur mit Mühe an den Bootstaljen bergen konnten. Das Boot mußte erst wieder aufgeholt und ausgeschöpft werden.

P. hatte, nachdem er den Matrosen Steiner zur Rede gesetzt, weshalb er die Maschine gestoppt, diese wieder auf vorwärts gesetzt und ließ den Dampfer herumdrehen. Als er ungefähr wieder bei der Unfallstelle angekommen zu sein glaubte, wurde das Boot von neuem zu Wasser gelassen, mit dem zweiten Steuermann und vier Matrosen bemannt und während einer Stunde nach dem Vermißten gesucht, jedoch vergeblich. Um 9 Uhr 45 Minuten wurde das Boot wieder aufgeheist und der Curs nach Australien fortgesetzt.

Br.'s Collegen geben ihm das Zeugnis eines friedfertigen Menschen, der an sich wohl im stande war, die Arbeit des Kohlentrimmens zu verrichten; mitunter habe er aber auch, wie Heizer Scheel sich ausdrückt, seine Mucken gehabt.

Br. war 27 Jahre alt, von Profession Bierbrauer. Nach den Angaben des Heizers d. V. hatte Br. auch bis zu seinem ersten Verstecken fleißig seine Arbeit gethan. Weshalb er sich damals der Arbeit zu entziehen suchte, vermochte niemand anzugeben.

In Port Said äußerte sich Trimmer Br. dem Heizer de Vries gegenüber darüber unzufrieden, daß das Schiff so lange Zeit zur Reise nach New York brauche. Als d. V. ihm dann auseinandersetzte, daß der „Sommerfeld" gar nicht nach New York, sondern nach Australien fahre, war er sehr enttäuscht, da er in New York von seinem Vater Geld erwarte. Sein Geld sei ihm von Runnern in Antwerpen abgenommen und hätten diese Leute ihm dann gerathen, sich auf dem „Sommerfeld" nach New York hinüberzuarbeiten. In Folge dieses Mißgeschickes wurde er sehr unlustig zur Arbeit und blieb mißmuthig bis zu jener Katastrophe.

Am 18. September verweigerten die arabischen Heizer die Arbeit und ebenso am 28. September einer derselben; beide male wurden die Betreffenden durch Einsperren bestraft.

Am 8. October morgens 7 Uhr traf der „Sommerfeld“ in Albany ein. In einer Entfernung von einer englischen Meile vom Lande wurde geankert. Während des Tags über wurden Kohlen eingenommen; hierbei versuchten die beiden arabischen Heizer zu desertiren, indem sie über Bord sprangen und an das Land zu schwimmen versuchten. Die Flucht der beiden Heizer wurde indeß entdeckt, auf Befehl des Steuermanns eiligst ein Boot bemannt und die Araber wieder eingefangen. Bei der Rückkehr schlug Maschinist F. den größten der beiden Araber, welcher ihm auf seine Fragen keine Antwort gab. Der Vorfall ist nicht im Schiffsjournal eingetragen; im Maschinenjournal ist die versuchte Flucht kurz erwähnt.

Am 13. October traf der Dampfer in Port Adelaide und am 16. October in Melbourne ein.

Am 21. October verließ der „Sommerfeld“ Melbourne und erreichte Sydney am 24. October. In der folgenden Nacht desertirten im Hafen von Sydney Heizer, Trimmer sowie Matrose Nielsen; auch wurden daselbst die arabischen Heizer abgemustert.

Am 2. November desertirten der Heizer Fahrenhorst und Steward Beck.

Am 5. November wurde der Schiffsarzt Dr. Bloch auf seinen Wunsch abgemustert.

Am 14. November entwichen in Sydney nach Angabe der Musterrolle die am 11. November angemusterten 4 Heizer und 3 Trimmer.

Schiffs- und Maschinenjournal enthalten unter jenem Datum keine Eintragungen darüber.

Von den hierfür wieder angemusterten 5 Leuten traten nach einer Notiz der Musterrolle vier ihren Dienst nicht an.

Am 21. November wurde der dritte Steuermann Rehmet in Melbourne abgemustert.

In der Zeit vom 17. August – 21. November 1891 entwichen von der für den „Sommerfeld“ angemusterten Mannschaft 24 Feuerleute, 1 Matrose, 1 Steward.

Es starben 3 Feuerleute, 1 Steward.

Auf der über Colombo am 24. November angetretenen Rückreise sind weitere Desertionen nicht vorgekommen.

Von den über die fragliche Reise des Dampfers vernommenen Schiffsleuten führen fast alle bittere Klagen über das Essen an Bord, namentlich auf der

Ausreise, und geben selbst die beiden Köche zu, daß allgemeine Klagen hierüber vorgekommen seien.

Daß auch von den übrigen Passagieren über das verabreichte Essen bittere Klagen erhoben, geht aus einer zu den Acten gekommenen brieflichen Mittheilung eines Passagiers hervor, welcher mittheilt, daß schon in Patras hierüber bei dem deutschen Consul Beschwerde geführt sei, doch habe Schiffer P. sich hieran nicht gekehrt. Die Passagiere seien so erbost über das Verhalten des Schiffers P. gewesen, daß sie sich unterschriftlich verpflichtet hätten, denselben in Melbourne zu verklagen. In Adelaide hätten die Zeitungen bereits Berichte über den „hungrigen Capitain P. und sein Schiff" gebracht und seien Berichte über die Vorkommnisse nach Deutschland und England gesandt. In Melbourne habe Schiffer P. 50 £ = 1 000 M. Strafe für das schlecht gelieferte Essen an die Passagiere bezahlen müssen.

In jenem Schreiben wird dem Schiffer P. auch ein unerlaubtes Verhältnis mit einer verheiratheten Passagierin an Bord zugeschrieben. Schiffer P. bestreitet auf das entschiedenste ein derartiges Vorkommniß, behauptet vielmehr, daß hinsichtlich der Passagierfrauen und der weiblichen Passagiere eine musterhafte Ordnung an Bord geherrscht habe.

Anmerkung

Der gesamte Sachverhalt war Gegenstand der Berichterstattung deutscher Zeitungen. Diese bezogen sich auf einen ausführlichen Bericht der in England erscheinenden „Shipping Mercantile Gazette".

Dem Spruch des Oberseeamtes ist zu entnehmen, daß der Verlauf der beiden Reisen des „Sommerfeld" auch im Deutschen Reichstag besprochen worden ist.

Hintergrund der „Besprechung" war offensichtlich die Besorgnis der Reederei, im harten Wettbewerb mit englischen Unternehmen auf der Australienroute Rückschläge hinnehmen zu müssen.

Ob man nach dem Sachverhalt so weit gehen kann, auch die Ablehnung des Antrags auf Patententziehung auf diesem schiffahrtspolitischen Hintergrund zu sehen, ist fraglich.

Das Seeamt und auch das Oberseeamt weisen darauf hin, daß den Schiffer P. und bezüglich der Vorgänge im Maschinendepartment auf der zweiten Reise auch den Maschinisten die gesamte Verantwortung treffe und ihrer beider Verhalten auf das allerschärfste zu tadeln sei. Der Antrag auf Patententziehung wird indessen abgelehnt, weil die Beweisaufnahme keinen Anhalt dafür gegeben habe, daß dem Schiffer an sich die Fähigkeit fehle,

sein Schiff zu führen, weil abgesehen von den gerügten Ungehörigkeiten hierfür nichts bewiesen sei.
Etwas zynisch klingt die Erwägung, das brutale und rohe Auftreten gegenüber der Mannschaft sei im übrigen nach dem Strafgesetzbuch zu ahnden, es handele sich hier um ein Überschreiten der ihm als Vorgesetzten zustehenden Befugnisse, ein Mangel an erforderlichen Charaktereigenschaften sei nicht feststellbar. Immerhin hat das Seeamt von Amts wegen Mitteilung an die zuständige Staatsanwaltschaft gemacht.
Das Oberseeamt führt schließlich aus, die Vorwürfe rohen Benehmens gegen Untergebene, Nichtverhinderung von Mißhandlungen durch andere Vorgesetzte, ungenügende Fürsorge für das leibliche Wohl der Mannschaft, Vernachlässigung der Pflicht bei der Verwaltung des Proviants und ungenügende Handhabung des Schiffsdienstes blieben bestehen. Dem Antrag des Reichskommissars, dem Schiffer die Befugnis zur Ausübung des Schiffergewerbes zu entziehen, sei nicht stattzugeben,
„weil der Beweis nicht hat erbracht werden können, daß diejenigen Vorfälle, welche als Seeunfälle anzusehen sind, mit diesem Verhalten des Schiffers in ursächlichem Zusammenhang stehen.“
Das Oberseeamt ist sich darüber im klaren, daß diese Erwägung auf Widerspruch stoßen wird und reicht die „rote Karte“ mit dem Bemerken weiter: „Sofern aber dieser Nachweis nicht geführt werden kann, darf nach Lage der Gesetzgebung auch der bedenkliche Mangel an den nötigen Berufseigenschaften, mögen sie sich auf die Kenntnisse oder auf die Charaktereigenschaften beziehen, zu einer Entziehung der Befugnisse zum Gewerbebetrieb nicht führen.“

Viermast. Schiff „Thekla“ von Hamburg.
Strandung.
Seeamt zu Hamburg, 9. Juli 1912.

Spruch: Die Viermastbark „Thekla“ ist am 9. Juli 1911 bei False Cove, Feuerland, gestrandet und total verloren gegangen. In Folge des Unfalls haben zehn Leute der Besatzung ihren Tod gefunden, während neun Leute von dem Segler „Isebek“ und zwölf Leute später von dem argentinischen Regierungsdampfer „Primero de Mayo“ gerettet sind.
Der Unfall ist auf eine Besteckversetzung von 62 Seemeilen in 3 Tagen nach mißweisend SSW zurückzuführen, welche in ihren Ursachen nicht völlig aufgeklärt erscheint, in der Hauptsache aber auf Stromwirkung, unregelmäßige Winde und nicht richtig geschätzte Fahrt zurückzuführen sein wird.
Eine direkte Schuld an der Strandung ist dem Kapitän M. nicht nachgewiesen.
Nach dem Unfall ist Kapitän M. geistig und körperlich zusammengebrochen und hat deshalb gänzlich versagt. Die Befugnis zur Ausübung des Schiffergewerbes wird dem Kapitän aber belassen.
Die Hilfe, welche den Schiffbrüchigen durch den Segler „Isebek“, Kapitän W. Haß, durch den argentinischen Admiralstab und insbesondere durch den Dampfer „Primero de Mayo“, Kapitän Calero, gewährt ist, verdient ebenso wie das mutige Verhalten des Leichtmatrosen Stöhr besondere Anerkennung.

Tatbestand: Über die näheren Umstände des Unfalls ist durch die seeamtliche Untersuchung das Folgende ermittelt worden:
Die „Thekla“ verließ am 21. April 1911 den Hafen von Cardiff mit einer nach Valparaiso bestimmten Ladung von 5019 Tonnen Kohlen. Der Tiefgang betrug 22 Fuß 10 Zoll, die Besatzung bestand aus 31 Personen.
Am 6. Juli befand sich das Schiff um Mittag auf 46° 46′ S, 63° 8′ W. An diesem Tage konnte zum letzten Mal eine astronomische Ortsbestimmung gemacht werden.

Die Kurse und Distanzen, welche nach dem Journal vom Mittag des 6. Juli ab gesteuert sind, ergeben als Schiffsort:
Mittagsbesteck 9. Juli 53° 0′ S, 65° 13′ W,
für den 9. Juli 8 U. Nm. 53° 49′ S, 64° 21′ W.
Am Mittag des 8. Juli und an diesem Tage um 4 U. Nm. hatte der Kapitän loten lassen und 54 bzw. 58 Faden gefunden. Durch diese Lotungen fand er die Richtigkeit seines Besteckes bestätigt.
Man hatte bis zum Mittag des 9. Juli den Kurs S 1/4 O beibehalten und von da an 1 bis 1 1/2 Striche östlicher gesteuert, um auf New-Years Island zuzuhalten. Nachdem in den beiden ersten Nachmittagswachen vor dem Winde 36 und 22 Meilen abgelaufen waren, beschloß der Kapitän, der sich noch wenigstens 40 Meilen von der Küste entfernt wähnte, gegen 7 U. Nm. beizudrehen, um sich am nächsten Morgen darüber schlüssig zu werden, ob er durch die Le Maire Straße oder um Cap St. John herumfahren wolle, was er von dem dann herrschenden Wetter, insbesondere der Sichtigkeit der Luft abhängig machen wollte.
Es wehte zu dieser Zeit nördlicher Wind in Stärke 8. Der Kapitän ließ deshalb die Bramsegel, Vor- und Kreuzobermarssegel und Großsegel festmachen. Als die Leute mit dem Festmachen des Großsegels beschäftigt waren, meldete der

Viermastbark „Thekla"

3. Offizier Nommensen von oben, daß er an Steuerbord und voraus einen weißen Streifen sehe und eilte nach unten, um dem Kapitän persönlich Meldung von der Brandung zu machen.
Kapitän M. ließ das Schiff sofort unter Hartbackbordruder an den Wind kommen, die Rahen anbrassen und Großsegel, Stagsegel und Vorobermarssegel wieder beisetzen. Es gelang noch, daß Schiff auf NO-Kurs zu bringen, es war aber jetzt schon in die Grundseen geraten, stieß mehrere Male heftig auf und blieb sitzen.
Schwere Sturzseen zertrümmerten sofort alle Boote, schlugen die Luken ein und zwangen die Besatzung, im Großtopp Zuflucht zu suchen.
Am folgenden Morgen konnten die Leute auf der Back Schutz suchen, welche sich noch über Wasser befand. Bei dem Versuch, auf die Back zu gelangen, wurde der Matrose Harro Jacobs von einer Sturzsee gegen die Schanzkleidung geworfen und dadurch getötet. Als es heller wurde, wurde seine Leiche unter der Spiere festgeklemmt gefunden und wurde später nach Seemannsbrauch im Meere bestattet.
Es wurde schon an diesem Tage mit dem Bau von Flößen begonnen und am folgenden Tage, dem 11. Juli, wurde, da das Wetter sich gebessert hatte, das erste Floß mit 5 Freiwilligen bemannt, an einer Trosse befestigt nach dem etwa 150 Meter entfernten Lande abgelassen. In der Brandung kam die Trosse an unter Wasser befindlichen Felsen unklar und alle Leute wurden von dem Floß ins Wasser gefegt, konnten aber schwimmend den Strand erreichen.
An demselben Tage wurde noch ein zweites Floß mit insgesamt 12 Leuten, darunter 2 Kranken, und mit einem Korb Konserven ohne Leine abgeschickt und erreichte glücklich das Land. Mit diesem zweiten Floß hat sich auch der Kapitän M. an Land begeben, welcher seiner eigenen Angabe nach durch die seelische Aufregung und die körperlichen Strapazen völlig zusammengebrochen war. Er gibt an, auf Zureden des Bootsmanns auf das Floß gegangen zu sein und machte auch geltend, daß seine Anwesenheit am Lande notwendiger gewesen sei, als auf dem Schiffe.
Von einigen Zeugen ist gegen den Kapitän M. der Vorwurf erhoben worden, daß er bei der Strandung betrunken gewesen sei. Er habe vor der Strandung nach Schnaps gerochen und sei etwa eine Stunde später in seiner Kammer hingefallen und liegen geblieben.

Andere Zeugen bekunden wohl, daß der Kapitän nach der Strandung anscheinend bewußtlos gewesen sei, haben aber den Eindruck gehabt, daß er körperlich zusammengebrochen, aber nicht betrunken sei.
Kapitän M. stellt durchaus in Abrede, betrunken gewesen zu sein. Er sei in seinem ganzen Leben noch nicht betrunken gewesen und habe in diesem Falle erst nach der Strandung einen Genever getrunken. Wenn er total betrunken gewesen wäre, so würde er doch nicht einige Zeit später im Want haben sitzen können. Der völlige Zusammenbruch nach dem Unfall ist, wie der Kapitän bekundet, nach ärztlichem Gutachten auf einen Nervenchoc zurückzuführen.
Am Nachmittag des 11. Juli wurde dann noch ein drittes Floß, welches inzwischen fertiggestellt war, mit sieben Leuten und einer Seekiste voll Proviant zu Wasser gelassen. Die Leute versuchten, das Floß mit Paddeln zu rudern und trieben zunächst an der Schiffsseite entlang nach dem Heck zu. Als das Floß etwa 10 Meter hinter dem Schiffe war, wurde es von einer vom Lande absetzenden Strömung – es hatte inzwischen Flut eingesetzt – ergriffen und in See vertrieben.

Viermastbark „Isebek", links „Thekla"

Als das Floß schon etwa 1½ Schiffslängen von der „Thekla“ entfernt war, sprang der Leichtmatrose Erich Stöhr ins Wasser und schwamm zu der „Thekla“ zurück, um eine Leine vom Schiff zu holen. Er kam glücklich an Bord der „Thekla“ an holte eine Leine und einen Rettungsring und begann dann, nach dem vertreibenden Floße zurückzuschwimmen. Nachdem er längere Zeit geschwommen hatte, verließen ihn aber die Kräfte und er mußte sich an der Leine an Bord der „Thekla“ zurückholen lassen.
Das Floß ist auf die hohe See getrieben und es ist nichts wieder von ihm gesehen oder gehört worden.
Nach Einsetzen der nächsten Ebbe gelangte der noch an Bord verbliebene Rest der Besatzung – 7 Leute – auf einem vierten Floß an Land.
In der Folgezeit haben sich die Schiffbrüchigen, nachdem der geborgene Proviant verzehrt war, von dem Fleische erlegter Seelöwen genährt und große Entbehrungen zu ertragen gehabt. Verschiedene Expeditionen in die Umgegend wurden unternommen, um Hilfe zu holen, das schwierige Terrain, tiefer Schnee und Mangel an Proviant zwangen aber immer wieder zur Umkehr.
Am 26. Juli kam der Hamburger Segler „Isebek“ heran, dessen Kapitän Haß, nach Sichten der noch am Kreuzmast der „Thekla“ stehenden Notsignale, so nahe als es bei dem herrschenden Sturme möglich war, an das Wrack herangesegelt und ein mit dem 1. Offizier und 6 Leuten bemanntes Boot ausschickte, um festzustellen, ob noch Menschen an Bord oder an Land wären.
Es gelang diesem Boot 9 Leute überzunehmen und gegen Abend an Bord der „Isebek“ zu bringen.
Kapitän Haß hielt sich noch bis zum 31. Juli in der Gegend auf, um den Schiffbrüchigen weitere Hilfe zu bringen und veranlaßte auch am 30. Juli das Bremer Vollschiff „Alice“, Kapitän Hinrichs, sich in der Nähe zu halten, um sich an dem Rettungswerk zu beteiligen. Die dauernd wehenden starken Stürme machten aber das Aussenden von Booten unmöglich und zwangen schließlich am 31. Juli beide Schiffe zur Fortsetzung der Reise, da sie sonst Gefahr gelaufen hätten, ebenfalls auf die Küste geworfen zu werden.
Am 17. August unternahm der 1. Offizier Schulze mit dem Zimmermann Mensch und dem Matrosen Borstel trotz Warnung den Versuch, in einem kleinen Boot, welches sie bei dem vor zwei Jahren in der Nähe gestrandeten englischen Schiff „Andrina“ gefunden hatten, nach Good Succeß Bay zu

fahren, um von einer angeblich dort vorhandenen Niederlassung Hilfe zu holen. Auch von diesem Boot und seiner Bemannung ist nichts wieder gehört worden.

Am 31. August wandte sich auf telegraphisches Ersuchen der Reederei der deutsche Generalkonsul in Buenos Aires an den argentinischen Admiralstab der Marine, um diesen zu veranlassen, durch die in Ushuvia stationierten Transportdampfer nach den Schiffbrüchigen suchen zu lassen. Der Konsul fand bei dem Chef des Marinestabes das freundliche Entgegenkommen. Noch an demselben Tage erhielt der Kommandant der „Primero de Mayo“, José W. Calero, den Befehl, zur Hilfeleistung nach False Cove abzugehen.

Der Dampfer „Primero de Mayo“ ging alsbald nach False Cove in See, traf aber in Höhe von Cap San Diego dichten Nebel an, welcher seine Orientierung sehr erschwerte und das Schiff selbst in Gefahr der Strandung bei False Cove brachte. Man konnte daher erst am 7. September in der Nähe der Küste vor False Cove vor Anker gehen. Trotz ungünstiger Landungsverhältnisse gelang es einem ausgesetzten Boot, das Land zu erreichen und die Schiffbrüchigen aufzunehmen. Diese befanden sich – zwölf an der Zahl – auf dem Westriff von False Cove und waren in einem bedauernswerten Zustande. Die Leute fanden auf dem „Primero de Mayo“ die beste Aufnahme und wurden am 16. September glücklich in Punta Arenas gelandet.

Anmerkung

Im Jahre 1911 war schon eine Vielzahl von Schiffen mit Funk ausgerüstet. Wenigstens den Besatzungsmitgliedern, die am 17. August mit einem kleinen Boot auf eigene Faust Rettung suchten, wäre dann wohl ein anderes Schicksal wahrscheinlicher gewesen.

In den Gründen hatte sich das Seeamt mit dem Antrag wegen Entziehung der Lizenz des Schiffers auseinanderzusetzen. Dem Kapitän wird vorgeworfen, er habe unvorsichtig navigiert, die Regulierung des Chronometers versäumt. Neben allgemeinen Navigationsfehlern wird ihm auch mangelhafte Messung der Distanzen vorgeworfen.

Soweit der Reichscommissar seine Anträge mit dem Verhalten des Kapitäns nach der Strandung begründet, wird ausgeführt, der Nervenschock sei unzweifelhaft krankhafter Natur und kein Charakterfehler, deswegen komme eine Entziehung des Patents nicht in Betracht und zwar auch, weil ein Kausalzusammenhang zwischen dem Verlust des dritten Floßes und dem Versagen des Kapitäns, welcher sich mit dem zweiten Floß an Land begeben hatte, nicht feststellbar sei.

Spruch des Seeamts zu Hamburg vom 28. October 1882, betreffend den Seeunfall des Schraubendampfers „Gellert" von Hamburg.

Der Spruch des Seeamts lautet: Die Ursache des am 28. Juli 1882 an Bord des Dampfschiffes „Gellert" auf hoher See ausgebrochenen Feuers ist nicht ermittelt worden. Die zur Löschung des Brandes und zur eventuellen Rettung von Menschenleben ergriffenen Maßnahmen waren sachgemäß, die Haltung des Schiffes und der Mannschaft lobenswerth.

Thatbestand: Das in Hamburg beheimathete, der Hamburg-Amerikanischen Packetfahrt-Aktiengesellschaft gehörige, im Jahre 1874 in Glasgow erbaute und 1881 in Hamburg umgebaute, mit Schoonertakelage und einer Maschine von 600 Pferdekräften nominell versehen, eiserne Schraubendampfschiff „Gellert" befand sich am 28. Juli 1882 auf der Reise von New York nach Hamburg gegen 2 ½ Uhr Vormittags bei leichter SW-Brise ungefähr auf dem 49° nördlicher Breite und 25° westlicher Länge, als dem auf der Commandobrücke befindlichen wachthabenden zweiten Steuermann Meldung gemacht wurde, daß im Maschinenraum Rauch zu spüren sei. Dem wachthabenden Maschinisten Bagelmann war es aufgefallen, daß zu wenig Kohlen vor den Feuern lagen, und als derselbe aus dem Kesselraum in den dahinterliegenden Bunker ging, um die Trimmer anzufeuern, fand er, daß der Bunker ganz mit Rauch angefüllt war. Die dort befindlichen Leute husteten und erklärten, sie könnten in dem von oben eindringenden Rauche nicht weiter arbeiten.
Bagelmann sah durch die Fugen der nach dem Compartment C führenden Thür Rauch hindurchdringen und machte, während er den Assistenten Olle zum wachthabenden Steuermann schickte, hiervon dem ersten Maschinisten Krüger sofort Meldung und setzte im Maschinenraum die Dampfpumpen in Gang. Als Fröhlich mit diesen Nachrichten zum zweiten Steuermann zurückkehrte, erhielt er den Auftrag, den Schiffer und den ersten Steuermann zu wecken und gleichzeitig wurde vom Quartiermeister der Schiffszimmer-

mann herbeigeholt. Die Passagiere wurden nicht alarmirt, um eine Panik zu verhüten.
Schiffer Kühlewein übernahm, sobald er an Deck gekommen und sich über den Sachverhalt informirt hatte, die Leitung der Löscharbeit und ließ zunächst den nicht auf Wache befindlichen Theil der 110 Mann betragenden Besatzung einzeln und ohne Alarm wecken, ohne daß die 50 Passagiere der ersten und zweiten Cajüte etwas merkten. Die Mehrzahl der 150 Zwischendeckpassagiere kam alsbald nach der Mannschaft an Deck. Das Feuer war im Zwischendeck an Backbordseite im Compartment C ausgebrochen. Im Backbord-Compartment C befanden sich Taback in Fässern, Nähmaschinen in Kisten, Sardinen in Kisten, Salz in Fässern und Aepfel in Fässern.
Die Löscharbeit wurde derart geleitet, daß man dem Herde des Feuers von 4 Punkten aus sich näherte.
Vom oberen Deck, dem Hauptdeck, wurden 2 Schläuche in die Luftklappe eingelassen und mittelst der Dampfpumpe Wasser eingepumpt. Der viereckige Ventilator, welcher vom Compartment C am Heizraume entlang zum Deck führt und dort etwa 7 Fuß hoch sich erhebt, hat nur oben und unten je eine Oeffnung; die obere war mit einer Klappe seit der Abfahrt von New York verschlossen gewesen, um zu verhindern, daß Funken oder Qualm aus dem Schornstein oder Schlagwasser durch den Ventilator in den Laderaum fliegen könnten oder seitens irgend eines Unbefugten, z. B. eines Passagiers, auf die Ladung irgendwie eingewirkt werde.
Im oberen Kesselraum wurde ein viereckiges Schott abgenietet, welches etwa 8 Zoll im Quadrat betragend die Verbindung mit dem Laderaum C herstellte und auch hier ein Schlauch in Thätigkeit gesetzt. Dann wurden an den heißesten Stellen in dem über dem Compartment C befindlichen Sparrdeck 3 Löcher geschlagen und die darunter befindliche Eisendecke, welche sich in rothglühendem Zustande befand, mittelst Kreuzmeißel durchkreuzt und so Platz zur Einführung von Schläuchen geschaffen.
Ueberdies ließ der Schiffer die Ladung im Zwischendeckcompartment B (ungefähr 400 Colli) wegstauen und durch die offenstehende Thür des Raumes C einen Schlauch an den Herd des Feuers bringen. Vom Laderaum D aus war es nicht möglich, nach C vorzudringen, weil die Thür zwischen beiden nach C schlägt und dieses Compartment dicht mit Ladung angefüllt war.

Zeitweilig mußte die von den Zwischendeckpassagieren unterstützte Mannschaft sich des erstickenden Qualmes wegen aus dem Raum B bzw. C zurückziehen und mehrmals wurde sie von der Deckmannschaft und diese wieder von ihr abgelöst. So warfen nun von 4 verschiedenen Stellen aus die Kesselraumpumpe, die große und kleine Maschinenpumpe die Wassermassen in den brennenden Raum. Nach fünfstündiger Arbeit war um 7 ½ Uhr Morgens das Feuer bemeistert. Die in Anwendung gebrachten Maßnahmen erschöpften jedoch nicht das Maß der dem Schiffer Kühlewein zur Verfügung stehenden Löschungsmittel. In Eventualität blieb ihm, wie die Verhandlung festgestellt hat, noch die Möglichkeit, durch Oeffnung der Closetpumpenleitung, für welche beständig 2 an die Maschine gekoppelte Pumpen arbeiten, das ganze Sparrdeck unter Wasser zu setzen. Dieses Rettungsmittel war absichtlich auf den Moment verschoben, in welchem die Deckplanken durchbrennen würden.

Während dieser ganzen Zeit setzte der „Gellert“ unter vollem Dampf seine Reise im Nebelwetter fort.

Während es in der beschriebenen Weise der opferwilligen Ausdauer der

Schraubendampfer „Gellert“

Mannschaft gelang, des Feuers Herr zu werden, war die Deckmannschaft, der sich einige Zwischenpassagiere zugesellten, beschäftigt, diejenigen Vorkehrungen zu treffen, welche beim Fehlschlagen der Löscharbeit die unerläßliche Voraussetzung der Rettung waren.
Auf Befehl des Schiffers wurden unter Anleitung des vierten Steuermanns die Boote ausgeschwungen und bis zur Regeling hinuntergefiert. Der „Gellert“ hatte 8 Boote. In den 6 großen konnten zur Noth 60 bis 70 Personen, in den beiden kleinen 40 bis 50 Personen Platz finden. In jedem Boote lagen zwei Wasserfässer. Vorn und hinten hatten die Boote einen Luftkasten und überdies war der Bord außen mit Kork bekleidet. Für jedes Boot wurden fertig gestellt: 1 Faß Hartbrod und ein Faß Wein sowie ein Compaß und ein Licht und der Proviantmeister hielt Schinken, Wurst und Conserven zum Einladen bereit.
Erst nachdem diese Sicherheitsmaßnahmen ergriffen waren, ließ Schiffer Kühlewein gegen 3 ½ Uhr die nichts ahnenden Passagiere beider Cajüten wecken, und zwar unter verschiedenen Vorwänden, wie z. B. es sei sehr nebelig, es sei Frühstückszeit etc. Ein Theil der Mannschaft putzte, als die Passagiere aus ihren Kojen kamen, im Salon so ruhig die Lampen und ging seinem regelmäßigen Dienst so unbekümmert nach, als wenn nichts Außergewöhnliches vorginge. Diese sorglose Haltung und die ausgiebig für den Fall einer Katastrophe getroffenen Vorkehrungen erweckten in den Passagieren ein solches Maß von Sicherheitsgefühl, daß von Unruhe oder gar Aufregung in der That wenig zu spüren war.
Die Cajütspassagiere haben nach gelungener Bewältigung des Feuers in einem Meeting einstimmig beschlossen: That the sincere and grateful thanks of the Cabin passengers be tendered to Captain Kühlewein, First Officer Doescher, the Chief Engineer and the Officers and Crew of the S.S. „Gellert“ for their coolness, skill and gallantry during the fire, which broke out on board the vessel on the morning of the 28. Juli; and we herebey express our warmest admiration at the perfect discipline and thorough organisation that exists on board, and through which, under Gods providence a fearful disaster was so successfully averted.
(Der Beschluß der Passagiere lautete, „daß die Kabinenpassagiere Kapitän Kühlewein, dem ersten Offizier Doescher, dem Chefingenieur, den Offizieren und der Crew des Dampfschiffs Gellert ihre aufrichtigen und tiefen Dankeswünsche entbieten für ihre Ruhe,

ihren Sachverstand und ihre Höflichkeit während des Feuers, welches am Morgen des 28. Juli an Bord des Schiffes ausgebrochen war; hiermit wolle man auch tiefster Bewunderung Ausdruck verleihen für die vollkommene Disziplin und sorgfältige Organisation an Bord, durch welche mit der Vorsehung Gottes eine entsetzliche Katastrophe erfolgreich vermieden wurde.")

Anmerkung
Dem heutigen Leser bleibt rätselhaft, aus welchem Grund die vorhandene Ventilation für den Laderaum C bei Beginn der Reise abgedichtet war. Die Entscheidung enthält hierzu keinen Hinweis, andererseits war wohl nach Ausbruch des Feuers die Abdichtung und damit geringere Sauerstoffzufuhr von Vorteil.
Da wegen Abdichtung der Ventilation für Laderaum C Funkenflug als Brandursache auszuschließen ist, bleiben noch drei Möglichkeiten, die nach damaligem Stand der Wissenschaft so nahe lagen, daß längere Erörterungen zu ihrer Wahrscheinlichkeit angestellt wurden:
1. Die Selbstentzündung des Tabaks wird als Brandursache verworfen, weil die inneren Bedingungen dafür, nämlich
a) unvollständige Gärung, begünstigende Verhältnisse des Wassergehaltes, Luftzutritt, Wärmezufuhr nicht vorhanden waren und
b) die nötigen äußeren Merkmale für eine solche (Verkohlen der Masse im Inneren usw.) nicht wahrgenommen wurden.
2. Die Selbstentzündung des Fetts an den Nähmaschinen wird mit der Begründung verworfen, ihr sei keine weitere Beachtung zu schenken.
3. Zur Selbstentzündung anderer in dem Frachtraum C gelagerter Waren wird ausgeführt, daß wenn nicht unter den dort gelagerten Salzen andere leicht zersetzbare Chemikalien eingeschmuggelt waren, die sämtlichen übrigen Waren keinen berechtigten Anhalt zur Annahme einer Selbstentzündung bieten.
Zu allen anderen Erwägungen stellt das Seeamt fest, sie gründeten sich auf so viele unbewiesene und wohl jetzt auch unbeweisbare tatsächliche Voraussetzungen, daß sie nicht gerade für wahrscheinlich gehalten werden dürfen.

Spruch des Seeamts zu Rostock vom 21. Februar 1882, betreffend den Seeunfall der Brigg „Die Zwillinge“ von Rostock.

Schiff in der Nordsee leck geworden und gesunken.

Der Spruch des Seeamts lautet: dass der Unfall, welcher den Tod von 7 Mann der Besatzung zur Folge hatte, auf den orkanartigen Sturm am 14. October 1881 und den dadurch hervorgebrachten hohen Seegang zurückzuführen und niemanden von der Besatzung ein Verschulden an demselben beizumessen ist.

Entscheidungsgründe: I. Die in Rostock beheimathete Brigg „Die Zwillinge“, ein im Jahre 1838 ebendaselbst aus Eichenholz erbautes Schiff, verliess am 13. October 1881 Newcastle mit einer aus Kohlen und etwa 8 Tons Schleifsteinen bestehenden Ladung, um nach Lübeck zu segeln. Sie ward geführt von dem Schiffer Helmuth Seyer aus Warnemünde, welcher mit Parten nicht betheiligt und erst seit dem September desselben Jahres von der Rhederei als Schiffer angenommen war.
Die Mannschaft bestand aus 7 Personen.
Die Brigg ist in der Nordsee gesunken und dabei hat die gesamte Mannschaft den Tod in den Wellen gefunden. Schiffer Seyer, welcher allein gerettet worden, hat den Verlauf der Reise folgendermassen dargestellt.
„Die Brigg ging am 13. October mit einer steifen Brise aus WNW in See und steuerte anfangs OzN Curs, veränderte letzteren aber Abends als der Wind sich mehr südlich wandte, nach Ost. Am 14. October ging der Wind durch West nach Nord und ward nun der Curs nach ONO genommen. Es war sehr stürmisch und die See wurde immer höher, je weiter man sich von der englischen Küste entfernte, so dass die Brigg, welche nur das dicht gereffte Gross-Marssegel und die Fock führte, schwer arbeitete. Nachmittags 3 Uhr sprang der Wind plötzlich nach NNO um und wuchs schnell zum Orkan an. Das Gross-Marssegel zerriss, ebenso das inzwischen gesetzte, dicht gereffte Briggsegel und die Fock-Raa brach. Um das Schiff einigermassen lenkbar

zu erhalten, liess Schiffer Seyer eine Persenning an der Luvseite der Grosswanten befestigen.

Tags über hatte sich nur in gewöhnlichem Masse Wasser bei den Pumpen gezeigt, Abends 8 Uhr aber schlug die Backbordpumpe nicht mehr lenz. Nun wurde auch die Steuerbordpumpe in Gang gesetzt und beide Pumpen die Nacht hindurch kräftig bedient. Schiffer Seyer begab sich in den Raum und fand, dass das Wasser an Steuerbordseite bei den Fockwanten etwa 3 ½ Fuss unter den Deckbalken eindrang. Er schlug das Garnier fort, konnte aber an den Leck selbst, welcher sich gerade hinter einem Knie befand, nicht gelangen und musste es somit aufgeben, dasselbe zu dichten.

Am 15. October Morgens 4 Uhr wurden beide Pumpen durch eingedrungene Kohlen unklar und die Leepumpe versagte bald ganz den Dienst. Es stürmte jetzt mit gleicher Heftigkeit aus NNW, die See hatte eine furchtbare Höhe erreicht und lief wild durcheinander. Mit Tagesanbruch liess Schiffer Seyer vor dem Winde abhalten und die Nothflagge aufheissen. Ein Schooner und ein Fischerkutter, denen man nahe kam, liessen dieselbe jedoch unbeachtet. Die Brigg, welche schon 5 bis 7 Fuss Wasser im Raume hatte, lag vorne bereits ganz tief.

Bald darauf kam ein anderes Schiff, der dänische Schooner „Cito“, Schiffer Jens Kundsen Bych aus Assens, in Sicht, welches sich der Brigg näherte. Schiffer Seyer beabsichtigte, sich luvwärts von demselben zu halten, um es auf diese Weise zu ermöglichen, mit dem Boote demselben zuzutreiben. Als die Brigg aber dem Schooner bis auf etwa 2 Schiffslängen nahe gekommen war, zerschlug eine Sturzsee beide Boote derselben, und nun blieb nichts übrig, als hinter dem Schooner herumzugehen und in Lee desselben beizulegen, was auch geschah.

An Bord des Schooners brachte man bereits eine Rettungsboje aus, welche mit demselben auf die Brigg zutrieb. Schiffer Seyer forderte den Steuermann Petersen auf, in die See zu springen. Ehe sich aber dieser noch hierzu hatte entschliessen können, rollte eine kolossale See heran, welche die Brigg ganz nach Steuerbord überwarf, so dass die Masten im Wasser lagen. Schiffer Seyer, Steuermann Petersen und Matrose Gustavson hielten sich an den Grosswanten auf Backbordseite fest, während die fünf übrigen Leute in die See gerissen wurden. Gleich darauf, nach kaum 2 Minuten, versank die Brigg. Schiffer Seyer ward mit in die Tiefe gezogen, kam dann aber wieder nach oben und

sah nun den Schooner schnell auf sich zutreiben. Es gelang ihm, sich schwimmend über Wasser zu halten, bis man ihm vom Schooner aus ein Tauende zuwerfen konnte, mit welchem er an Deck gezogen wurde.
Von dort aus sah er Petersen und Gustavson an ein Trümmerstück geklammert, Brockmann auf einem Theile des zerschellten Grossbootes sitzend in den Wellen treiben. Sie befanden sich alle drei seitwärts vom Schooner und schon etwa 2 Schiffslängen von demselben entfernt, so dass sie mit der Rettungsboje nicht mehr zu erreichen waren. Von den übrigen war nichts zu sehen. Schiffer Seyer drang in den dänischen Schiffsführer wenden zu lassen und die Rettung seiner Leute zu versuchen, was dieser jedoch als unausführbar ablehnte, und wurde dann völlig erschöpft in die Cajüte gebracht. Erst später erfuhr er, dass gleich darauf eine grosse See die drei auf den Trümmern Schwimmenden in den Wellen begraben habe.
Schiffer Seyer wurde demnächst in Assens auf Fühnen gelandet.

Anmerkung
Der Orkan, der in der Nacht vom 13. auf den 14. 10. 1881 in der Nordsee tobte, hat noch wenigstens drei weitere Schiffskatastrophen verursacht, die Gegenstand veröffentlichter Entscheidungen diverser Seeämter sind.
In den Entscheidungsgründen wird erörtert und bejaht, daß der Schiffer vor Einsetzen des Orkans noch hätte nach England zurücklaufen können, es hätte sich indes dann die Gefahr für die mit Lenzen beschäftigten Leute erhöht, und zudem sei die Lage des Schiffes, solange die Rückreise noch möglich war, nicht so bedenklich gewesen, daß die Entscheidung, Kurs beizubehalten, völlig verfehlt gewesen sei. Dem Schiffer wird attestiert, daß bei Erkennen des gesamten Ausmaßes der Gefahr an eine Umkehr nicht mehr zu denken war.

Spruch des Seeamts zu Hamburg vom 12. September 1882, betreffend den Seeunfall des Schooners „Theodor" von Elmshorn.

Der Spruch des Seeamts lautet: Der am 22. August 1882 auf Reise von Hamburg nach Leith erfolgte Untergang des deutschen Schooners „Theodor" und der Tod der gesammten Besatzung desselben, mit Ausnahme des Schiffers ist durch ein im schweren Seegang gesprungenes Leck und die Verstopfung der Pumpen des Schiffes verursacht.
Ein Anhalt, dem Schiffer eine concurrirende Schuld an dem Unfalle beizumessen, liegt nicht vor.

Thatbestand: Der in Elmshorn beheimathete, aus Eichenholz im Jahre 1875/76 erbaute Schooner „Theodor" hatte einen Netto-Raumgehalt von 212,7 cbm und stand seit dem Mai 1879 im Alleineigenthum des Schiffers Johann K. aus Klostersande bei Elmshorn, der das Schiff für ungefähr 9.500 M. käuflich erworben hatte.
Am 15. August 1882 verließ der Schiffer K. mit einer in Altona angemusterten, aus dem Steuermann, dem Koch und dem Jungmann bestehenden Mannschaft, den Hafen von Hamburg, um Düngersalz nach Leith zu bringen. Die Reise verlief bis zum 21. August bei herrschenden SW-Winden ohne bemerkenswerthe Ereignisse. An diesem Tage sprang der Wind nach NW um, wuchs bald zum Sturm an, und zerrißen der Reihe nach Klüver, Vorstengestagsegel, Topsegel und Schoonersegel.
Das Schiff rollte und stampfte fürchterlich in der hochlaufenden See und nahm viel Wasser über; doch gelang es die Nacht hindurch die Pumpen lenz zu halten. Gegen 7 Uhr Morgens des 22. August riß der Sturm das Großsegel und Fockstagsegel fort und schon um 8 Uhr wollten die beiden Schiffspumpen – es waren gewöhnliche Pumpen ohne Schwungräder – kein Wasser mehr geben und schienen verstopft. Der Pumpenschuh wurde herausgezogen und fand man denselben mit Salz bedeckt. Bei erneuten Versuchen

wurden die Pumpen wieder unklar und als der Schiffer auch, nachdem er das Herz der Pumpen herausgenommen, dieselben nicht zum Ziehen des Wassers bringen konnte, untersuchte er den Wasserstand mit dem Peilstock und fand, daß derselbe auf Salz stieß. Nun öffnete er die Vorderluke und sah, daß die Ladung schwamm.

Hiernach war klar, daß ein Leck gesprungen sein mußte und in Erkenntniß der Bedrohlichkeit der Lage beorderte der Schiffer den Steuermann in den Großmast, um nach Hülfe auszuspähen. Derselbe meldete einen Dampfer voraus und zwei Fischerever achteraus, anscheinend denselben Cours steuernd wie der „Theodor“. Der Schiffer ließ demnach den Klüver setzen und halsen, so daß der „Theodor“ jetzt NO anlag und die Fischerever 5 bis 6 Strich luvwärts an Backbord hatte und ließ hierauf die Vordersegel wieder wegnehmen. Nur das Großsegel blieb beigesetzt und die Nothflagge aufgeheißt, da das Schiff sich in sichtlich sinkendem Zustande befand. Dann wurde – es war gegen 11 ¼ Uhr Vormittags – das in üblicher Weise auf der Großluke postirte Boot über Bord gesetzt, klar zum Hinunterfieren.

Während dieser Arbeit eilte der Schiffer in die Kajüte und holte den nothwendigen Proviant. Vorher hatte er der Mannschaft, während er selbst den Mast aus dem Boot hob und von den Leuten den übrigen Inhalt des Bootes mit Ausnahme der Riemen herausnehmen ließ, den Befehl gegeben, die Fangleine des Bootes an Deck des Schiffes zu befestigen. Als der Schiffer wieder aus der Kajüte heraufkam, bemerkte er, daß das Boot so heftig gegen die Regeling schlug, daß er ein Zerschlagen desselben befürchten mußte. Er trieb die Leute an, das Boot zu Wasser zu lassen. Aber kaum war dieses geschehen, so brach die vordere Talje und das Boot kam dwars zur Richtung des Schiffes in das Wasser.

Dem Befehle des Schiffers ins Boot zu gehen, gehorsamte der Steuermann nicht. Das Unglück wollte, daß jetzt auch die hintere Talje aushakte, so daß das Boot die Verbindung mit dem Schiffe verlor. Der Schiffer stand in diesem Augenblicke hinter dem Fockmast und da er hier eine Trosse liegen sah, so ergriff er das ihm zunächst liegende Ende derselben und sprang selbst damit unvorzüglich ins Boot, indem er einem der Matrosen zurief von der Trosse auszustecken, damit das Boot nicht längsseits des Schiffes zerschlage. Sein Befehl, die Fangleine am Schiff zu befestigen, war nämlich in der Eile seitens der Mannschaft unausgeführt geblieben und der hierdurch herauf-

beschworenen Gefahr des Abtreibens des Bootes wollte der Schiffer durch schnelle eigene Initiative entgegentreten.
Während nun der Schiffer im Boote an Steuerbord in Lee des Schiffes trieb, rief er den Leuten zu, zu ihm ins Boot zu kommen. Doch der Steuermann, welcher gerade aus der Kajüte mit einigen Kleidungsstücken über dem Arm kam, sah nur über Bord und antwortete: „O, es ist noch Zeit genug". So trieb das Boot circa 5 Minuten in einer Entfernung von ungefähr ½ Schiffslänge, d. h. 10 bis 11 Meter, hinter dem Schiffe.
Der Schiffer rief nunmehr dem Steuermann zu, er solle die Trosse am Schiffe anholen lassen. Als derselbe jedoch erwiderte, daß kein Ende mehr an Bord sei, erhielt der Schiffer damit die Gewißheit, daß die Verbindung zwischen Schiff und Boot effectiv aufgehört habe. Er ließ daher das Ende der Trosse, welches er bisher in der einen Hand gehalten hatte, fahren und versuchte jetzt durch Wricken mit beiden Händen wieder zum Schiffe zu kommen. Auf seinen Zuruf, an dem im Ruderhause befindlichen Korkfender eine Leine zu befestigen und ihm zuzuwerfen, warf ihm der Steuermann an der Loggleine einen alten abgebrochenen Pumpenschwengel zu. Bevor es dem Schiffer jedoch gelang, denselben zu erreichen, legte sich das Schiff nach Steuerbord über und sank ¼ Stunde, nachdem das Boot abgetrieben war.
Von den an Bord befindlichen Leuten hat der Schiffer unmittelbar vor dem Untergang des „Theodor" nichts mehr gesehen. Die Trosse hatte er, als er mit dem Boote abtrieb, weder eingezogen noch festgeschlagen. Am Nachmittag gegen 4 ½ Uhr wurde er von der norwegischen Brigg „Dagmar", Schiffer Larsen, aufgenommen und am 27. August in South Shields an Land gebracht. Mannschaft, Schiff, Ladung, Schiffspapiere sind untergegangen, nichts ist gerettet.

Anmerkung
Ausweislich der weiteren Feststellungen des Sachverhalts war der Schooner nach Klassifizierung durch den Germanischen Lloyd auf 15.000 M. taxiert und für 12.500 M. versichert. Ob diese Summe dem Schiffer in vollem Umfange zugekommen ist oder ob die beteiligten Versicherer Verschuldenseinwände erhoben haben, läßt sich aus der Entscheidung nicht entnehmen.
Das Seeamt hat den Schiffer zur Eidesleistung zugelassen, weil es der Ansicht war, daß sein persönliches Auftreten und seine Zeugenaussage den „Stempel der Wahrheit" in

sich trug. Daß er die Trosse, welche er beim Abtreiben des Bootes in der Hand hielt, nicht am Boot festgemacht habe, sei zwar unvorsichtig, letztlich aber folgenlos geblieben. Indes lasse sich nicht übersehen, daß menschliches Verschulden die Ursache für den Verlust an Menschenleben war; diese Schuldgründe zeigten sich jedoch vor allem in der Unbotmäßigkeit und Kopflosigkeit der Mannschaft, die die ihr erteilten sachgerechten Befehle, die Fangleine zu belegen, das Beiboot auszubringen und schließlich in das Boot zu springen, nicht befolgt habe.

Da die alleinige Rettung des Schiffers die Richtigkeit der Anordnungen zu beweisen scheint, war es wohl folgerichtig, den ertrunkenen Seeleuten ihr eigenes Verschulden vorzuwerfen.

Spruch des Seeamts zu Hamburg vom 6. October 1888, betreffend den Seeunfall der Bark „Johanna" von Hamburg.

Der Spruch des Seeamts lautet: Der Untergang der Bark „Johanna" unweit Cap Horn im October 1887 ist durch Selbstentzündung der Kohlenladung entstanden und trifft die Besatzung kein Verschulden.
Das Ertrinken des Matrosen Sörensen ist durch das Kentern des Backbordrettungsbootes herbeigeführt.
Es ist nicht zu bezweifeln, daß das gegen den Befehl des Schiffers und des ersten Steuermanns von der „Johanna" abgefahrene Boot mit seinen 8 Insassen verunglückt ist.
Das Seeamt ist der Ansicht, daß Schiffe, welche Kohlenladungen führen, mit ausreichenden Oberfläche-Ventilationsvorrichtungen versehen werden sollten, die bei jedem Wetter functioniren, auch ist es durchaus nothwendig, daß regelmäßige Temperaturmessungen in der Ladung während der Reise vorgenommen werden.

Thatbestand und Gründe: Die Bark „Johanna", im Jahre 1880 in Hamburg erbaut, gehörte der Firma H. C. Stülcken Wittwe. Die Besatzung desselben bestand aus 17 Mann, einschließlich des Schiffers Heinrich Richard Burgwardt, welcher im Besitz eines Befähigungszeugnisses zum Schiffer auf großer Fahrt ist.
Die „Johanna" war Anfang Juli 1887 von Hamburg nach Shields versegelt, nahm daselbst eine Ladung von 1146 Tons Steinkohlen ein und verließ Shields am 31. Juli mit der Bestimmung nach Iquique. Bei gutem Wetter und mit leichten und veränderlichen Winden wurden die Nordsee und der Canal durchsegelt. Bei ähnlichem Wetter traf man bald den NO-Passat und schnitt am 9. September den Aequator in 23° Westlänge. Fast Tag und Nacht waren seit dem Abgang von Shields die 3 Luken offen gehalten, um den in den Kohlen etwa enthaltenen Gasen Abzug zu verschaffen.

Auf Cap Trio Breite erhielt man schon südwestlichen Wind und wurde der Fortgang des Schiffes dadurch ein langsamerer. Am 14. October kam die Küste von Feuerland in Sicht. Mit Tagwerden am 16. October wurde Curs nach der Straße Le Maire gesteuert, die man Mittags bei frischem Westwinde und günstigem Ebbstrom passirt hatte. In der darauf folgenden Nacht wehte es stürmisch aus NW und blieb nun vorwiegend dieses Wetter bei, indem es bald aus NW, WNW, bald aus West stürmte. Man traf hohen sich kreuzenden Seegang, auch traten vielfach Schnee- und Hagelböen auf. Während des stürmischen Wetters war man genöthigt gewesen, die Vor- und Großluke, theilweise sogar auch die Achterluke geschlossen zu halten.
Am 24. October verspürte man an der Vorluke einen gasartigen Geruch, doch konnte man die Luken schlechten Wetters wegen nicht offen machen, auch in der Kajüte und dem Proviantraum nahm man jenen Geruch wahr. Abends 7 Uhr 30 Minuten, als das Groß-Obermarssegel gerefft wurde, bemerkten die Leute von den Raaen aus Dampf aus dem Top des Großmastes emporsteigen. Der erste Steuermann, dem dies gemeldet wurde, hielt dies jedoch für nichts Bedenkliches und machte dem Schiffer auch keine Mittheilung hiervon.
Am folgenden Morgen ließ der zweite Steuermann, als der Wind zeitweilig etwas nachgelassen hatte und das Schiff kein Wasser übernahm, die Vorluke öffnen. Beim Oeffnen entstieg dieser Luke ein leichter Dunst. Der Schiffer wurde hiervon sofort benachrichtigt und überzeugte sich selbst von dem Hervortreten des Dunstes; man stieg auch in den Laderaum hinunter, befühlte die Kohlen, doch ließ sich nirgends eine Spur von Erhitzung finden. Da das Wetter böig wurde, schloß man die Luken wieder.
Gegen Abend setzte wieder ein Sturm aus WNW ein. Sämmtliche Segel mußten gerefft werden und arbeitete das Schiff sehr heftig in dem von NW und SW her sich kreuzenden Seegange; auch während der Nacht hielt der Sturm noch an. Während der Morgenwache am 26. October bemerkte der erste Steuermann, daß der aus der Kabelgattsluke kommende Rauch, welcher bis dahin leicht und dünn gewesen war, sich verdichtet hatte, auch war der Geruch intensiver und brandiger geworden. Sofort wurde der Schiffer gerufen. Derselbe versuchte noch in den Raum zu gelangen, um wenn möglich den Herd des Feuers zu entdecken, allein der Rauch war zu stark, so daß ihm der Athem verging. Man hatte nun Gewißheit, daß die Ladung brannte. Die

Vorluke wurde sogleich wieder geschlossen, ebenso die Kabelgattsluke und alle Oeffnungen, um das Feuer wenn möglich, zu ersticken. Kaum war jene Luke mit einer Persenning bedeckt, so wurde sie durch untere Kraft wieder abgeschleudert.
Inzwischen war die ganze Mannschaft bereits an Deck gekommen, man halste das Schiff herum, dasselbe nach Norden legend. Es wehte noch immer ein Sturm aus WNW, Stärke 9, bei hohem aus NW und SW laufenden Seegange. Während das Schiff herum halste und vor dem Winde lief, flog der Deckel der Hinterlukskappe ab, die Zurrings brechend. Um nun eine weitere Explosion zu vermeiden, ließ man die Steuerbordskabelgattsluke offen, damit der Rauch Abzug habe, welcher immer stärker und dichter hervorquoll und schon das ganze Vordeck füllte. Um für alle Fälle Trinkwasser bereit zu haben, wurde noch ein Faß mit Trinkwasser aus dem Wassertank, welcher hinter dem Großmast im Unterraum placirt war, vollgepumpt. Dieses Trinkwasser war zu jener Zeit noch ebenso kalt, wie es unter gewöhnlichen Umständen bei Cap Horn ist. Auch das Pumpenwasser hatte noch die gleiche Temperatur wie gewöhnlich. Dieser Umstand berechtigte die Mannschaft zu der Annahme, daß das Feuer bisher nur im Vorderschiff war.
Das Schiff arbeitete in dem durcheinander laufenden Seegange fortwährend gewaltig und erhielt das Feuer dadurch nur noch mehr Nahrung und Zug. Man vernahm bald auch ein pfeifendes zischendes Geräusch, welches aus den Luken, der Kajüte und dem Proviantraum erscholl und anzeigte, daß sich das Feuer im Unterraum mehr und mehr ausbreitete.
Am Mittag des 26. October befand die „Johanna“ sich nach Besteck auf 58°28′ Südbreite und 77°31′ Westlänge. Nachmittags wurden Wind und Böen etwas mäßiger und setzte man jetzt soviel Segel bei, als das Wetter erlaubte. Um 4 Uhr 30 Minuten sprangen die großen Luken auf, doch gelang es, dieselben einstweilen wieder niederzulaschen. Da der Rauch immer mehr zunahm, wurden die Boote klar gemacht, aufrecht gesetzt, auch die Taljen eingehakt, um dieselben jeden Augenblick über setzen zu können. Der Proviant wurde in der Kajüte klar gehalten und für jedes Boot ein kleines Faß mit Trinkwasser, ein Sack Brod und ein Sack mit präservirtem Fleisch, Milch, Bohnen etc. bestimmt.
Nachdem Alles soweit vorbereitet war, ließ Schiffer Burgwardt die Leute zum Essen gehen. Während der Mahlzeit flog plötzlich die Vorluke mit

donnerähnlichem Krachen in die Höhe. Stücke derselben flogen auf die Back und Vorhütte und für einen kurzen Augenblick sah man Flammen aufzüngeln. Um das Feuer zu dämpfen, goß man 6 oder 7 der großen Deckswaschbaljen voll Wasser in die Vorluke hinein, doch wurde der Rauch nur noch stärker und dicker; kaum konnte die Mannschaft dort noch aushalten. Es gelang aber dennoch, die Luke mit einem nassen Bramsegel drei- und vierfach noch wieder zu bedecken.

Eine Peilung der Pumpen ergab, daß das gepumpte Wasser schlammig, aber keineswegs erwärmt war; es zeigten sich in denselben aber angebrannte Kohlenstücke, wodurch sie nach ein Paar weiteren Schlägen unklar wurden, auch entstieg den Pumpenröhren Rauch und ein Geruch wie von angebranntem Holze, welches zu der Annahme berechtigte, daß die Bauchdielen durchgebrannt seien und sich das Feuer unten immer weiter ausdehne. Kaum 20 Minuten nach dem letzten Schließen der Vorluke schlugen aber schon die hellen Flammen aus jener Luke wieder heraus und gab Schiffer Burgwardt nun nach Aufgeiung der Segel den Befehl zum Aussetzen des Steuerbord-Großbootes, welches auch gut zu Wasser kam und hinter das Heck gefiert wurde. Der Matrose Lescheck war als Bewachung in demselben.

Hierauf wurde auf der Luvseite das Backbordboot zu Wasser gebracht, doch wollte die hintere Talje nicht so schnell aushaken; eine heranschlagende See hob das Boot hoch, hakte die Talje vorn aus, außerdem brach die Fangleine, das Boot kam dwars in die See, schöpfte Wasser, kenterte und trieb vom Schiffe weg. Der in demselben befindlich gewesene Matrose Johann Sörensen aus Horsens fiel in die See. Man warf ihm noch verschiedene Leinen zu, auch einen Rettungsgürtel, die er aber, da er zu dicke Kleidung trug, nicht mehr ergreifen konnte. Er versank kurz darauf.

Während dieses Vorfalles hatte sich das andere Boot, in dem sich der Matrose Lescheck befand, wie jetzt erst bemerkt wurde, von dem Schiffe entfernt und war fast außer Sicht gekommen. Man hatte Lescheck bei der Fangleine hantiren sehen. Schiffer Burgwardt hatte ihm noch zugerufen, keinenfalls loszuwerfen, dennoch war dies geschehen. Man machte sich nun sofort daran, das Boot wieder aufzufangen, was auch, da dasselbe keine Segel hatte, nach einigen Schwierigkeiten gelang. Als der Wind während des Halsens von hinten kam, flog das Schott, welches die Capitänskammer von dem Proviant-

raum trennte, nach innen, ein anderes Schott und mehrere Gegenstände mit fortreißend und die Kajüte mit Rauch füllend.
Nachdem das Großboot mit dem Matrosen Lescheck wieder auf Seite war, beorderte der Schiffer den ersten Steuermann Thomsen mit der Backbordswache und noch weitere 4 Mann dort hinein. Der im Boot befindliche Matrose Lescheck irritirte die Leute aber durch sein fortwährendes Rufen: „Macht zu, macht zu, daß ihr ins Boot kommt und wir von der Seite kommen.“ Alles Zureden war vergeblich, die Mehrzahl der Leute glaubte, das Schiff würde jeden Augenblick auffliegen. Wiederholt widersprach der Matrose dem Befehl des Schiffers, mit dem Boot hinter dem Heck zu bleiben, durch Rufe: „das können wir nicht und das thun wir nicht.“ Da noch kein Trinkwasser im Boot war, beorderte der Schiffer den Steuermann Thomsen, einen der Leute wieder herauf zu schicken, um das bereit liegende Faß mit Trinkwasser zu holen, weil inzwischen die übrige Mannschaft mit dem Instandsetzen der Gig beschäftigt war.
Da keiner der Leute dem Befehl des Steuermanns nachkam, sprang dieser selbst wieder an Deck, um das Faß zu holen, und rief den Leuten zu, bis zu seiner Rückkehr zu warten; doch als er mit dem Faß wieder nach hinten kam, war das Boot schon eine erhebliche Strecke vom Schiff fortgetrieben; man hatte die Fangleine durchschnitten und alles Rufen und Bitten des Steuermanns, mit dem Boot zurückzukehren, half nichts. Die Insassen des Bootes waren vollständig rath- und fassungslos geworden und schrien wild durcheinander. Da es inzwischen dunkel geworden war, kam das Boot nach kurzer Zeit aus Sicht.
Die noch an Bord Befindlichen begaben sich, da es jetzt Zeit war, das Schiff zu verlassen, in voller Ruhe und Ordnung in die mit allem nöthigen versehene Gig. Schiffer Burgwardt war der letzte, welcher das brennende Schiff verließ. Das Journal und die Schiffspapiere lagen zur Mitnahme in der Kajüte bereit. Der intensive Rauch und das Umsichgreifen des Feuers verhinderte indeß ein Betreten der Kajüte, als das Schiff verlassen werden mußte. In Folge der voraufgegangenen aufregenden Scenen hatte man an eine anderweitige Unterbringung derselben nicht gedacht.
Eine halbe Stunde hielt man sich noch hinter dem Schiff, dann zwang der immer stärker werdende Rauch zum Loswerfen; es war dies etwa um 2 Uhr Morgens am 27. October. Seit Mittag des 26. October hatte die „Johanna“

ungefähr 34 Seemeilen NzO Richtung gemacht. Cap Horn mußte hiernach 360 Seemeilen in NO Richtung entfernt sein. Um 5 Uhr Morgens wurde das überall brennende Schiff in SO Richtung, 4 Seemeilen entfernt gesehen. Um 9 Uhr Vormittags fiel der Besahnmast über Bord, um 11 Uhr der Großtop, Nachmittags gegen 5 Uhr fiel der Fockmast. Vor Dunkelwerden sah man nur noch schwarzen dicken Rauch am Horizont; das war das Letzte, was man vom Schiffe sah.

Um die Gig möglichst vor dem Kentern zu bewahren, mußte dieselbe bestmöglichst auf der See gehalten werden, dennoch wurde einigermaßen Nord und NNW Curs eingehalten. So vergingen fast 4 Nächte und 3 Tage bei starkem Winde und Seegange, sowie Hagel- und Schneeböen. Am 30. October sah man gegen 3 Uhr Morgens nicht weit entfernt ein Schiff und bald dessen rothe Seitenlaterne; man machte sich durch Rufen bemerkbar und da das Schiff glücklicherweise auf das Boot zukam, wurden die Schiffbrüchigen bemerkt und gegen 4 Uhr 30 Minuten befanden sich alle an Bord der Greenocker Bark „Carleton“, Schiffer Lowe, welcher denselben die freundlichste Aufnahme und Pflege angedeihen ließ und sie in San Francisco landete.

Anmerkung

Wichtigstes Transportgut für an die Westküste Südamerikas bestimmte Schiffe war bis in das Jahr 1914 nicht so sehr die ausgehende Kohle, sondern das salpetersaure Natron als einkommende Ladung. In der Nähe des Bestimmungshafens der „Johanna“, dem chilenischen Iquique, lagen die bedeutendsten Natronsalpeterlager Chiles. Der sogenannte „Chili-Salpeter“ gewann mit den ausgehenden 80er Jahren des 19. Jahrhunderts als Dünger in der Landwirtschaft, aber auch für die Herstellung von Schießpulver Bedeutung.

Das Seeamt stellt in den Entscheidungsgründen zunächst fest, daß die von der „Johanna“ übernommene Kohle nach den in England geltenden Bestimmungen nicht zur „feurigen“ Kohle rechne und damit für lange Reisen geeignet war. Es wird dann festgestellt, daß bei der Übernahme der frisch gebrochenen Kohle alle übliche Sorgfalt angewendet worden sei. Sodann wird ausgeführt, daß das Schiff Quer- und Längsschotte sowie eine besondere Ventilationseinrichtung nicht besaß. Da deshalb durch die Luken gelüftet werden mußte, ergab sich bei schlechtem Wetter infolge der unzureichenden Lüftung durch das Mannloch am Großmast und das Kabelgatt, wo Ventilatoren nicht vorhanden waren, der Zustand, welcher letztlich wohl für die Selbstentzündung der Kohle ursächlich war.

Spruch des Seeamts zu Bremerhaven vom 11. Februar 1901, betreffend die Seeunfälle der Schraubendampfer „Saale“, „Bremen“, „Kaiser Wilhelm der Große“ und „Main“ von Bremen in Folge der Brandkatastrophe in Hoboken am 30. Juni 1900.

Der Spruch des Seeamts lautet: Am 30. Juni 1900, Nachmittags 4 Uhr ist in einem an der Südwestseite der Pieranlagen des Norddeutschen Lloyd in Hoboken belegenen Schuppen zwischen daselbst aufgestapelter Baumwolle Feuer ausgebrochen, welches bei dem herrschenden Winde binnen kürzester Zeit zu einer gewaltigen Feuersbrunst anwuchs und nicht nur die gesammten Pieranlagen mit den darauf befindlichen hölzernen Schuppen und Waaren völlig vernichtete, sondern auch die an den Piers liegenden Schiffe „Saale“, „Bremen“, „Kaiser Wilhelm der Große“ und „Main“, sowie deren Besatzungen in folgender Weise in Mitleidenschaft zog.

I. Dampfer „Saale“:
Die sämmtlichen Aufbauten sind vollständig zerstört. Im Hauptdeck ist die ganze Salon- und Kajütseinrichtung völlig ausgebrannt und durch das Feuer das eiserne Deck durchgeglüht. Die Deckbalken haben stark gelitten. Die ganzen Seitenwände sind verbogen, in dem Maschinenraum ist ein Hochdruckcylinder gesprungen. Das Schiff ist für 23 000 $ verkauft, die Reparaturkosten für Wiederinstandsetzung des Schiffes würden 1½ Millionen Mark betragen haben.
Von der Besatzung werden 101 Personen vermißt; 38 Leichen sind recognoscirt.

II. Dampfer „Bremen“:
Die sämtlichen Aufbauten und Kajütseinrichtungen sind verbrannt. Das Zwischendeck hat durch daselbst verstaute und in Brand gerathene Baumwolle stark gelitten. Verschiedene Platten des Schiffsrumpfes sind in Folge der Hitze verbogen.
Die Reparaturkosten werden auf 1 700 000 Mark geschätzt.

Von der Mannschaft werden 12 Personen vermißt; eine Leiche ist recognoscirt.

III. Dampfer „Kaiser Wilhelm der Große“:
Theile des Vordecks, 7 an Steuerbord auf dem Sonnendeck stehende Boote und einiges Holzwerk haben gebrannt.
Von der Mannschaft werden 2 Matrosen vermißt.

IV. Dampfer „Main“:
Das Schiff ist bis auf die Wasserlinie weißglühend gewesen und total ausgebrannt.
Die veranschlagten Reparaturkosten belaufen sich auf 2 700 000 Mark.
Von der Mannschaft werden 35 Personen vermißt; recognoscirt sind 16 Leichen.

Was die Entstehungsursache des Feuers anlangt, so hat dieselbe mit Bestimmtheit nicht festgestellt werden können, jedoch erscheint nach dem Resultat der Beweisaufnahme Selbstentzündung oder vorsätzliche Brandstiftung

Schraubendampfer „Saale“ nach Umbau 1895

ausgeschlossen und ist es wahrscheinlich, daß das Feuer durch eine Fahrlässigkeit verursacht ist.
Die auf den einzelnen Schiffen prompt angeordneten Lösch- und Rettungsmaßregeln vermochten dem mit rapider Schnelligkeit um sich greifenden Feuer keinen Einhalt zu gebieten und konnten wegen des starken Qualmes und der großen Hitze bei den Piers auch nur theilweise ausgeführt werden.
Besonderes Lob verdient die Unerschrockenheit und Energie, mit welcher der erste Maschinist Barends und der zweite Steuermann Hohlfeldt sowie etwa 20 Mann vom Hamburger Dampfer „Kaiser Friedrich" aus der stromabwärts treibenden brennenden „Saale" 37 Personen das Leben gerettet haben.
Die einzelnen Schiffsleitungen trifft ein Verschulden an den Beschädigungen der Schiffe und dem Verluste der Menschenleben nicht. Die angeordneten Löschversuche und Rettungsmaßregeln verdienen ebenso wie die Haltung und Disziplin der Besatzungen Anerkennung.
Gründe: Der Norddeutsche Lloyd in Bremen hatte für seinen Schiffahrtsbetrieb nach und von New-York an der New-York gegenüberliegenden Hobokener Seite des Hudson Pieranlagen im Gebrauche, welche aus 4 in den

Schraubendampfer „Kaiser Wilhelm der Große"

Fluß hineingebauten, zum Anlegen der Schiffe bestimmten Piers und einer an der Landseite die Piers verbindenden Plattform bestanden.
Diese gesammte Anlage ruhte auf Pfählen und war mit hölzernen Schuppen bebaut, welche zur Lagerung von aus- und eingehenden Kaufmannsgütern bestimmt waren.
Die Seitenwände der Pierschuppen, welche bis auf den zweistöckigen Schuppen auf Pier I einstöckig waren, waren zum Wegnehmen und Aufklappen eingerichtet.
Am 30. Juni 1900 waren sowohl der großen Hitze als auch des ganzen Dockbetriebs wegen die Seitenwände sämmtlicher Aufbauten zum größten Theile geöffnet.
Auf der Plattform und den Piers waren Feuerlöscheinrichtungen vorhanden. Bei sämmtlichen Hydranten waren die Schläuche, welche in genügender Länge vorhanden waren, angeschraubt. Ferner war noch eine Dampffeuerlöschpumpe vorhanden.
Neben den festen Hydranten waren auf allen Piers an verschiedensten Stellen mit Wasser gefüllte Eimer aufgehängt. Ferner waren auf der Plattform und den Piers, sowie in den Büreaus u. s. w. etwa 200 Handfeuerlöschapparate aufgehängt; Apparate oder sonstige Vorrichtungen, durch welche der Aus-

Schraubendampfer „Main" des Norddeutschen Lloyd, Bremen

bruch eines Feuers auf der Plattform oder dem anschließend hieran nach Hoboken zu liegenden Areal des Norddeutschen Lloyd nach Piers oder nach den Schiffen gemeldet werden konnte, existirten nicht. Auch bestand kein verabredetes oder allgemein gültiges Feuersignal. Dagegen bestand eine zweifache Verbindung des Büreaus des Norddeutschen Lloyd mit der Feuerwehr in Hoboken.

Am 30. Juni 1900 lagerte auf der Plattform einkommende und ausgehende Ladung.

Unmittelbar neben den auf der Plattform bei Pier III lagernden 1100 Ballen Baumwolle befand sich in der südwestlichen Ecke der Plattform eine durch Holzwände hergestellte besondere Abtheilung, welche hauptsächlich dazu bestimmt war, einen Schuppen zu schaffen, der im Winter erwärmt werden und Waaren zur Lagerung aufnehmen konnte, welche Winterkälte nicht ausgesetzt werden sollten. Dieser Schuppen war ungefähr 150 Fuß lang, 120 Fuß breit und 28 Fuß hoch. Von demselben führten zwei Thüren nach dem Pier III zu, welche am 30. Juni 1900 offen standen, während zwei nach der Plattform führende Thüren geschlossen waren.

Am Nachmittag des 30. Juni gegen 4 Uhr war man damit beschäftigt gewesen, von einem Leichter aus, welcher an der Nordseite des Piers III in der Ecke des Piers III und der Plattform lag, Baumwolle nach dem fraglichen

Schraubendampfer „Bremen“ und „Main“ nach dem Brand am Hoboken-Pier

Schuppen zu bringen. Das Ausladen der Baumwolle erfolgte mittelst eines Ladebaums, welcher vom Leichter aus betrieben wurde. Ob auf dem Leichter, welcher eine hohe Deckladung hatte, in der Kombüse oder sonst irgendwo Feuer brannte und durch einen Schornstein Funken fliegen konnten, ist nicht mit Sicherheit festgestellt. Das Einladen der Baumwolle in den Schuppen erfolgte durch Handarbeit mittelst kleiner Handwagen.

In dem Schuppen befanden sich bereits 268 Ballen Baumwolle, welche dort seit etwa 14 Tagen lagerten. Dieselbe war am 29. Juni umgestaut worden, weil von dieser Partie, welche ursprünglich aus 400 Ballen bestanden hatte, der fehlende Rest in den Dampfer „Aller“ verladen worden war. Das Umstauen war in der Weise geschehen, daß jeder Ballen für sich auf Marke und Nummer untersucht und dann wieder aufgestapelt worden war. Bei dieser Umstauung am 29. Juni ist weder Rauch noch Feuer oder Wärme bemerkt worden.

Am 30. Juni Nachmittags 4 Uhr, als erst einige Ballen aus dem Leichter gelöscht waren, hat einer der Anschreiber, welcher die Baumwolle aus dem Leichter empfing, bemerkt, daß einer der Baumwollballen, welche bereits seit 14 Tagen in dem Schuppen lagerten und am Tage vorher umgestaut waren, brannte. Dieser Ballen wurde sofort auf einen Handwagen geladen und direkt vom Pier ins Wasser geworfen. In demselben Augenblick, als der Ballen fortgenommen wurde, brannte auch schon der nächste und gleich darauf die ganze Partie, welche nicht aufgestapelt, sondern ballenweise auf dem Ende stand und hart aneinander gelehnt war.

In dem Schuppen lagerten außer der Baumwolle noch eiserne Bettstellen und verschiedene Fässer mit Eisenwaaren, außerdem verschiedene Fässer mit importirtem Bier und einige Kisten mit Früchten. Irgend welche feuergefährlichen Gegenstände befanden sich nicht in dem Schuppen; auch stand die Baumwolle von den übrigen Waaren völlig isoliert. Beim Ausladen der Baumwolle aus dem mehrerwähnten Leichter soll Niemand geraucht haben. Nach einem überall angeschlagenen Verbot ist das Rauchen auf den Piers und in den Schuppen streng verboten. Die Aufsicht über die beim Ausladen der Baumwolle beschäftigten Arbeiter hat der Anschreiber und ein Vormann geführt.

Der Lloydinspektor Möller, welcher sich am Ausgange von Pier II ganz in der Nähe befand, eilte auf die ungesäumte Meldung von dem Ausbruche des

Feuers sofort zur Stellung und fand bei seinem Eintreffen am Feuerherde bereits mehrere Dockarbeiter mit dem Löschen des Feuers beschäftigt, indem dieselben zwei Wasserschläuche und einen zehn Gallonen Flüssigkeit enthaltenden automatischen Feuerlöscher sowie einen tragbaren, zwei Gallonen fassenden Löschapparat in Thätigkeit gesetzt hatten. Während Möller von Pier II nach dem Feuerherde lief, beauftragte der den Arbeiter, welcher ihm das Feuer gemeldet hatte, sofort die städtische Feuerwehr zu alarmiren; dieser Befehl ist auch sofort ausgeführt. Außerdem gab er im Vorbeilaufen mehreren auf der Plattform arbeitenden Leuten den Befehl, den Alarm nach den an den Piers liegenden Schiffen weiterzugeben und dafür zu sorgen, daß die Schiffe losgemacht würden.
Innerhalb weniger Minuten hatte die Feuersbrunst aber auch schon die Piers und Schiffe erreicht und wurden letztere nach der Reihenfolge ihrer Liegestellen, vom Feuerherd aus gerechnet, vom Feuer in folgender Weise ergriffen:

I. Dampfer „Saale“:
Der Schraubendampfer „Saale“ hatte Bremen zum Heimathshafen und war Eigenthum des Norddeutschen Lloyd daselbst. Das Schiff war im Jahre 1886 aus Stahl erbaut worden und hatte einen Raumgehalt von 14921,1 cbm brutto und 7459,5 cbm netto. Der Dampfer war 133,30 m lang, 14,68 m breit und 10,50 m tief. Die Besatzung bestand einschließlich des Schiffers Mirow aus Bremerhaven aus 250 Mann.
Der Dampfer „Saale“ lag an der Südseite des Piers II und zwar mit dem Bug dicht an der Plattform und mit dem Heck nach dem in den Strom reichenden Ende des Piers zu. Das Schiff war vorn und hinten durch Trossen und Manilaleinen auf der Steuerbordseite an den Pierpfählen befestigt und außerdem mit dem Pier durch Laufstege und Ladeplanken verbunden. Da die Abfahrt der „Saale“, welche ursprünglich bereits am 30. Juni stattfinden sollte, aber später auf den 1. Juli verschoben war, nahe bevorstand und das Schiff eine außergewöhnlich große Anzahl von Kajütspassagieren aufnehmen sollte, so war man eifrig mit den letzten Instandsetzungsarbeiten für die bevorstehende Abreise beschäftigt.
Das im Baumwollschuppen ausgebrochene Feuer wurde auf der „Saale“ zuerst von dem ersten Bootsmann Reimer bemerkt.

Dem Schiffer Mirow, welcher sich mit dem ersten Steuermanne zur Inspizierung im Zwischendeck befand, wurde sofort Meldung gemacht; beide eilten an Deck und gaben die Befehle: „Schläuche anschrauben, Schiff loswerfen und Fenster schließen!"

Das Signal für den Ausbruch von Feuer an Bord der „Saale" wird in der Regel mit dem Gong oder der Glocke gegeben. Bei der großen Eile wurde im vorliegenden Falle der Alarm jedoch lediglich durch Rufen weitergegeben und ist auf diese Weise an Deck und in dem Maschinenraume bekannt geworden; in letzterem war man mit dem Seeklarmachen der Maschine beschäftigt. Doch ist es bei der rapiden Schnelligkeit, mit welcher das Feuer um sich griff, nicht möglich gewesen, die Warnrufe überall hingelangen zu lassen. So ist zu befürchten, daß die unter Deck arbeitenden Leute, insbesondere die Stewards erst von dem Feuer Kenntniß erhalten haben, als in Folge des Auslöschens des elektrischen Lichtes im Schiffe völlige Dunkelheit eingetreten und der Ausgang über die Treppen in Folge von Qualm und Hitze bereits abgeschnitten war.

Der Schiffer Mirow stand nach Abgabe der Befehle vorn in der Rundung des Promenadendecks und wird in dem undurchdringlichen Qualme alsbald besinnungslos zu Boden gefallen sein. Nachdem es glücklich gelungen war, vorn alle Leinen loszuwerfen, fing die „Saale" vorn auch schon an zu brennen und konnte es daselbst keiner vor Qualm mehr aushalten. Es stürzte daher alles, was sich noch über den bereits bis mittschiffs brennenden Pier auf die am Ende desselben auf dem Strome liegenden Kohlenleichter gerettet hatte, nach achtern, wo zwei Leinen klar zum Abschleppen waren.

Vom ersten und zweiten Steuermanne wurden mehrere in der Nähe liegende Schleppdampfer angerufen und zum Abschleppen aufgefordert, dieselben leisteten der Aufforderung aber keine Folge, obgleich ein Herausschleppen in diesem Augenblicke noch möglich gewesen wäre. Gleichzeitig wurde versucht, das Schiff mit der achteraus stehenden, auf dem Pier noch befestigten Manilaleine in Fahrt zu setzen. Die Leine war um das Spill geworfen, um das Schiff achteraus zu hieven. Das Spill lief, die Leine konnte aber nicht gut angehievt werden, da sie in Folge zu geringer Distanz nach dem Poller am Pier zu steil stand. Als das Sonnensegel über den Köpfen der beim Spill beschäftigten Leute zu brennen anfing, mußte der Versuch, das Schiff achteraus zu hieven, aufgegeben werden und hing die Leine später im Bogen herunter.

Von den zuletzt am Heck mit den Offizieren versammelten etwa 40 Mann sprangen die meisten über Bord, andere ließen sich an festgemachten Leinen und Tauenden hinab. Obgleich auf der „Saale" 12 Rettungsringe an den vorgeschriebenen Stellen und 1075 Rettungsgürtel in den Kajützimmern in verschiedenen Schränken vorhanden waren, hatten die meisten Personen zur Anlegung der Ringe oder Gürtel keine Zeit mehr gehabt und waren theils an Leinen, theils so über Bord gegangen.
Die am Schiffe sich festhaltenden und im Wasser Treibenden geriethen durch in der Nähe treibende brennende Leichter, unter denen sich auch der Baumwolleichter aus der Ecke von Pier III und der Plattform befand, in große Gefahr und fanden, soweit es ihnen nicht gelang, sich an der herunterhängenden Manilaleine auf den Pier und von dort auf die am Ende desselben liegenden Kohlenleichter zu retten oder soweit sie nicht von Booten des Hamburger Dampfers „Phoenicia" aufgenommen wurden, ihren Tod durch Ertrinken. Die Schleppdampfer haben sich um die im Wasser Treibenden nicht bekümmert, sollen sogar mehrere, sich an Bord festklammernde, zurückgestoßen haben.
Die „Saale" ist dann alsbald von selbst ohne Schlepphülfe vom Pier durch den starken Ebbestrom freigekommen und in hellen Flammen stehend stromabwärts getrieben. Obgleich dieselbe von mehreren Schleppdampfern begleitet war, faßten dieselben nicht zu und brachten den aus den Bullaugen in der Todesangst nach Wasser Schreienden keine Hülfe. Als dieses auf dem Hamburg-Amerika-Pier bemerkt wurde, ließen der Obermaschinist Barends und der zweite Steuermann Hohlfeldt vom Hamburger Dampfer „Kaiser Friedrich" sofort ein Boot mit etwa 20 aus Maschinen- und Deckpersonal bestehenden Freiwilligen bemannen, nahmen Geräthe mit und fuhren nach der brennenden „Saale" ab, wo zunächst versucht wurde, die aus den Bullaugen um Hülfe Schreienden durch Begießen mit Wasser und Losschlagen der Fensterrahmen aus ihrer verzweifelten Lage zu befreien.
Als diese Versuche, bei denen einem Schlepper ein Schlauch sogar gewaltsam weggenommen werden mußte, während sich die übrigen mehr oder weniger passiv verhielten, wegen Erfolglosigkeit alsbald aufgegeben werden mußten, stiegen die Rettungsmannschaften unter Führung von Barends und Hohlfeldt an Deck und gelang es hier unter eigener Todesverachtung 37 Mann aus dem Maschinenraume zu retten. Bei dieser Rettung wurden die Hamburger

von den inzwischen hinzugekommenen Feuerbooten unterstützt, während ein Schleppdampfer durch Abstellung eines Wasserschlauchs, dessen Verbrennen befürchtet wurde, das Rettungswerk erschwerte.
Die Rettung des Stewardpersonals ist leider nicht gelungen, obgleich sich Barends mehrfach mit Schläuchen bis zum Ruderhause, wo sich eine zu den Stewardzimmern führende Luke befand, hindurch gearbeitet hatte. Er mußte umkehren, nachdem ihm dreimal das Wasser in den Schläuchen ausgegangen war. Abends trieb die „Saale" bei Communipaw auf Grund und ist das Feuer schließlich durch das durch die Bullaugen dringende Wasser gelöscht. Da das Boot der Hamburger Mannschaft durch die Schleppdampfer und das Schlagen gegen die „Saale" gleich beim Beginne der etwa 3 Stunden dauernden Rettungsarbeiten zertrümmert war, fuhr dieselbe mit einem Schlepper nach Land zurück.

II. Dampfer „Bremen":
Der Doppelschraubendampfer „Bremen" führt das Unterscheidungs-Signal QGKH, hat Bremen zum Heimathshafen und ist Eigenthum des Norddeutschen Lloyd daselbst. Das im Jahre 1897 aus Stahl erbaute Schiff mißt brutto 29 815,2 cbm, netto 18 929,4 cbm und ist 160,06 m lang, 18,35 m breit und 10,61 m tief; die Besatzung besteht aus 197 Mann.
Der Dampfer „Bremen", welcher am 27. Juni in New-York angekommen war und am 5. Juli wieder abfahren sollte, lag mit dem Heck nach außen an der Nordseite des Piers II und war mit seiner Backbordseite in der üblichen Weise vorn und hinten durch Leinen und Trossen befestigt. Am 30. Juni war noch etwas einkommende Ladung im Schiffe, darunter Salz und etwa 30 Faß Whiskey. In Luke III, IV und V waren bereits 300-400 Ballen Baumwolle eingenommen. Der noch vorhandene Kohlenvorrath betrug etwa 200 Tonnen und sollte durch die an jeder Seite geöffneten 2 Kohlenpforten ergänzt werden. Zum Schiffbetriebe war ein Doppelendkessel in Thätigkeit. Als das Feuer ausbrach, war die Schiffsmannschaft mit Decksarbeiten beschäftigt; außerdem arbeitete nur ein Arbeitsgang auf Deck. Sonst hat außer dem Maschinenpersonal Niemand unter Deck gearbeitet. Auf dem Pier II gerade mittschiffs der „Bremen" lagerten 500 bis 1000 Ballen Baumwolle.
Zur Zeit des Ausbruchs des Feuers, welches sofort auch auf der „Bremen" bekannt wurde, befand sich der Schiffer Nierich mit Urlaub an Land. Die

Steuermänner befanden sich aber an Bord und waren prompt zur Stelle. Der zuerst von seinem nahegelegenen Zimmer auf der Brücke erschienene zweite Steuermann Block gab sofort das Kommando „Leinen loswerfen, Schläuche anschrauben und Fenster an Backbord schließen!“ und betheiligte sich selbst mit besonderer Umsicht und Energie an der Ausführung der ertheilten Befehle. Der auf dem Achterdeck stehende erste Steuermann gab auf seinem Wege zur Brücke dieselben Befehle und fand, als er die Brücke erreichte, sowohl diese als auch die Boote an Backbordseite bereits in Flammen stehend. Trotzdem das Feuer mit rasender Schnelligkeit auch die „Bremen“ ergriffen hatte, war es doch gelungen, die sämmtlichen Befestigungen zu lösen und zwar die letzten vorn unter dem Schutze des von den Schläuchen gegebenen Wassers. Da an ein Löschen des in Brand gerathenen Schiffes nicht zu denken war, so lange dasselbe neben dem lichterloh brennenden Pier lag, wurde mit aller Anstrengung darauf hingearbeitet, das Schiff vom Pier wegzubekommen. Es war auch gelungen eine neue 8 cm Manilaleine mit dem Auge bis zum Wasserspiegel über das Heck zu hängen; die Bemühungen, durch Rufen und Pfeifensignale die in der Nähe befindlichen 6 bis 7 Schlepper zur Annahme der Leine zu veranlassen, waren aber vergeblich. Das Feuer hatte inzwischen die ganze Backbordseite des Schiffes und das Sonnendeck des Schiffes ergriffen, ebenso stand der ganze Mittelbau in Flammen und fing auch schon das kleine Bootsdeck auf der Poop zu brennen an. Durch das Verhalten der Schleppdampfer war jede Aussicht auf Rettung des Schiffes geschwunden.

Da durch ein längeres Verweilen an Bord zwecklos Menschenleben geopfert wären, gab der zweite Steuermann Block, welcher sich mit etwa 150 Leuten auf die Poop geflüchtet hatte, dem zweiten Bootsmanne den Befehl, alle verfügbaren Enden über Bord zu hängen und ertheilte, als dieses geschehen war, den Befehl: „Alles zu Wasser gehen!“ Erst auf diesen Befehl hin verließ die Mannschaft ruhig und besonnen ohne Ueberstürzung das Schiff. Da die Stewardessen zögerten, an den Tauenden herunterzuklettern, gab der zweite Steuermann Befehl, aus einem in der Nähe hängenden Rettungsboote eine Strickleiter herauszuholen. Dieser Befehl muß bei dem herrschenden Getöse falsch verstanden sein; das Boot wurde ausgeschwungen und der Versuch gemacht, es zu Wasser zu lassen. Als bis zur Regeling gefiert war, stiegen die Stewardessen und ein Theil der Mannschaft hinein. Gleich darauf brach der

vordere Läufer, welcher durchgebrannt war und das Boot schlug auf den darunter befindlichen Kohlenleichter, wodurch mehrere Personen verletzt und eine getödtet wurde.
Der erste Steuermann, welcher vom unteren Promenadendeck nach dem Achterdeck gelaufen kam, war genöthigt, sich durch einen Sprung auf einen bei der „Bremen" liegenden Leichter zu retten. Bei diesem aus einer Höhe von 30 bis 35 Fuß erfolgenden Sprunge hat sich derselbe verschiedene nicht unerhebliche Verletzungen zugezogen, an denen er bis zum 15. Juli im Hospital gelegen hat.
Etwa 150 der von der „Bremen" abgesprungenen und herabgelassenen Personen befanden sich auf einem achteraus liegenden Kohlenleichter, welcher mit einem anderen Schiffe nicht verbunden war. Es wurde daher eine Leine auf einen dicht dabeiliegenden Schleppdampfer geworfen und dieser um Herausschleppen des Leichters auf den Strom gebeten. Die Leine fiel auf das Vordeck des Schleppers, dicht vor den Füßen der daselbst stehenden Mannschaften nieder, diese faßten die Leine aber nicht an, sondern gingen mit dem Fahrzeuge rückwärts. Der im Strome schwimmende zweite Steuermann

Schraubendampfer „Bremen" nach dem Brand

Block wurde erst von dem vierten Schlepper aufgenommen, während die ersten drei an ihm vorbeifuhren. Der Matrose Emil Setter ist auf einen in der Nähe befindlichen Schlepper zugeschwommen und hat um Hülfe gebeten. Die auf den Pollern des Schleppers sitzenden Mannschaften winkten ab und fuhren weiter, obgleich die im Wasser mit dem Tode ringenden Leute vor ihren Augen wegsackten.

In Folge des durch das Herausschleppen des Dampfers „Kaiser Wilhelm der Große“ entstandenen Sogs hatte sich die „Bremen“ ohne fremde Hülfe von dem Pier gelöst und war, in hellen Flammen stehend, auf den Hudson hinausgetrieben, wo sie von verschiedenen Schleppdampfern angefaßt und zunächst stromabwärts bugsirt wurde. Später wurde das Schiff zurück an den brennenden Piers vorbei stromabwärts geschleppt und am Abend bei Weehawken auf Grund gesetzt.

Beim Hinaustreiben auf den Strom befand sich noch ein Theil des Maschinen- und Heizerpersonals unter Deck. Obgleich das Feuer auch im Maschinenraume durch die in den Ventilatoren herabfallenden Funken und durch den Befehl der Steuerleute, die Pumpen anzustellen, bekannt geworden war, war es einem Theile des Personals nach Ausführung dieses Befehls nicht mehr gelungen, nach oben zu gelangen. Der erste Maschinist Tienken, welcher nach oben wollte und die Gänge vor der Maschine bereits brennend fand, ging in die Maschine zurück und von da durch den Heizraum nach dem Maschinenvorrathsraum, wo die Klappen zu den Ventilatoren zugemacht wurden, um ein Inbrandgerathen der dort lagernden Vorräthe durch die herunterfallenden Funken zu verhindern.

Durch die in den Kohlenbunkern offenstehenden Pforten hat der zweite Maschinist mehrere Schleppdampfer angerufen und um Aufnahme gebeten. Dieselben achteten aber auf die Hülferufe nicht und fuhren weiter. Nach etwa dreiviertel Stunden kam ein Spritzendampfer an die Pforte heran und nahm 6 Personen auf. Alsbald wurden auf dieselbe Weise 12 als Kesselreiniger an Bord beschäftigt gewesene Italiener gerettet. Die dann noch im Schiffe zurückgebliebenen 8 Mann vom Maschinen- und Heizerpersonal wurden später von dem ersten Maschinisten durch dieselbe Bunkerpforte mit einem kleinen Dampfer gerettet, auf welchem sich auch der Dockinspektor Möller befand.

Auf Befehl des Dockinspektors Möller ging der zweite und vierte Steuermann wieder an Bord der „Bremen“, um die Löscharbeiten zu leiten, welche von

den Schleppern in der denkbar nachlässigsten Weise betrieben wurden. Die Löschmannschaften hatten die Schläuche einfach an Deck gelegt oder festgebunden, ließen die Pumpen arbeiten, standen in den Ecken zusammen und rauchten oder liefen im Schiff umher und raubten vom Feuer verschont gebliebene Habseligkeiten. Kisten und Spinde wurden erbrochen und alles gute Zeug mitgenommen. Am 1. Juli Morgens wurde die Löschmannschaft der Schlepper durch die gerettete Mannschaft der „Bremen" abgelöst, so daß das Feuer am 2. Juli Morgens 8 Uhr völlig gelöscht war.
Die Besichtigung ergab, daß die Aufbauten und die Kajütseinrichtung verbrannt waren und soweit Baumwolle im Zwischendeck gelegen hatte, auch dieses beschädigt war. Maschinen- und Kesselraum sind vom Feuer gar nicht berührt. Der Schiffsrumpf hat hauptsächlich durch die Hitze von außen gelitten und zeigt in Folge dessen einige gewellte Platten. Die Kosten der Reparatur sind auf 1 700 000 M veranschlagt.

III. Dampfer „Kaiser Wilhelm der Große":
Der Doppelschraubendampfer „Kaiser Wilhelm der Große" hat das Unterscheidungssignal QGLF, ist in Bremen beheimathet und gehört zur Rhederei des Norddeutschen Lloyd daselbst. Das Schiff ist im Jahre 1897 aus Stahl erbaut worden und mißt brutto 40 649,3 cbm, netto 15 640,6 cbm. Der Dampfer ist 191,02 m lang, 20,13 m breit und 11,90 m tief; die Besatzung besteht mit Einschluß des Schiffers H.W. Engelbart aus 469 Mann.
Das Schiff lag an der Südseite vom Pier I mit dem Bug nach der Plattform, mit dem Heck nach dem Strom zu und war vorn und hinten in der üblichen Weise durch Trossen und Leinen an dem Pier befestigt, jedoch war das Schiff an der Steuerbordseite angebäumt, um zwischen Schiff und Pier Platz für Kohlenleichter zu schaffen. Am 30. Juni 1900 war die Mannschaft mit Malen und sonstigen Schiffsarbeiten beschäftigt, auch waren Maler von Land an Bord. Um 7 Uhr Vormittags wurde mit dem Einnehmen der Ladung begonnen, bis 11 Uhr wurden Kohlen übergenommen, worauf die Kohlenpforten bis auf 2 an Backbord geschlossen wurden.
Bald nach 4 Uhr Nachmittags wurde der vom Pier III aus aufsteigende Rauch an Bord des „Kaiser Wilhelm der Große" und zwar zuerst von dem zweiten Steuermanne Wendling bemerkt, welcher dem mittschiffs auf Sonnendeck stehenden Schiffer Engelbart sofort Meldung machte. Der Schiffer eilte auf

die Brücke und beorderte, da die Rauchmassen und das gleich hinterher ausgebrochene Feuer mit rasender Schnelligkeit zunahm, sogleich alle Offiziere und Mannschaften auf ihre Posten und gab den Befehl „Alle Leinen los, Laufstege und Ladungsplanken von Bord und Schläuche anschrauben!" Das Feuer hatte während dieser Zeit Pier II in Brand gesetzt und war über die Plattform nach Pier I übergesprungen, wo das Dach sofort in hellen Flammen stand. Inzwischen war es dem zweiten Steuermanne Hagemeyer gelungen, eine an Land festgemachte 8zöllige Manilaleine durch den Matrosen Leithner und mehrere Kohlenzieher, welche noch auf dem Pier waren, nach dem Ende des Piers zu verfahren und durch die hintere Winde steif zu hieven. Alle übrigen Leinen und Trossen waren schnell los. Während das Schiff durch das Achteraushieven Fahrt bekam und am Pier längsglitt, versuchte der zweite Steuermann die in der Nähe des Piers treibenden Schleppdampfer durch fortwährendes Anrufen zum Aufnehmen einer Schleppleine zu veranlassen, aber ohne Erfolg. Auch die Anrufe des nach hinten geeilten Schiffers fanden keine Beachtung. Erst nachdem das Heck das Ende des Piers erreicht hatte, gelang es nach mehreren vergeblichen Versuchen eine Leine auf dem Dampfer „Sarah E. Easton" zu befestigen, welcher das noch Fahrt achteraus habende Schiff in den Strom zog. Als der Schiffer merkte, daß Fahrt im Schiffe war, begab er sich mit dem Taschentuche vor dem Munde durch den dichten Rauch wieder längs der Regeling nach der Kommandobrücke, um für weitere Befehle am rechten Platze zu sein. Vorher hatte er, sobald er bemerkt hatte, daß neben dem Pier Fahrt in das Schiff kam, noch den Befehl gegeben, das mit dem ersten Bootsmann und 3 Mann besetzte Boot Nr. 18 zu Wasser zu lassen, um die im Wasser treibenden, von der „Bremen" und „Saale" abgesprungenen Leute zu retten. Nachdem etwa 30 Personen in dem herabgelassenen Boote aufgenommen waren, wurde versucht, die Geretteten an einen in der Nähe befindlichen Schleppdampfer abzugeben, um noch mehr Personen retten zu können. Mehrere Dampfer fuhren einfach vorbei. Ein Dampfer wurde mit dem Bootshaken erreicht und festgehalten. Der Haken wurde aber von den Leuten auf dem Dampfer fortgerissen und ins Wasser geworfen. Ein anderer Dampfer warf eine ihm zugeworfene Fangleine wieder über Bord und ging weiter. Der Bootsführer sah sich daher genöthigt, die geretteten Leute nach dem Hamburger Pier zu bringen und daselbst zu landen. Ein Versuch, noch mehr Leute mit dem Boote zu retten, mußte aufgegeben werden, da die Besatzung nur

4 Mann betrug und gegen den starken Strom nicht anrudern konnte. Das Boot ruderte daher nach dem im Strome befindlichen „Kaiser Wilhelm der Große“ zurück, welcher inzwischen unter Assistenz von 2 Schleppern vorn und 5 Schleppern hinten stromabwärts trieb und bald nach 5 Uhr oberhalb Fall River Line Pier vor Anker ging.
Nachdem die Brandschäden reparirt, Ladung, Post und Passagiere an Bord genommen waren, trat „Kaiser Wilhelm der Große“ am 3. Juli, Vormittags, in durchaus gutem seetüchtigen Zustande die Rückreise nach der Weser an.

IV. Dampfer „Main“:
Der Doppelschraubendampfer „Main“ hat das Unterscheidungs-Signal QGWH, ist in Bremen beheimathet und Eigenthum des Norddeutschen Lloyd. Das Schiff ist im Jahre 1900 aus Stahl erbaut worden und mißt brutto etwa 28 906 cbm und netto 18 514 cbm. Der Dampfer ist 152,4 m lang, 17,68 m breit und 12,19 m tief. Die Besatzung, mit Einschluß des Schiffers Petermann, besteht aus 156 Mann.
Der Dampfer „Main“ lag am weitesten vom Feuerherd entfernt und war vorn und hinten an seiner Backbordseite auf der Nordseite vom Pier I mit Leinen und Trossen befestigt. Am 30. Juni Morgens wurde mit dem Uebernehmen der Kohlen begonnen und die Mannschaft mit Instandsetzungsarbeiten beschäftigt. Die Ladung war bereits zu ⅔ eingenommen und wurde mit dem Einnehmen weiterer Ladung fortgefahren. Als bald nach 4 Uhr Nachmittags der Feuerruf an Bord des „Main“ erscholl, gab Schiffer Petermann das Kommando: „Alle Mann an Deck, Schläuche anschrauben und Schiff los!“ Die Steuerleute gaben die Befehle weiter und unterstützten die Mannschaften bei der Ausführung derselben.
Da Pier I sehr bald vom Feuer ergriffen war, wurde der Versuch gemacht, den „Main“ durch eine auf dem nördlich vom Pier I liegenden Thingvalla-Pier befestigte Leine vom Pier I nach der Steuerbordseite hin abzuhieven. Bald nachdem das Spill zum Hieven in Gang gesetzt war, mußte dieser Versuch jedoch aufgegeben werden, da zwischen Schiff und Thingvalla-Pier mehrere Leichter und Elevatoren lagen, sodaß der „Main“ geradezu festgekeilt war und die Leine halb brach. Während die Befestigungen mit dem Pier gelöst wurden, hatte der zweite Steuermann Leinen übers Heck hängen lassen und einen Elevator und mehrere Schlepper, welche vor der Einfahrt zwischen

Pier I und Thingvalla-Pier trieben, mit lauter Stimme aufgefordert, schnell heranzukommen und die Leine zu nehmen. Die Schlepper leisteten der Aufforderung keine Folge und fuhren zurück auf dem Strom.
Da das Schiff binnen wenigen Minuten mittschiffs zu brennen anfing und da an eine Rettung desselben neben dem in Flammen stehenden Pier nicht zu denken war, stürzte alles auf Befehl des zweiten Steuermanns nach achtern und ging von hier über Bord. Einzelne ließen sich an Tauenden herunter, während die meisten auf die in der Nähe des Hecks liegenden Leichter oder ins Wasser sprangen. Auf dem einen Leichter, welcher bald darauf an Land geschleppt wurde, befanden sich 50 – 60 Personen, darunter auch der Schiffer und der dritte Steuermann, welche gleichzeitig über Bord gegangen waren.
Einige Personen retteten sich über die Leichter hinweg nach dem Thingvalla-Pier, andere auf den Elevatoren, welche nach der New-Yorker Seite hinüberfuhren und noch andere auf Schlepper und Leichter. Der „Main" ist im Gegensatze zu den beiden Schiffen „Saale" und „Bremen" nicht von selbst vom Pier abgetrieben. Es findet dieses einmal seine Erklärung darin, daß das Schiff durch den starken Ebbestrom gegen den Pier gedrückt wurde, dann aber auch darin, daß sich eine von den losgeworfenen hinteren Stahltrossen am Pier festgehakt hatte.
Es ist nämlich festgestellt, daß Abends 10 Uhr, nachdem die Fluth eingesetzt hatte und der Pier soweit heruntergebrannt war, daß von hier aus den Schleppern keine Gefahr mehr drohte, ein Schleppdampfer zu dem am Pier liegenden, noch in Flammen stehenden „Main" herangekommen ist, eine Leine hinten am Ruderschaft befestigt und versucht hatte, das Schiff herauszuziehen. Hierbei stellte sich heraus, daß sich hinten zwei Enden von einer Stahltrosse festgehakt hatten, sodaß erst vom Thingvalla-Pier Aexte geholt und die Enden der Stahltrossen gekappt werden mußten. Hierauf ist das brennende Schiff von mehreren Schleppdampfern auf den Strom hinausgezogen und stromaufwärts bei Weehawken auf Grund gesetzt. Hier wurden noch etwa 15 Mann vom Maschinenpersonal, welche von der ganzen Besatzung allein noch im Schiffe zurückgeblieben waren, durch eine Kohlenpforte gerettet.
Diese Personen, worunter der zweite, dritte und vierte Maschinist, sowie 3 Assistenten, waren durch das Anstellen der Pumpe so lange im Maschinen-

raume zurückgehalten, daß, als die nach oben gehen wollten, die Flammen von beiden Seiten oben in den Maschinenraum schlugen und an ein Entkommen nicht mehr zu denken war. Die Zurückgebliebenen versammelten sich dann im Steuerbord-Wellentunnel und verstopften die Ventilatoren und Thür mit Kleidern.

Trotz der in den nächsten Tagen unter Aufsicht eines Steuermanns und eines Maschinisten von einer Reihe von Dampfern vorgenommenen Lösch- und Bergungsarbeiten war man des Feuers bis zum 2. Juli Abends 11½ Uhr nicht Herr geworden. Um diese Zeit begann das Schiff plötzlich zu sinken und füllte sich bis zum Oberdeck voll Wasser, wodurch das Feuer im ganzen Schiffe gelöscht wurde.

Der „Main" ist von allen 4 Schiffen am schlimmsten beschädigt. Es sind nicht nur die ganzen Aufbauten und alle Kajüten völlig vernichtet, sondern auch die Laderäume vorn und hinten vollständig ausgebrannt und verschiedene Platten der Außenhaut gerissen. Trotzdem das Schiff bis zur Wasserlinie weißglühend gewesen ist, sind auch hier Maschinen- und Kesselräume völlig unversehrt geblieben. Die Reparaturkosten sind auf 2 700 000 M veranschlagt und hat die Rhederei die Vornahme der Reparatur in Amerika zum Betrage von 570 000 $ vergeben.

Anmerkung

Das Seeamt führt aus, daß Selbstentzündung der gelagerten Ware bzw. vorsätzliche Brandstiftung auszuschließen seien, weshalb fahrlässige Brandstiftung als einzige Ursache verbleibe, ohne daß es allerdings möglich sei, von grober oder leichter Fahrlässigkeit nicht ermittelter Personen auszugehen.

Da die gesamte Anlage und die Schiffe innerhalb von 5-15 Minuten brannten, war auch von vornherein das Scheitern der Löschungsversuche absehbar.

Zu dem Verhalten der amerikanischen Schlepperbesatzungen wird ausgeführt: „Der Umstand, daß die Schlepper aus Holz gebaut sind und sich durch Zugreifen leicht selbst der Gefahr des Verbrennens ausgesetzt hätten, kann ihnen nur sehr wenig zum Gute gerechnet werden, daß sie in einem Augenblick hätten zugreifen müssen, wo ihnen von den Schiffen und den Piers noch keine Brandgefahr drohte. Ein sehr ungünstiges Licht auf die Gesinnung der Schleppermannschaften wirft auch ihr Verhalten gegenüber den Ertrinkenden, während der Löscharbeiten an Bord der „Bremen" und gegenüber der stromabwärts treibenden brennenden „Saale“ mit den in ihrer Todesangst aus den Fenstern nach Wasser Schreienden.“

Die Entscheidung schließt mit der Feststellung: „Gegenüber diesem ganzen verachtenswürdigen Verhalten der Schlepper verdient die mit eigener Lebensgefahr durch den 1. Maschinisten Barends und 2. Steuermann Hohlfeldt mit etwa 20 Mannschaften vom Hamburger Dampfer „Kaiser Friedrich“ vorgenommene Rettung von 37 Personen aus dem Dampfer „Saale“ höchstes Lob. Insbesondere hat D. durch sein mit Todesverachtung mehrfach gewagtes Vordringen bis zu sonst dem sicheren Tode geweihten Personen eine Tat vollbracht, welche ähnlichen seemännischen Bravourstücken würdig an die Seite gestellt zu werden verdient.“

Fischdampfer „Alice Busse“ und „Caroline Köhne“ von Geestemünde. Gesunken. Seeamt Bremerhaven, 17. Februar 1914.

Spruch: Am 3. Januar 1914 Morgens sind die beiden Fischdampfer „Alice Busse“ und „Caroline Köhne“ an der Nordwestküste Islands im Isafjord von dichtem Treibeis eingeschlossen und so schwer havariert, daß sie beide kurz nacheinander im Isafjord gesunken sind. Die Besatzungen beider Schiffe haben sich in gemeinsamer Arbeit mit einem Schiffsboot über das Treibeis hinüber an Land gerettet, sind dort von den Isländern aufgenommen und nach Reykjavik geleitet, von wo sie nach Hause zurückgekehrt sind.
Der Untergang der beiden Schiffe ist auf höhere Gewalt, nämlich auf die derzeitigen außergewöhnlich schweren Eis- und Witterungsverhältnisse an der Nordwestküste Islands zurückzuführen. Ein Verschulden ist keiner der beiden Schiffsleitungen beizumessen. Besonders anzuerkennen ist das Zusammenhalten beider Schiffe in bedrängter Lage, durch welches die Rettung der Besatzungen ermöglicht worden ist.

Gründe: Die Monate Dezember 1913 / Januar 1914 haben der nach Island gehenden Fischerflotte der Weser schwere Verluste gebracht. Während zwei Fischdampfer, „Loy“ und „Forelle“, erheblich überfällig und wahrscheinlich mit der gesamten Besatzung verschollen und verloren sind, sind zwei andere Geestemünder Fischdampfer „Alice Busse“ und „Caroline Köhne“, am Morgen des 3. Januar 1914 im Isafjord (NW-Küste Islands) durch Eis eingeschlossen, leck gedrückt und ziemlich gleichzeitig gesunken. Sehr erfreulich ist hierbei jedoch die Rettung der gesamten Besatzung beider Schiffe ohne Gesundheitsschädigungen der Betroffenen. Die Leute sind inzwischen sämtlich in ihre Heimat zurückgekehrt.
Der Fischdampfer „Alice Busse“, Reederei F. Busse, Geestemünde, ist 1906 in Bowling aus Eisen erbaut. Die Länge betrug 37,96 Meter, die Breite 6,64 Meter, die Tiefe 3,55 Meter. Die Besatzung bestand aus insgesamt 13 Mann.

Der der Reederei Erdmann Löfke in Wulsdorf gehörige Fischdampfer „Caroline Köhne“, 1912 in Lehe von der Werft „Unterweser“ aus Eisen erbaut, war 38,82 Meter lang, 6,88 Meter breit, 2,95 Meter tief.
Führer des Schiffes war der Schiffer auf kleiner Fahrt und in der mittleren Hochseefischerei Tancré. Die weitere Besatzung bestand aus Steuermann, 2 Maschinisten, Netzmacher, 4 Matrosen, 2 Assistenten und 1 Koch.

Dampfer „Alice Busse“ hatte am 17. Dezember 1913 die Ausreise von Geestemünde nach Island angetreten. Am 31. Dezember, nachdem man etwa 1 000 Zentner Fische gefangen hatte, mußte man starken Sturmes wegen im Isafjord vor Anker liegen. Hierher kam auch der Fischdampfer „Caroline Köhne“, der am 14. Dezember Nm. von Geestemünde in See gegangen war. Am 2. Januar 1914 6 U. Vm. flaute der Wind ab und es wurde Mittags gegen 12. U. klar. Beide Fischdampfer hievten Anker und dampften etwa Mittags aus dem Isafjord hinaus, wo sie um 2 U. Nm. Netze aussetzten und fischten. Nach 1 Stunde Fischens hievte „Caroline Köhne“, etwas später auch „Alice Busse“ das Netz, da man in NW und NO Eis sichtete. „Caroline Köhne“ dampfte ½ Stunde W a/Komp., traf dann aber wieder Eis. Kapitän Tancré dampfte zur „Alice Busse“ und wahrschaute, worauf beide beschlossen, nach dem Isafjord zurückzukehren. Man dampfte zusammen etwa 1 Stunde zurück und traf im Isafjord kein Eis mehr an.
Da man dann 2 englische Fischdampfer traf, die bei einer Boje fischten, beschlossen die beiden deutschen Fischdampfer, hier gleichfalls nochmals das Netz auszusetzen. Das Wetter war schön und klarer Mondschein. Man fischte Ritrhuk in Peilung OzS auf 60 bis 65 Faden Wasser. Man fischte von 8 U. Vm etwa 2½ Stunden. Da dann wieder Eis in W erschien, hievten beide Dampfer wiederum das Netz, um in den Isafjord hineinzugehen. 11 U. Vm. hatten beide Dampfer die Netze an Deck und steuerten SzO a/Komp. Nach etwa ½ Stunde traf zunächst „Caroline Köhne“ Eis an Backbord und Steuerbord voraus in großen Mengen an. Kapitän Tancré stoppte zunächst die Maschine und dampfte dann ¼ Stunde NzW zurück, wo man „Alice Busse“ und einen englischen Fischdampfer traf, denen das Eis gewahrschaut wurde.
Die drei Dampfer ließen sich dann treiben, um das Weitere zu überlegen. Das Eis kam aber immer mehr von W, NW und N. Die Dampfer beschlossen

daher, ein Durchbrechen des Eisgürtels vor dem Isafjord zu versuchen. Der englische Fischdampfer ging voraus. Es gelang, mit langsamer Fahrt das Eis zu durchbrechen und wieder freies Wasser zu gewinnen, doch war voraus wieder Eis. Jetzt wurde es dick von Schnee. Es wurden von beiden deutschen Dampfern mehrere Leute auf die Back zum Ausgucken gestellt. Man lotete 60 Faden Wasser. Nach etwa 1/4 Stunde kam man wieder in Eis.

Dampfer „Alice Busse" dampfte langsam östlich aus, wobei die beiden deutschen Dampfer durch lange Töne mit den Dampfpfeifen Signalverbindung aufrecht erhielten. Dampfer „Caroline Köhne" war OSO a/Komp. ausgedampft, in dickes Eis geraten und wollte umkehren. Hierbei geriet der Dampfer fest im Eise. Auf seine Signale kehrte auch Dampfer „Alice Busse" um, um Hilfe zu bringen. Hierbei ist das Ruder der „Alice Busse", anscheinend durch den Anprall einer großen Eisscholle, gebrochen. Eine Überholung ergab, daß der Ruderschaft gebrochen und voll gesplittert, auch das Ruderblatt stark verbogen war, sodaß eine Notreparatur völlig ausgeschlossen und der Dampfer ganz steuerlos geworden war. Auf die Dampfpfeifensignale, Kanonenschläge und Flackerfeuer des havarierten Dampfers kam dann die „Caroline Köhne". Dieses war etwa 5 U. Vm. am 3. Januar 1914. Beide Kapitäne verabredeten nach gegenseitiger Bekanntgabe der Sachlage, daß „Caroline Köhne" versuchen sollte, den anderen Dampfer zu schleppen. Die Verbindung wurde auch hergestellt, wobei Dampfer „Caroline Köhne" die Leine über den Bug gab, um Schraube und Ruder klar vom Eise zu behalten. Bei dem Anschleppen, nachdem man Dampfer „Alice Busse" schon in Bewegung hatte, trieben große Eisschollen hinter das Heck der „Caroline Köhne", sodaß man stoppen mußte. Bei dem Versuche, mit langen Haken das Schiff vom Eise frei zu setzen, wurden beide Schiffe ganz vom Eise umschlossen. Es war derzeit windstill und dick von Schnee. Da weiter einstweilen nichts zu machen war, beschloß man, die Schiffe, die beide noch dicht waren, bis Tagesanbruch treiben zu lassen.

Man lotete mehrfach etwa 30 bis 40 Faden Wasser. Das Barometer war seit etwa 2 U. Vm. gefallen und der Wind, der nach NNW umgesprungen war, frischte stark auf bis zu Sturmesstärke. Gleichzeitig kam eine Dünung auf und die Schiffe begannen im Eise gegeneinander zu stoßen. Es wurde nun versucht, beide Schiffe voneinander frei zu hieven. Dann wurde beschlossen, den gänzlich manövrierunfähigen Dampfer „Alice Busse", der auch Wasser

zu machen begann, zu verlassen, um möglicherweise mit Dampfer „Caroline Köhne" freies Wasser zu gewinnen.
Dampfer „Caroline Köhne" kam dem Dampfer „Alice Busse" langsam von achtern auf und die Leute wurden etwa 9 U. Vm. übergenommen, wobei beide Schiffe längsseit scheerten und gegen einander schlugen. Die Absicht der Leute von der „Alice Busse", auf diesen Dampfer zurückzugehen, weil auch Dampfer „Caroline Köhne" schon Wasser machte, wurde bei näherer Besichtigung wieder aufgegeben, da die „Alice Busse" sehr schnell vollief. Das aufgeschwungene Boot der „Alice Busse" war in der starken Dünung entzwei geschlagen. Um die Schiffe voneinander frei zu bekommen, stellte der 1. Maschinist der „Alice Busse" die Maschine auf „volle Kraft rückwärts". Dampfer „Caroline Köhne" ging langsam vorwärts und so trennten sich die beiden Schiffe. Wind und Dünung nahmen noch zu.
Der 1. Maschinist der „Caroline Köhne" meldete dann, daß der Steuerbordbunker eingedrückt sei, doch könnte man das Wasser mit der Notlenzpumpe halten. Nachdem dann aber auch der Fischraum der „Caroline Köhne" leck geworden und die Pumpen gebrochen waren, stieg das Wasser schnell, obwohl man es mit Pützen zu halten versuchte. Die Feuer gingen jetzt aus. Etwa 20 Minuten nach dem endgültigen Verlassen der „Alice Busse", gegen 10 U. Vm., sank dieses Schiff auf 19 Faden Wasser, wobei anscheinend der Kessel explodierte. Da auf Dampfer „Caroline Köhne" gleichfalls Fischraum, Maschinen- und Heizraum sowie Kajüte voll Wasser standen und auch dieses Schiff schon wegzusinken begann, wurde beschlossen, Dampfer „Caroline Köhne" gleichfalls zu verlassen und zu versuchen, über das Eis hinweg Land zu gewinnen. Man ging mit dem Boot dieses Dampfers und Holzplanken pp. auf die nächste größere Eisscholle. Dieses war etwa 11 U. Vm. Der Sturm nahm noch an Heftigkeit zu und die Dünung wurde so stark, daß die Eisscholle öfter unter Wasser geriet und verschiedene Sachen, darunter Journale, fortspülten. Man trieb bis Tagwerden und sichtete dann nach dem Bootskompaß in SSW bis SW einen hohen Berg in einem Abstand von 2 – 2½ sm nach Schätzung.
Dampfer „Caroline Köhne" hatte sich inzwischen auf die Seite gelegt und war dann verschwunden, offenbar gesunken. Es gelang, mit Hilfe des von allen Leuten transportierten Bootes, welches zum Überbrücken der Wasserstellen diente, von Eisscholle zu Eisscholle sich näher an Land heran zu arbeiten.

Verschiedene Leute fielen zwischen den Schollen in das Wasser, wurden aber wieder gerettet. Etwa 1 U. 30 M. Nm. hatten alle Leute glücklich das Festland erreicht.
Man zog nun das Boot auf das Land, drehte es gegen den Wind und machte aus Holzstücken ein Feuer zur Erwärmung der Leute an. Kapitän Tancré ging dann mit einigen Leuten auf die Suche nach Wohnungen, während Kapitän Bagszas bei den übrigen Leuten blieb. Nach etwa 2 Stunden fand Kapitän Tancré Isländer, welche alsbald die übrigen Schiffbrüchigen holten. 5 U. Nm. waren alle auf einigen einzeln liegenden Höfen untergebracht und mit trockener Kleidung versehen. Nach etwa 2 stündigem Ausruhen wurden die Leute nach Bolungavik etwa 1 Stunde entfernt geleitet, wo sie einquartiert wurden. Am 6. Januar Mittags wurden die Schiffbrüchigen durch einen Motorkutter nach Isafjördr gebracht.
Nach telephonischer Rücksprache mit dem deutschen Konsulat in Reykjavik sind sämtliche Leute am 8. Januar mit einem englischen Fischdampfer „Semiramis“, demselben Dampfer, welcher mit den beiden gesunkenen Schiffen das Eis zu durchbrechen versucht und hierbei Erfolg gehabt hatte, nach Reykjavik befördert, von wo alle nach ihrer Heimat zurückgekehrt sind.

Anmerkung
Die in der Entscheidung erwähnten hohen Verluste der Fischerflotte von der Weser, aber auch aus anderen Häfen, veranlaßte den Reichskommissar schon einige Jahre früher zu einer ausführlichen Stellungnahme, die in die Entscheidungssammlung der Seeämter aufgenommen wurde, also die Ansicht der Reichsregierung wegen der in der Bevölkerung erhebliche Unruhe auslösenden Vielzahl von Verlusten der Fischereiflotte darstellte.
Einen politischen Aspekt enthält die vorliegende Entscheidung, weil auf die erheblichen Verluste hingewiesen wird, welche die englische Fischflotte im Winter 1913/14 in den isländischen Fanggebieten bereits erlitten habe.
Die Ursache für den Verlust der beiden Schiffe steht fest, weil das Eis außerordentlich schnell in den Isafjord eindrang, und Flut, Strom und Wind in ihrer Richtung zusammenfielen.
Demzufolge war der Unfall auf höhere Gewalt zurückzuführen und nur noch hervorzuheben und anzuerkennen „das Verhalten der Kapitäne und ihrer Mannschaften wegen der treuen Kameradschaft, mit welcher sie einander in diesen schweren Stunden beigestanden haben.“

Spruch des Seeamts zu Hamburg vom 8. December 1881 und Entscheidung des Kaiserlichen Ober-Seeamts vom 19. Juni 1882, betreffend den Zusammenstoß des Dampfers „Herder" von Hamburg mit der britischen Fischersmack „Edward & Charlotte".

Der der Hamburg-Amerikanischen Packetfahrt-Aktiengesellschaft gehörige Schraubendampfer „Herder", stieß am 29. Juni 1881 auf der Heimreise von New York in der Nordsee bei Terschelling mit der britischen Fischersmack „Edward & Charlotte" von Varmouth zusammen, in Folge dessen die Fischersmack sank und ein Mann der Besatzung derselben ertrank, während der Dampfer unbeschädigt blieb.

Von diesem Vorfall erhielt das Seeamt erst 1½ Monate später durch den Zufall Kenntniß, daß von einem Finkenwärder Seefischer am 8. August 1881 in der Nordsee südlich von Helgoland eine Flasche aufgefischt worden war, welche einen Zettel mit folgender Notiz enthielt: „Ran down by the steamer Herder (?) Smack Charlotte & Edward, please tell at Cuxhaven" und daß diese Notiz in der Hamburgischen Börsenhalle vom 12. August dieses Jahres unter Seeberichten abgedruckt wurde.

Das Ergebniß der sodann auf Verfügung des Herren Reichskanzlers eingeleiteten Untersuchung über den Unfall ist leider dadurch erheblich beeinträchtigt worden, daß inzwischen die Besatzung des „Herder" zum größten Theile gewechselt hatte, so daß von demjenigen Theil der Mannschaft, welcher zur Zeit der Collision Wache an Deck hatte, nur ein Mann ermittelt und vernommen werden konnte.

Das Schiffsjournal des „Herder" enthält über den Unfall folgende vom Schiffer und zweiten Steuermann unterschriebene Eintragung*:

„Heute am neunundzwanzigsten Juni, achtzehnhunderteinundachtzig, Nachmittags zwei ein halb Uhr, während der Reise von Cherbourg nach Hamburg, auf 53°42′ Nord Breite und 5°28′ Ost Länge, NO von Terschelling, bei hellem schönen Wetter und mäßigem Winde aus Nordwest, passirte eine Fischerflotte, welche größtentheils über Steuerbordhalsen nach Land zu lag.

Alle bis auf zwei dieser Fischerboote, welche sich an Backbordseite befanden, waren passirt; eines dieser beiden wollte nun vor unserem Schiffe vorüber, dessen Curs zur Zeit O ¼ N war. Da ich des anderen Bootes wegen kein Steuerbordruder geben konnte, ließ ich das Ruder Backbord legen. Der Fischer warf seine Großschoote los und gab Steuerbordruder, indem er mir noch zurief, unser Ruder Backbord zu legen.
Die Maschine ließ ich sofort stoppen und ging volle Kraft rückwärts, doch zu spät, das Fischerboot kam schräg gegen den Bug und sank kurz darauf; unser Schiff war inzwischen acht Strich abgefallen.
Die Mannschaft des Fischerfahrzeugs rettete sich theils an Bord des „Herder“, theils in ihr Boot und wurde dieselbe kurze Zeit darauf von einem anderen Fischerboot aufgenommen. Nach Aussage des Fischers soll beim Zusammenstoß einer der Mannschaft über Bord gesprungen sein“.

Dampfer „Herder“

Die vom Schiffer sowie von dem derzeit auf dem Achterdeck des „Herder“ mit Schiffsarbeiten beschäftigt gewesenen, beim Stoppen der Maschine aber sofort nach vorne geeilten Matrosen Dinse bekundeten Wahrnehmungen sind im wesentlichen die folgenden:

Es war an jenem Nachmittag klares heiteres Wetter und ganz ruhige See. Man hatte zur Zeit der Collision eine größere Anzahl von Fischerfahrzeugen in einem Abstand von zwei bis drei Seemeilen in südlicher Richtung an Steuerbordseite, während sich im Curs des „Herder“ damals nur die Fischersmack, mit der man collidirte, und nach Wahrnehmung des Schiffers noch ein zweites Fischerfahrzeug befanden, welches letztere der „Edward & Charlotte“ in geringem Abstande folgte und nach der Collision vor dem Bug des „Herder“ vorbeisegelte und dann beidrehte. Die Smack wurde ungefähr beim achtersten Want an Steuerbordseite durchschnitten und sank innerhalb weniger Minuten.

Von der Besatzung retteten sich zwei Mann, darunter der Schiffer, vermöge zugeworfener Taue durch Ueberklettern an Bord des „Herder“, während die übrigen Leute sich in ihr hinter der Smack treibendes Boot zu retten suchten. Dies gelang aber nur drei Leuten, während ein Mann fehlsprang, ins Wasser fiel und sofort wegsank, ohne wieder zum Vorschein zu kommen, obwohl man von Deck des „Herder“ aufmerksam nach dem Ertrunkenen aussah und ihn auch von dort aus, wenn er wieder an die Oberfläche gekommen wäre, bei der ruhigen See wohl hätte wahrnehmen können. Ein Boot wurde bei dieser Sachlage vom „Herder“ nicht zu Wasser gelassen. Die Geretteten wollten nicht an Bord des „Herder“ bleiben,, begaben sich vielmehr, nachdem ihnen Name und Heimathshafen des „Herder“ genannt worden war, wieder in ihr Boot und an Bord eines anderen in der Nähe befindlichen Fischerfahrzeuges.

Durch Vermittelung des deutschen Generalconsuls in London ist dem Seeamt die Abschrift einer von dem Führer der gesunkenen Fischersmack, Schiffer Wm. Brett, vor dem Receiver of Wreck zu Varmouth eidlich abgelegten Deposition zugegangen, welche ergiebt, daß die Smack eben vor der Collision ihr Netz eingenommen hatte und die Mannschaft noch beim Ausnehmen der Fische beschäftigt war, während die Smack bei leichter nordwestlicher Brise und geringer Fahrt ungefähr SSW anlag. Deponent bezeugt, daß er selbst am Ruder stehend, schon die Steuerbordseite des auf die Steuerbord-

seite der Smack zukommenden Dampfers gesehen habe, als letzterer plötzlich seinen Curs mit Backbordruder geändert habe, worauf Deponent, um die nun unvermeidlich erscheinende Collision womöglich noch abzuschwächen, sein Ruder Steuerbord gelegt habe.
Auf Grund vorstehender Erwägungen hatte das Seeamt seinen Spruch dahin abzugeben:
Der Zusammenstoß des Dampfers „Herder" mit der britischen Fischersmack „Edward & Charlotte", welcher den Untergang des letzteren Fahrzeuges und den Tod eines Mannes von dessen Besatzung zur Folge hatte, ist, soweit ermittelt, auf ein vom damaligen zweiten Steuermann des „Herder" H.C.G. St., welcher zur Zeit der Collision das Commando hatte, verschuldetes fehlerhaftes Manövriren dieses Schiffes zurückzuführen.

** Ruderkommandos der „Herder" sind im Hinblick auf die damals gültigen Bestimmungen entgegengesetzt zu verstehen. (Siehe auch Stichwort „Ruderkommando" im Sachregister.)*

Anmerkung
Auf die Beschwerde des Reichscommissars entzieht das Oberseeamt dem Steuermann das Patent zur Ausübung des Schiffergewerbes unter Belassung des Steuermannpatents. Hierzu hat sich das Seeamt im Hinblick darauf, daß dem Steuermann rechtliches Gehör nicht gewährt werden konnte, nicht durchringen können. Das Oberseeamt verliert zu dem Anspruch auf rechtliches Gehör nicht einen Nebensatz, sondern führt nur aus, nach Sachlage sei es wenig sinnvoll, weitere Ermittlungen zum derzeitigen Aufenthalt des Steuermanns zu machen, im übrigen liege der Sachverhalt so eindeutig klar, daß überhaupt nur eine denkbare Möglichkeit vorhanden sei, nämlich das ausschließliche Verschulden des Steuermanns, der die Fischereifahrzeuge zu spät erkannt habe, was sich nicht zuletzt auch aus der Aussage des Schiffers ergebe.
113 Tage nach der Verkündung der Entscheidung des Oberseeamts am frühen Morgen des 9. Oktober 1882 strandete die „Herder" mit 108 Mann Besatzung und 167 Passagieren auf der Reise von New York nach Hamburg am Cap Race. Alle Passagiere und Mannschaften sowie Post- und Wertsendungen konnten gerettet werden. Wiederum sind das Seeamt Hamburg und das Oberseeamt zur Entscheidung berufen.
Es wird festgestellt, daß unvorsichtige Navigation und nicht ordentlicher Gebrauch des Lotes bei gefährlichem Nebel Unfallursache waren. Erstinstanzlich wird dem Schiffer T., letztinstanzlich auch dem neuen 1. Steuermann das Patent entzogen.

Spruch des Seeamts zu Flensburg vom 4. Mai 1888, betreffend den Zusammenstoß des Schraubendampfers „Fero" von Flensburg mit einer chinesischen Dschunke.

Der Spruch des Seeamts lautet: Der Zusammenstoß des Schraubendampfers „Fero" mit der chinesischen Dschunke „Loch-Fuk-Sching" am 11. August 1886 ist dadurch herbeigeführt worden, daß die Dschunke, anstatt ihren Curs beizubehalten, denselben änderte und den Dampfer ansegelte.
Den ersten Steuermann des „Fero" trifft der Vorwurf, daß der, als die Dschunke in der Nähe des Dampfers war, die Commandobrücke verließ und daß er nicht, dem Befehl des Schiffers gemäß, gleich nach der Collision sich an Bord der Dschunke begab und den Zustand derselben untersuchte.

Gründe: Der Flensburger eiserne Schraubendampfer „Fero" ist am 11. August 1886 auf der Reise von Chefoo nach Hongkong mit einer chinesischen Dschunke zusammengestoßen.
Der „Fero" wurde damals geführt von dem Schiffer Peter Christian Sörensen aus Flensburg. Erster Steuermann war H. aus Flensburg. Außer ihm waren noch zwei Steuerleute an Bord. Außer dem schwedischen Bootsmann bestand die übrige Besatzung aus Südchinesen.
Eine Vernehmung der zur Besatzung der Dschunke gehörenden Leute hat nicht herbeigeführt werden können. Die Besatzung des „Fero" ist von dem Kaiserlich deutschen Consulate in Hongkong vernommen. Der Schiffer Sörensen ist überdies persönlich vor dem Seeamt erschienen und hat sich hier vernehmen lassen.
Zur Zeit des Zusammenstoßens lag der Schiffer in seiner Koje und schlief. Der erste Steuermann hatte mit dem dritten Steuermann die Wache.
Am 11. August Morgens, etwas nach 2 Uhr, während das Schiff mit voller Kraft - 7½ Seemeilen in der Stunde - südlichen Curs fuhr, gewahrten die beiden Steuerleute von der Commandobrücke aus in der Richtung SzW etwa 6 Seemeilen entfernt an Steuerbordseite ein weißes Licht. Die Luft war

sternenhell, das Wetter gut, es wehte eine mäßige Briese aus SW. Allmälig wurde erkennbar, daß das Licht einer Dschunke angehöre, welche vor dem Winde segelnd nordöstlichen Curs steuerte. Man taxirte die Fahrgeschwindigkeit der Dschunke auf ungefähr 6 ½ Seemeilen in der Stunde. Beide Schiffe behielten zunächst ihren Curs bei. Nach etwa 10 Minuten kreuzte die Dschunke den Bug des Dampfers in einem Abstande von 3 bis 4 Seemeilen. Als die Dschunke bis 3 Strich an die Backbordseite des „Fero“ gekommen war, verließ der erste Steuermann die Commandobrücke, um ein Bedürfniß zu verrichten. Mittlerweile hatte die Dschunke mit Steuerbordruder gewendet und ihren Curs westlich gesetzt.

Der dritte Steuermann auf dem „Fero“ ließ, sobald er dies sah, das Ruder hart Backbord legen*. Fast gleichzeitig commandirte der erste Steuermann, welcher unterdeß wieder auf die Commandobrücke gekommen war, volle Kraft rückwärts. Obgleich die Maschine sofort rückwärts anschlug, erfolgte dennoch der Zusammenstoß, indem der Dampfer mit seinem Backbordbug die Steuerbordseite der Dschunke traf. Der Schiffer Sörensen, durch den Lärm geweckt, kam sofort an Deck und übernahm das Commando. Er gewahrte, daß eine 4 mastige Dschunke quer vor seinem Bug lag und daß deren Großsegel sich mit dem Liek in den Backbord-Ankerstock festgehakt hatte, hörte auch, daß die Dschunke leicht bewegt von den Wellen gegen den Bug des Dampfers anschlug. Sein Schiff lag ungefähr SW an, während die Dschunke West anlag.

Da der Dampfer allmälig in eine rückwärtige Bewegung überging und dabei die mitfolgende Dschunke heftiger an den Bug anschlug, ließ er das Liek ihres Großsegels, mit dem sie an seinem Ankerstock festsaß, durchschneiden. Damit kam man von der Dschunke frei. Sobald man frei war, ließ der Schiffer die Maschine stoppen und das Rettungsboot klar machen. Nachdem er festgestellt hatte, daß sein Schiff unbeschädigt geblieben sei, befahl er dem ersten und dritten Steuermann, in dem Rettungsboote nach der Dschunke zu fahren, um nachzusehen, welchen Schaden sie genommen hatte.

Er wies den ersten Steuermann an, sich an Bord der Dschunke zu begeben, dabei aber vorsichtig zu sein und darauf zu achten, daß die Chinesen nicht in sein Boot sprängen und es dadurch zum Kentern brächten.

Der erste Steuermann fuhr mit dem Boote an die mittlerweile ½ Seemeile weggetriebene Dschunke heran, kehrte aber dann wieder um, ohne an Bord gegangen zu sein. Bei der Rückkunft meldete er dem Schiffer, daß die Dschunkenleute mit dem Repariren der Segel beschäftigt seien und größerer Schaden der Dschunke nicht beigebracht zu sein scheine. Der Schiffer Sörensen glaubte indeß annehmen zu müssen, daß die Dschunke größeren Schaden genommen habe, weil er sah, daß man auf derselben sämmtliche Segel heruntergenommen hatte, auch hörte, daß die Leute beteten und ihren Götzen opferten. Er blieb deshalb einstweilen an Ort und Stelle.

Bei Tagesanbruch dampfte er näher an die Dschunke heran. Durch ein Fernrohr sah er, daß der Hintertheil der Dschunke im Sinken war und daß einige Planken an ihrer Steuerbordseite zerbrochen waren. Er schickte deshalb den dritten Steuermann mit dem Bootsmann und einigen chinesischen Leuten, darunter den Koch Li-Hung-Si, in einem Boote nach der Dschunke, damit sie die Dschunkenleute fragten, ob sie an Bord des Dampfers kommen wollten. Als die Leute an Bord der Dschunke kamen, fragte der Koch den Führer derselben, ob er die hellbrennenden Laternen des „Fero“ nicht gesehen habe und warum die Dschunke quer vor den Bug des Dampfers gesteuert sei. Der Schiffer der Dschunke erwiderte hierauf, er habe schlechte Augen und habe deshalb nur sehr wenig von den Lichtern gesehen, er habe den „Fero“ nicht für einen Dampfer, sondern für ein Fischerboot gehalten. Man verständigte sich dahin, daß die Dschunkenleute ihr Schiff verlassen und an Bord des Dampfers kommen sollten. Nach und nach wurde dann die gesammte aus 18 Mann bestehende Besatzung der Dschunke nebst deren Gepäck und einigen Säcken Reis abgeborgen. Als sie an Bord des Dampfers gekommen waren, stellte sich heraus, daß der Schiffer der Dschunke fast blind war. Derselbe bestätigte hier, daß er den Dampfer für ein Fischerboot gehalten habe und fügte hinzu, er habe quer vor dem Fischerboot vorbeisegeln wollen.

Mittlerweile kam vom Süden her eine andere chinesische Dschunke in Sicht. Man dampfte auf dieselbe zu und legte sich längsseits. Weil man an Bord des Dampfers nur wenig Platz und keinen hinreichenden Proviant hatte, fragte man, ob die Dschunke die Schiffbrüchigen aufnehmen wolle. Die Leute auf der Dschunke erklärten sich dazu bereit, worauf dann die Geretteten mit ihrem Gepäck und den geretteten Reissäcken hinüber geschickt wurden.

Der Schiffer Sörensen ist schon seit dem Jahre 1855 an der chinesischen Küste gefahren. Er hat vor dem Seeamt ausgesagt, er habe während dieser langen Zeit häufig beobachten können, daß die chinesischen Dschunken absichtlich vor den Bug der Dampfer segelten, auch gehört, daß dieses bei den Dschunken gebräuchliche Manöver vielfach ausgebeutet worden sei, um gegen die Dampfer Schadenersatzansprüche geltend zu machen. Zur Bestätigung dieser Angaben berief sich der Schiffer Sörensen auf die Kaiserlich deutschen Consulate in den chinesischen Hafenstädten. Auf desfallsige Anfrage ist dem Seeamt folgendes mitgetheilt worden:

1. Vom Kaiserlich deutschen Consul in Chefoo:
„Er könne bestätigen, daß von Führern fremder Segelschiffe und Dampfer wiederholt Klagen darüber geführt seien, daß die Dschunken sich häufig sehr unvorsichtig und nicht in Gemäßheit der bekannten Regeln behufs Verhütung des Zusammenstoßens verhalten.“

2. Vom Kaiserlich deutschen Consul in Hongkong:
„Die Behauptung des Führers des „Fero“, chinesische Dschunken suchten vor den Bug der fremden Dampfer zu kommen, kann von jedem, der in den ostasiatischen Gewässern gefahren ist – und so auch von mir sowohl aus persönlicher Erfahrung bei Reisen wie auch auf Grund consularischer Verhandlungen, als richtig bestätigt werden.“

3. Der Kaiserlich deutsche Consul in Shanghai:
„Der Angabe des Schiffscapitains Sörensen, daß die chinesischen Dschunken vor den Bug der fremden Dampfer zu kommen suchen, läßt sich im Allgemeinen wohl beipflichten.

** Ruderkommandos der „Fero“ sind im Hinblick auf die damals noch gültigen Bestimmungen entgegengesetzt zu verstehen. (Siehe auch Stichwort „Ruderkommando“).*

Anmerkung
Aus den Entscheidungsgründen ergibt sich, daß die Besatzung der als Retterin eingetroffenen Dschunke demnächst glücklich ihre Heimat erreicht habe, man jedoch von der angerammten Dschunke und deren Ladung nichts weiter gehört habe.
Dies ist die älteste Entscheidung des Seeamtes Flensburg, die sich mit dem Seefahrer H. aus Flensburg zu befassen hatte. Die beiden anderen Entscheidungen sind im 3. Kapitel und im 9. Kapitel aufgenommen.

Spruch des Seeamts zu Bremerhaven vom 3. Juni 1893, betreffend den Seeunfall des Fünfmasters „Maria Rickmers“ von Bremerhaven

Der Spruch des Seeamtes lautet: Das fünfmastige Schraubendampfschiff „Maria Rickmers“, welches mit einer Ladung Reis in Säcken von Saigon nach der Weser unterwegs am 24. Juli 1892 bei Neu-Anjer zuletzt gesehen ist, hat die Weser bis jetzt nicht erreicht und ist daher als verschollen und verloren zu betrachten.
Mängel in der Bauart, Beschaffenheit, Ausrüstung und Beladung der Bark haben sich nicht ergeben, und da die Schiffsleitung während der Ausreise die Besatzung für ausreichend gehalten hat, so hielt auch das Seeamt einen Mangel in der Bemannung des Schiffes nicht für erwiesen.

Gründe: Das fünfmastige Schiff „Maria Rickmers“, welches mit einer Hülfs-Schraubendampfmaschine von 650 indicirten Pferdestärken versehen war, war zu 10 828 cbm brutto und 9 473 cbm – 3344 britischen Register-Tons Netto-Raumgehalt vermessen und in Bremerhaven beheimathet. Das Schiff stand im Eigenthum von Rickmers Reismühlen-Rhederei und Schiffbau-A.-G. in Geestemünde. Gebaut ist das Schiff im Jahre 1892 aus Stahl und zwar in Port Glasgow unter Specialaufsicht des britischen „Lloyd“ und des Büreau „Veritas“.
Das Certificate of Class des britischen Lloyds Register enthält *auszugsweise* folgende Angaben über den Schraubendampfer:
Engines: Triple Expansion. Made 1892 by Kinsaid & Co. Lim. Greenock. Diameter of Cylinder 10 ″, 26 ″, 42 ″. Length of stroke 27 ″; Steam pressure 150 lbs. Half midshipsection.
Über den „Rigging Plan“ werden folgende Angaben gemacht:
Bugspriet: 4 Klüver.
1. Fockmast: 1. Fock, 2. Untermars-, 3. Obermars-, 4. Unterbram-, 5. Oberbramsegel, 6. Royal, 7. Skysail.

2. Großer Mast: 7 Segel.
3. Mittelmast: 7 Segel.
4. Kreuzmast: 6 Segel.
5. Besahnmast: Besahn- und Gaffeltopsegel.

Der Buchwerth des Schiffes betrug nach Auskunft der Rhederei M 926 200. Führer des Schiffes war bei der Ausreise Schiffer Gennerich gewesen. Da derselbe auf der Reise verstarb, trat an seine Stelle der bisherige Obersteuermann A. Wiethoff aus Bremerhaven. Nach einer Auskunft der Rhederei ist die „Maria Rickmers“ am 15. Juli 1892 mit einer Ladung Reis in Säcken von Saigon nach der Weser abgesegelt und nach Auskunft der Schiffslisten und Zeitungsberichte am 24. Juli 1892 zuletzt bei Neu-Anjer gesehen worden, und hat bis dahin den Bestimmungshafen nicht erreicht; auch ist bei der Rhederei keinerlei Nachricht über dieselbe eingegangen. Die Rhederei knüpfte daran die Vermuthung, daß das Schiff verloren sei und beantragte, dasselbe für verschollen zu erklären.

Das Seeamt hat sodann durch Anschlag an die Gerichtstafel und durch Bekanntmachung in der Hamburger Börsenhalle, der Zeitschrift Hansa und der Tagesausgabe und Wochenausgabe der Weserzeitung eine öffentliche Aufforderung an alle diejenigen erlassen, welche über das Schiff oder seine Besatzung Auskunft zu geben im stande seien, dem Seeamt ungesäumt Mittheilung zu machen. Es sind ferner bei den Heimathsbehörden der zur Besatzung des Schiffes gehörenden Personen Nachfragen gehalten, ob über den Verbleib der fraglichen Personen etwas bekannt geworden sei. Es ist überall keine Nachricht eingegangen und von den Heimathsbehörden die Antwort ertheilt, daß der Aufenthalt der betreffenden Leute unbekannt und ihr Untergang mit der „Maria Rickmers“ wahrscheinlich sei.

Nach einer Auskunft der Seewarte zu Hamburg berechne sich die Durchschnittsdauer einer Reise eines Seglerdampfers von der Sundastraße bis Lizard, wenn dieselbe im Monat Juli angetreten werde, auf 85 Tage.

Das Schiff ist daher als verschollen zu betrachten.

Was die Bauart, Beschaffenheit und Ausrüstung des Schiffes anlangt, so hat das Seeamt die Überzeugung gewonnen, daß die Rhederei gerade bei diesem Schiff alle erdenkliche Sorgfalt auf Ausstattung und Zurüstung verwendet hat, daß Material und Bau des Schiffes das beste gewesen sei, was Schiffsbaukunst und Maschinentechnik hervorzubringen im stande waren, auch auf der

Ausreise keinerlei Schäden vorgekommen waren und das Schiff sich beim Antritt der Rückreise in demselben vorzüglichen Zustande befunden hat.

Anmerkung

Gewißheit und harte Fakten sind in den stark gekürzt wiedergegebenen Entscheidungsgründen die Ausnahme, Vermutungen und Auseinandersetzungen mit fremden Vermutungen die Regel, wenn es darum geht, die Ursache des Seeunfalls zu ergründen.

Noch im Februar 1893 hatte eine Hamburger Zeitung die – vermutlich aus Assekuranzkreisen genährte – Ansicht vertreten, das einschließlich Fracht und Ladung mit M 1 490 000,– versicherte Schiff sei noch nicht verloren. Es wird ausgeführt, auch eine Anzahl anderer Schiffe hätten für diese oder ähnliche Reisen 200 und mehr Tage benötigt. In den Gründen nimmt daher die Berechnung der mittleren Reisedauer durch die Seewarte Hamburg breiten Raum ein.

Es folgen Feststellungen, mit denen als wahrscheinliche Ursachen ausgeschlossen werden, das jugendliche Alter des zweiten Schiffers, fehlerhaft verstaute und übermäßige Ladung sowie zu weit nach Norden abgetriebene Eisberge.

Es verbleiben zwei Wahrscheinlichkeiten, denen die englische Fachpresse ausweislich der Gründe schon vor der Ausreise nach Saigon ihre Aufmerksamkeit zugewandt hatte. Von „lachhaft“ geringer Besatzung ist da die Rede und, „wie es denn wäre, unter Vollzeug von

Schraubendampfschiff „Maria Rickmers“ als Fünfmast-Bark getakelt

einem Tropensturm überrascht zu werden, mit vier rahgetakelten Masten, davon drei mit Skysegeln“.

Dagegen führen die Entscheidungsgründe an, der Schiffer hätte seine Besatzung sicherlich ergänzt, wäre auf der Ausreise die Unterbemannung offensichtlich geworden. Diese Begründung ist nicht haltbar, weil eben nicht ausgeschlossen werden kann, daß ein Tropensturm auf der Rückreise, in Minutenschnelle den Beweis für die Vermutung der englischen Fachpresse erbringend, die Katastrophe ausgelöst haben könnte.

Zeitgemäß und elegant ist es wohl, angesichts der dürftigen Faktenlage, von einem großartigen auch im Ausland Aufmerksamkeit und Bewunderung auslösenden Experiment zu schreiben und der Reederei, welche Kosten und Mühe nicht gescheut habe, Anerkennung auszusprechen.

Indessen standen wohl weniger Wagemut und Experimentierfreude als nüchterner hanseatischer Kaufmannsgeist, die Wettbewerbsverhältnisse in der Ostasienfahrt einerseits und zwischen Segel- und Dampfschiffen andererseits Paten bei der Kiellegung der „Maria Rickmers“.

Sie war das sechste und letzte Kind aus der seit 1888 bestehenden Geschäftsverbindung zwischen dem bremischen Reismühlen-, Werft- und Reedereiunternehmen (letzteres seit 1848) und der schottischen Werft. Diese Verbindung wäre wohl nicht zustande gekommen, hätte sich der 1886 verstorbene Firmengründer R. C. Rickmers nicht standhaft geweigert, Eisenschiffe zu bauen und dadurch den Nachholbedarf verursacht, der sich ab 1888 in Neubauaufträgen für die im Eisenschiffbau erfahrene schottische Konkurrenz niedergeschlagen hat.

Spruch des Seeamts zu Bremerhaven vom 2. Februar 1897, betreffend den Seeunfall des Schraubendampfers „Salier“ von Bremen.

Der Spruch des Seeamts lautet: Der Schraubendampfer „Salier“ ist in der Nacht vom 7. auf den 8. December 1896 in der Nähe von Cap Corrubedo an der spanischen Küste auf Felsen gestrandet und total verloren gegangen. Die sämmtlichen an Bord befindlichen Personen, 66 Mann Besatzung und 214 Passagiere, haben bei dem Schiffbruch ihren Tod gefunden.
Die Ursache der Strandung, welche auf schweres unsichtiges Wetter und Stromversetzung zurückzuführen sein wird, hat mit Bestimmtheit nicht festgestellt werden können.

Gründe: Der Schraubendampfer „Salier“, Heimathshafen Bremen, gehörte der Rhederei „Norddeutscher Lloyd“ in Bremen. Das Schiff hatte eine Besatzung von 66 Mann und wurde von dem Schiffer H. W. geführt.
Die Ladung bestand aus Reis, leeren Flaschen, Tabacksauce, Taback, Stückgütern, Draht, Nägeln, Papier, Kerzen, Mineralwasser und sonstigen Waaren, welche in den verschiedenen Laderäumen vertheilt waren.
Auf dem Hauptdeck befanden sich 342 Kojen für Zwischendeckspassagiere. An Passagieren waren ab Bremerhaven an Bord 151 und zwar 93 Erwachsene, 37 Kinder und 21 Säuglinge. An Bord befanden sich 11 Rettungsbojen und 448 Korkjacken, von denen in jede Zwischendeckskoje eine gelegt war, während die übrigen im Mannschaftslogis vertheilt waren und der Rest wahrscheinlich im Zwischendeck verstaut lag. Der Schiffer W. hatte bereits 13 Reisen und zwar 10 als Steuermann und 3 als Schiffer, der erste Steuermann C. bereits 17 Reisen nach dem La Plata und Brasilien als Steuermann gemacht.
Es spricht daher nichts für die Annahme, daß Mängel in der Bauart, Beschaffenheit, Ausrüstung, Beladung oder in der Bemannung des Dampfers „Salier“ bei seiner Ausreise von der Weser nach dem La Plata am 28. November 1896 vorhanden gewesen sind.

Bis Antwerpen, welches als erster Zwischenhafen angelaufen wurde, scheint nichts Bemerkenswerthes passirt zu sein. Zwischen Antwerpen und Coruña hatte der Dampfer „Salier“ schweres Wetter zu bestehen. Der hierüber von dem Schiffer W. an seine Rhederei aus Coruña erstattete Bericht lautet folgendermaßen:

„Verließen Antwerpen am 2. December mittags 12 Uhr 30 Minuten, passirten Vlissingen um 4 Uhr 50 Minuten, Dover um 1 Uhr 30 Minuten nachts. Am 4. December 9 Uhr 10 Minuten morgens passirten Quessant.
Der bisher steife Südwind wuchs hier zum schweren Sturme an mit häufigen Hagel- und Regenböen. Das Schiff arbeitete schwer und machte wenig Fortgang.
Um 3 Uhr nachmittags sprang der Wind nach NW und wurde zum orkanartigen Sturm mit bald gewaltig hoher See, so daß wir abends um 10 Uhr beidrehen mußten. Eine schwere Sturzsee brach an Steuerbord vom Bug bis zum Ankerdavit die Regeling und Stützen weg, auch wurde der feste Bug theilweise losgerissen und eingedrückt.
Gegen Morgen des 5. December nahm der Sturm ab, so daß wir um 8 Uhr Curs steuern konnten. Gegen Mittag sprang der Wind um nach SSO und nahm wieder rasch an Stärke zu. Gegen Abend ging der Wind wiederum nach WNW und wurde zum Orkan mit schwerer himmelhoher See, so daß wir am 6. December um 4 Uhr morgens wieder beidrehen mußten. Das Schiff arbeitete furchtbar und nahm fortwährend schwere Seen über.
Die Davits von Boot Nr. 1 und Nr. 2 brachen durch eine Sturzsee. Boot Nr. 2 ging dabei über Bord, während Boot Nr. 1 an Deck liegen blieb, so daß wir dasselbe laschen konnten, jedoch war es eingedrückt und theilweise zertrümmert. Dieselbe See zertrümmerte auch einen Hühnerstall total, und alle übrigen Ställe mehr oder weniger.
Außerdem wurden die Treppen zur Commandobrücke aus ihren Befestigungen gerissen, zugleich schlug eine See die Hinterseite des hinteren Ruderhauses ein.
Solange wir beigedreht lagen, gebrauchten Oel an beiden Seiten.
Gegen Abend des 6. December flaute der Wind ab, sodaß wir um 10 Uhr wieder Curs steuern konnten.

Schraubendampfer „Salier" des Norddeutschen Lloyd, Bremen

Ohne weiteren Unfall erreichten wir am 7. December morgens 8 Uhr 30 Minuten Coruña und gedenken nachmittags die Reise fortzusetzen.
gez. H. W.“

Nach diesem Bericht hat sich der Dampfer „Salier“ in dem mehrtägigen schweren Wetter derart bewährt, daß seine völlige Seetüchtigkeit einem begründeten Zweifel nicht unterzogen werden kann.
Mit 214 Passagieren an Bord und zwar 1 Deutschen, 113 Russen, 35 Galiziern, 10 Italienern und 55 Spaniern setzte der „Salier“ am 7. December 1896 4 Uhr 30 Minuten nachmittags bei hohem Barometerstand und günstigem Wetter die Reise von Coruña fort, um als weiteren Zwischenhafen Villa Garcia anzulaufen. Der Curs führte um die Nordwestecke Spaniens an der Küste entlang, vorbei am Cap Finisterre, Cap Corrubedo und an der Insel Salvora in die Arosa Bai, in deren äußerster Ecke Villa Garcia liegt. Der Dampfer „Salier“ hat diesen Zwischenhafen nicht erreicht, ist vielmehr auf den der Küste vorgelagerten Felsen in der Nähe des Caps Corrubedo gescheitert und total verloren gegangen. Von den an Bord gewesenen 280 Menschen ist nicht einer mit dem Leben davon gekommen.
Die erste Kunde von dem Schiffbruch scheint der Leuchtthurmwächter auf Corrubedo erhalten zu haben, insofern derselbe am Nachmittage des 8. December Kisten und Schiffstrümmer in der Richtung von Süd nach Nord an Corrubedo hat vorbeitreiben sehen. Die Leiche des mit Bestimmtheit recognoscirten Schiffers W. ist gleichzeitig mit 3 Kinderleichen nördlich vom Cap Corrubedo auf den Strand getrieben und von dem Pfarrer in Juno auf dem dortigen Friedhofe beerdigt worden. Außerdem sind an dieser Stelle der Küste Schiffstrümmer, Inventarstücke und Ladungsgüter von verhältnißmäßig geringem Umfange und Werthe auf den Strand geworfen. Diese sind in verschiedenen Depositen geborgen und theilweise von dem Steuermann Otto, welcher am 19. December im Auftrage des Norddeutschen Lloyd behufs Recognoscirung an Ort und Stelle eingetroffen ist, als bestimmt von dem Dampfer „Salier“ herrührend erkannt worden.
Nach den von Otto angestellten Nachforschungen sind weitere Leichen als die 4 vorerwähnten und weitere Schiffs- oder Ladungsgegenstände als die in dem zu den Acten des Seeamts gelangten Verzeichniß aufgeführten an der spanischen Küste nicht angetrieben. Wenngleich der in den ersten Tagen

nach der Strandung mangelhafte Strandschutz die Vermuthung nahelegt, daß etwa weitere angespülte Leichen und Güter von den zur Strandräuberei neigenden spanischen Fischern beraubt und heimlich bei Seite geschafft sind, so ist doch anzunehmen, daß der bei weitem größte Theil der Leichen und Güter mit dem Wrack in die Tiefe gezogen sein wird, und ist ferner mit dem Umstande zu rechnen, daß ein großer Theil der von dem Schiffskörper losgekommenen Leichen, Schiffstrümmer und Güter, soweit er nicht gesunken ist, durch den herrschenden Strom an der Küste vorbei in die offene See getrieben sein kann.

Ueber die genaue Zeit, den genauen Ort und die Ursache der Strandung hat die Beweisaufnahme zu einem sicheren Resultat nicht geführt und nach der ganzen Sachlage auch nicht führen können. Die bei der Leiche des Schiffers W. gefundene Uhr hat 5 Uhr 30 Minuten gezeigt, zwei von den Kinderleichen haben Nachtkleider getragen, so daß die Katastrophe zwischen 5 und 6 Uhr morgens am 8. December passirt sein wird. Jedenfalls ist es noch dunkel gewesen, da sonst der Schiffbruch von der Küste aus beobachtet sein würde. Als Strandungsstelle wurden in den ersten Nachrichten aus Spanien die nördlich vom Cap Corrubedo gelegenen Basoñas Felsen angenommen, wohl hauptsächlich deshalb, weil dieselben derjenigen Küstenstrecke vorgelagert sind, an welcher die 4 Leichen und die geborgenen Gegenstände angeschwemmt sind.

Die von dem Feuerwärter auf Corrubedo am 8. December nachmittags gesehenen, von Süd nach Nord vorbeitreibenden Schiffstrümmer deuteten auf eine südlich von Corrubedo gelegene Strandungsstelle hin, welche dann spanische Fischer auch später auf den Canteiros Felsen und zwar auf einem „Gallego“ genannten Stein dadurch gefunden haben wollen, daß auf der Oberfläche des Wassers Oel schwamm, welches von unten in die Höhe stieg und sich stets wieder erneuerte. Der Vordertheil des Wracks soll nur wenige Faden tief gelegen, Masten und Schornstein sollen gefehlt haben, der Schiffskörper selbst von der Mitte bis vorn aufgerissen und sogar der Name „Salier“ vorn am Bug zu lesen gewesen sein.

Der in Folge dieser Nachrichten, welche wegen Nichtangabe der Gewährsmänner auf ihre Zuverlässigkeit nicht geprüft werden konnten, auf Anordnung des Norddeutschen Lloyd nach dem „Gallego“ geschickte Taucher hat von dem Wrack nichts finden können, seine Arbeiten wegen eingetretenen ungünstigen Wetters aber auch nicht zu Ende führen können.

Anmerkung
Die Strandung und der völlige Verlust des „Salier“ war eine der letzten Katastrophen der deutschen Handelsschiffahrt im 19. Jahrhundert, allerdings bei weitem nicht die folgenschwerste. So gingen im Jahre 1895 bei einer Kollision des Norddeutschen-Lloyd-Dampfers „Elbe“ über 350 Menschenleben verloren; der schwerste Unfall unter Beteiligung eines Schiffs des deutschen Reiches ist nachfolgend abgedruckt.
Die Entscheidungsgründe des Seeamts Bremerhaven schließen mit der Feststellung, daß genauere Feststellungen aus vielerlei Gründen nicht zu treffen sind:
„Ob der Dampfer ‚Salier‘ in diesem schweren Wetter Ruder- oder Maschinenschaden erlitten hat und in manövrirunfähigem Zustande durch die hohe See auf die Felsenklippen an der Küste geworfen ist, oder ob das Schiff der Küste zu nahe gekommen und direct auf die Felsen gerannt ist, weil die Schiffsleitung infolge von starker Stromversetzung und Verschwinden der Landfeuer über den Schiffsort im Irrthum befangen gewesen ist, hat bei dem Fehlen geeigneten Beweismaterials nicht mit Sicherheit entschieden werden können. Für wahrscheinlicher hält das Seeamt die zweite Alternative, ohne jedoch damit gegen die Schiffsleitung irgendeinen Vorwurf erheben zu wollen.“

Spruch des Seamts zu Hamburg vom 17. December 1883, betreffend den Zusammenstoß des Schraubendampfers „Cimbria“ von Hamburg mit dem britischen Schraubendampfer „Sultan“ in der Nordsee.

Der Spruch des Seeamts lautet: I. Der gegen 2¼ Uhr morgens am 19. Januar 1883 ungefähr 5 Seemeilen NO vom Borkum-Feuerschiffe stattgehabte Zusammenstoß zwischen dem deutschen Dampfschiffe „Cimbria“ und dem englischen Dampfschiffe „Sultan“, welcher den Untergang der „Cimbria“ und den Verlust von 437 Menschenleben zur Folge hatte, ist dadurch verursacht, daß bei der Annäherung beider Schiffe an einander im dichten Nebel das Ruder auf der „Cimbria“ hart an Backbord* gelegt, während fast gleichzeitig auf dem „Sultan“ hart Steuerbordruder* gegeben wurde, sowie daß auf beiden Schiffen, als beiderseits erkannt war, daß rothes zu grünem Lichte stand, unterlassen wurde, die Maschinen mit voller Kraft rückwärts arbeiten zu lassen.

II. Die Hülfeleistung in Seenoth an die „Cimbria“ von Seiten des „Sultan“ wurde dadurch vereitelt, daß die Führung des letzteren Schiffes nach der Collision nicht die wünschenwerthe Geistesgegenwart bethätigte.

III. Das schneidige Verhalten des zweiten Steuermanns der „Cimbria“, Friedrich Christoph Adolph Spruth aus Demmin in Pommern auf Deck, sowie die Haltung des zweiten Maschinisten der „Cimbria“, Christian Friedrich Martin Koopmann aus Rendsburg in Holstein im Maschinenraum während der Katastrophe sind des höchsten Lobes würdig.

Thatbestand. In der Nordsee vor der Elbmündung traf der hamburgische Lootsschooner No. 3 am 19. Januar 1883 Nachmittags 1½ Uhr im dicken Nebel den englischen Dampfer „Sultan“, welcher ganz langsam angedampft kam. Der Lootse Johann Hinrich Miles, genannt Miles II., wurde an den „Sultan“ abgesetzt und fand an Bord desselben die Boote ausgeschwungen, ein Segel vor den Bug gespannt, die Klüsen aufgerissen und vorne auf der Back viele Schiffstrümmer zusammengeschoben.

Unter dem Commando des Lootsen trieb der „Sultan" bis 11 Uhr Nachts, fuhr dann so langsam wie nur möglich nach Cuxhaven und setzte dort am 20. Januar Morgens 8 Uhr den Lootsen an Land. Dieser, welcher an Bord des „Sultan" erfahren hatte, daß man mit einem Passagierdampfer, auf dem man das Geschrei von Frauen gehört habe, bei Borkum-Riff in Collision gewesen sei, machte dem Loots-Inspector Krulle sofortige Meldung von dem Vorfall. Der Loots-Inspector begab sich nach dem Hafen, ließ mehrere Lootsen, welche das hamburgische Dampfschiff „Cimbria" früher bedient hatten, holen und fand in Gemeinschaft mit denselben durch Berechnung unter Berücksichtigung von Ebbe und Fluth, des Ortes der Collision und der verflossenen Zeit, daß jener Passagierdampfer die „Cimbria" gewesen sein müsse. Es konnte sich nach Ansicht des Loots-Inspectors zur fraglichen Zeit kein anderes der aus Cuxhaven gegangenen Schiffe in der Nähe des Borkum-Riff befunden haben.

Nach Anweisung des ersten Schiffs-Inspectors der Hamburg-Amerikanischen Packetfahrt-Actiengesellschaft begab sich der zweite Schiffs-Inspector

Schraubendampfer „Cimbria" der Hapag

der Gesellschaft nach dem Hamburger Hafen und wartete dort die Ankunft des „Sultan“ ab, welche gegen 5 Uhr Nachmittags erfolgte. Er begab sich an Bord und befragte den Schiffer über den Unfall. Dieser erzählte ihm, er habe im Nebel plötzlich die Lichter eines Dampfers vor sich gehabt, mit dem sein Schiff dann collidirt sei, doch wisse er nicht, welches der Name des Schiffes sei. Trümmer desselben habe er auf seinem Verdecke. Mit diesen Worten zeigte der Schiffer dem Inspector ein 39 cm 5 mm breites und 25 cm hohes Schild aus Eisen, welches, mit weißer Emaille überzogen, die Worte enthielt:
„Es ist strenge verboten, etwas in die Wasserclosets zu werfen.“
„It is strictly prohibited to throw anything into the Waterclosets.“
„Il est sévèrement défendu de jeter quoi que ce soit dans les cabinets d'aisance.“
Mit Erlaubniß nahm Meyer die Tafel an sich; er erkannte, daß dieses Schild in allen Theilen mit denjenigen übereinstimmte, welche sich auf den New Yorker Steamern seiner Compagnie befinden. Es war dasjenige eines Zwischendecksclosets, da es mit Steinfarbe (gelb) eingerahmt war, während die Cajütenclosetschilder mit weißer Lackfarbe gestrichen sind. Die Zwischendecksclosets liegen auf den New Yorker Dampfern auf beiden Seiten des Schiffes vor den Fockwanten.
Die Hamburg-Amerikanische Packetfahrt-Actiengesellschaft erhielt dann zwischen 8 und 9 Uhr Abends des 20. Januar aus Cuxhaven vom zweiten Steuermann Spruth der „Cimbria“ ein Telegramm, welches den Untergang dieses Schiffes meldete.
Am Sonnabend Abend wurden dann die telegraphischen Orders nach Cuxhaven gelegt, die vier stärksten Schleppdampfer auszusenden und nach Booten der „Cimbria“ zu suchen. Mit gleicher Bestimmung wurde in der Nacht vom Sonnabend auf den Sonntag den 21. Januar die „Hansa“ ausgesandt und der „Bavaria“ der Befehl ertheilt, auf ihrer am Sonntag Morgen anzutretenden Reise nach Westindien bei Borkum-Riff Aufenthalt zu nehmen und am Collisionsorte zu kreuzen.
Außer nach Cuxhaven wurde ferner nach Helgoland telegraphirt, man möge dort auf Boote vigiliren. Nach Borkum wurde nicht telegraphirt, weil die Actiengesellschaft annahm, daß die Schiffbrüchigen, wenn sie dorthin ihre Fahrt gerichtet hätten, jetzt nach Ablauf von 42 Stunden längst gelandet sein müßten. In der Nacht vom Sonnabend auf den Sonntag erfuhr die Compagnie

auch durch ein ferneres Telegramm des zweiten Steuermanns Spruth außer der Zahl, die Namen der mit diesem Steuermann geretteten Personen. Der erste der ausgesandten Dampfer, welcher auf der Unglücksstätte am Sonntag in den ersten Nachmittagsstunden ankam, war die „Bavaria“, weder sie noch die Bugsirdampfer fanden eine Spur der Schiffbrüchigen.

Der Vorsitzende des Seeamts erhielt am Sonntag den 21. Januar Vormittags Kenntniß von dem Gerüchte, daß der „Sultan“ nach einer Collision mit der „Cimbria“ schwer beschädigt im Hamburger Hafen eingelaufen sei. Derselbe verfügte sofort, daß auf dem „Sultan“ Nachforschung nach an oder in demselben befindlichen fremden Schiffstrümmern zu halten sei und dieselben vorkommenden Falles im Marinearsenal zu hinterlegen seien.

Am Montag den 22. Januar begannen im Seeamt die Vernehmungen aller derjenigen Augenzeugen des Unfalls, deren man habhaft werden konnte, und wurden bis zum 10. Februar 1883, dem ersten Hauptverhandlungstermin, fortgesetzt. Es empfiehlt sich der Übersichtlichkeit wegen die Aussagen der Besatzungen und Passagiere beider Schiffe zu trennen.

I. Der „Sultan“ ist ein im Jahr 1867 erbautes, in Hull beheimathetes, als Schooner getakeltes, eisernes Schraubendampfschiff von 2 425,4 cbm Netto-Raumgehalt. Die Länge des Schiffes beträgt 73,60 Meter, die Breite 9,57 Meter und die Tiefe 4,50 Meter. Die Besatzung bestand einschließlich des Schiffers C. aus 20 Personen. Die Zahl der an Bord befindlichen Passagiere betrug 12.

Der „Sultan“ verließ in der Nacht vom Mittwoch den 17. auf Donnerstag den 18. Januar 1883 um 12½ Uhr, englischer Zeit, den Hafen von Hull, um eine aus ungefähr 600 Tonnen Kohlen und Stückgütern bestehende Ladung nach Hamburg zu bringen.

Der 19. Januar (Freitag) begann mit mäßiger Brise und nebeliger Luft. Die Segel wurden sämmtlich festgemacht. Die Fahrgeschwindigkeit des Schiffes, welche unter vollem Dampf 9½ Semeilen in der Stunde betrug, blieb unvermindert.

Gegen 1 Uhr wurde es plötzlich dick von Nebel, während Schiffer C. die Sirene von Borkum zu hören glaubte. Die Maschine wurde jetzt auf dead slow gestellt. Bei dieser Gangart der Maschine lief der „Sultan“ 4 Seemeilen in der Stunde. Die Dampfpfeife wurde in jeder Minute einmal lang angezogen. Um 1 Uhr 15 Minuten Vormittags (englischer Zeit) erblickten C. und Bullard, während der „Sultan“ sich nach Gissung etwa 4 bis 5 Seemeilen ostwärts von Borkum-Feuerschiff befand, das Toplicht und das grüne Licht eines entgegenkommenden Dampfers in ungefähr 200 Fuß Abstand zwei Striche über Steuerbord voraus, ohne vorher den Ton einer Dampfpfeife gehört zu haben. Der magnetische Curs des „Sultan“ war zu dieser Zeit O½S. Der Schiffer commandirte sofort „hart Steuerbordruder“*; und während unter Wirkung desselben der „Sultan“ zwei Striche nach Backbord bis ungefähr ONO abfiel und der Steuermann gleichzeitig durch zwei kurze Töne der Dampfpfeife diese Cursänderung signalisierte, verschwand plötzlich das grüne Licht und kam ein rothes an dessen Stelle in Sicht. In der Erkenntniß der Unvermeidlichkeit einer Collision ließ Schiffer C. jetzt die Maschine stoppen und telegraphirte gleich darauf „volle Kraft rückwärts“. Trotzdem erfolgte binnen höchstens einer Minute seit dem Erblicken des grünen Lichtes der Zusammenstoß mit dem Gegendampfer, indem der überhängende Vordersteven des „Sultan“ in die Backbordseite der „Cimbria“ – dies war das andere Dampfschiff – etwas vor dem Fockmast rechtwinklig eindrang.

Nach dem Zusammenstoß trennten sich die Schiffe sogleich wieder, indem die „Cimbria“, den Bug des „Sultan“ nordwärts herumdrehend, in schneller Fahrt in dichtem Nebel verschwand. Man hörte auf dem „Sultan“ laute Hülferufe vom angesegelten Dampfer herüberschallen. Schiffer C. ertheilte daher sofort den Befehl, sämmtliche Boote klar zu machen und auszuschwingen. Diese Arbeit nahm ungefähr 15 bis 20 Minuten in Anspruch. Auf die Meldung des Zimmermanns Watkinson, daß das vordere Compartment des „Sultan“ sich mit Wasser fülle, beorderte Schiffe C. die disponible Mannschaft (den Zimmermann und 2 bis 3 Mann) in den Raum, um das bis unter das Hauptdeck reichende Collisionsschott abzustützen und die Beschädigungen möglichst abzudichten.

Während dieser Arbeit brannten C. und der Steward Blaulichter ab, um etwa in der Nähe befindliche Schiffe auf die beiden Dampfer aufmerksam zu machen. Etwa 4 Minuten nach der Collision sah C. auch auf der „Cimbria“ ein einzelnes Blaulicht aufflackern, dann aber von derselben nichts mehr. Dagegen hörten alle Zeugen Weh- und Hülfsgeschrei von der „Cimbria“ herüberschallen.

Plötzlich sah der Steuermann Bullard, während die Boote gerade ausgeschwungen wurden, einen dunklen Schiffskörper über Backbordbug sich

dem „Sultan“ nähern, und rief dem Schiffer zu: „Um Gotteswillen geht zurück, er trifft uns sonst noch einmal.“ Daraufhin ließ C. die Maschine stoppen.
Die Absicht des Schiffers C., ein Boot zu Wasser zu lassen, um nach dem anderen Schiffe zu suchen, kam nicht zur Ausführung, da der Steuermann auf eine diesbezüglich Frage des Schiffers nach seiner Meinung mit den Worten: „aber wohin“ antwortete, und C. seine Leute nicht der Gefahr aussetzen zu dürfen glaubte, den „Sultan“ im Nebel aus den Augen zu verlieren.
Ungefähr um 3 Uhr Morgens nach der Collision wurden die Positionslaternen entfernt und drei rothe Laternen über einander am Fockmast aufgeheißt.
Bis 8 Uhr Morgens verweilte der „Sultan“ an der Unglücksstelle im dicken Nebel und setzte dann seine Reise langsam fort, in deren Verlauf er am 20. Januar Morgens gegen 7½ Uhr Cuxhaven passirte.
Hinsichtlich der Ausrüstung des „Sultan“ ist zu bemerken, daß sich 5 Boote an Bord befanden, in welchen bei dem zur Zeit der Collision herrschenden Wetter, einer langlaufenden Dünung mit leichter SW-Brise, ungefähr 70 Personen hätten Aufnahme finden können. Eins dieser Boote war so klein, daß zwei Mann als Bedienung genügten, während für jedes der übrigen 4 bis 5 Mann erforderlich waren. Der „Sultan“ führte dann noch 4 Lifeboyen. Eine Kanone für Schallsignale befand sich nicht an Bord des „Sultan“.

II. Die „Cimbria“ war ein im Eigenthum der Hamburg-Amerikanischen Packetfahrt-Actiengesellschaft zu Hamburg stehendes eisernes Schraubendampfschiff mit Brigg-Takelung und einer Maschine von 500 Pferdekräften. Das Schiff war im Jahre 1867 in Grennock erbaut, in Hamburg beheimathet, und hatte einen Netto-Raumgehalt von 6 139,3 cbm bei einer Länge von 100,93 Meter, einer Breite von 12,10 Meter und einer Tiefe von 19,24 Meter. Auf ihrer letzten Reise war die „Cimbria“ einschließlich des Schiffers Carl Wilhelm Julius H. mit 91 Köpfen bemannt und führte 401 Passagiere.
Das Schiff verließ am 17. Januar 1883 gegen 10 Uhr Vormittags mit einer Ladung von ungefähr 1 200 Tons Stückgütern den Hafen von Hamburg mit der Bestimmung via Havre nach New York; wegen des starken Nebels ließ der Lootse das Schiff aber bald vor Anker gehen. Am Morgen des 18. Januar ging die „Cimbria“ Anker auf, lief aber gegen Mittag unterhalb Brunsbüttel im Nebel fest und wurde erst gegen 5 Uhr Nachmittags mit steigender Fluth

unter Assistenz des Schleppdampfers „Hansa“ wieder flott. Das Wetter klarte jetzt auf und die „Cimbria“ dampfte mit voller Kraft das Revier hinab. Gegen 7 Uhr Abends wurde Cuxhaven bei diesiger aber feuersichtiger Luft passirt, um 8 Uhr die Lootsgalliote und wenige Minuten darauf das erste Feuerschiff. Hier fragte der Schiffer den vierten Steuermann Voss, welchen Curs die „Cimbria“ auf deren letzter Reise genommen habe, und ließ, nachdem Voss im Journal nachgesehen und „W$^1/_2$N nach dem Regelcompaß“ gemeldet hatte, diesen Curs setzen. Der magnetische Curs war gleichfalls W$^1/_2$N. Der Wind war mäßiger SW. Es herrschte bis gegen Mitternacht noch kein eigentlicher Nebel, aber es war bei dem fallenden Schmuttregen auch nicht weitsichtig, denn das Weser-Feuerschiff kam nicht in Sicht.
Die „Cimbria“ lief ihren Curs auf Borkum-Feuerschiff mit voller Kraft und machte in dieser Gangart 12 Seemeilen in der Stunde, während sie bei halber Kraft 9 bis 10 Seemeilen und mit langsam arbeitender Maschine nur 5 bis 6 Seemeilen in der Stunde zurücklegte; doch steuerte das Schiff nach Aussage des zweiten Steuermanns Spruth bei nur fünfmeiliger Fahrgeschwindigkeit in der Stunde schon schlecht. Gegen Mitternacht ging der Schmuttregen in einen feinen Sprühregen über und es wurde allmälig trocken; die Luft wurde jedoch dicker und um 1 $^1/_2$ Uhr am Morgen des 19. Januar fing es an nebelig zu werden. Borkum-Feuerschiff kam in Folge dessen nicht in Sicht. Die Maschine wurde auf halbe Kraft gesetzt und die vorschriftsmäßigen Nebelsignale gegeben. Von jetzt an verdickte sich der Nebel immer mehr und mehr, so daß man zuletzt nach Schätzung des Quartermasters nur noch gut eine Schiffslänge weit sehen konnte. Das Logg zeigte um 1 Uhr Morgens 11 $^1/_2$ Knoten Fahrt. Das Loth ergab kurz vor 2 Uhr 15 Faden auf Borkum-Grund. Der erste Steuermann Karlowa, welcher die Wache hatte, ließ um 1 $^1/_2$ Uhr Morgens den Schiffer H. auf die Brücke rufen und dieser übernahm nunmehr das Commando. Er ließ die Maschine auf halbe Kraft setzen. Der Nebel wurde immer dicker und daher, nachdem kurz vorher die Lichter der „Cimbria“ als hellbrennend gemeldet waren, um 2 Uhr 10 Minuten die Maschine auf Telegraphencommando auf langsam gestellt und machte dann 35 Umdrehungen in der Minute. Um diese Zeit ertönte nämlich ungefähr drei bis vier Striche an Backbord voraus eine Dampfpfeife und nicht lange darauf erblickte der an Backbordseite auf Ausguck stehende Matrose Alexanderson gerade voraus ein Toplicht und ein grünes Licht, während der

an Steuerbordseite auf Ausguck stehende Matrose Main nur das Toplicht eines Dampfers ungefähr einen Strich an Steuerbord voraus sah. Alexanderson bemerkte gleich darauf, daß die „Cimbria" in Folge von Backbordruder 3 bis 4 Strich nach Steuerbord abfiel, und Main sah, daß das fremde Toplicht nach Backbord hinüberwanderte. Beide Zeugen sangen die Lichter aus.
Die Quartermaster L. und W., welche mit zwei Matrosen am Ruder standen, hörten kurz nach 2 Uhr voraus an Backbord einen langen Ton einer Dampfpfeife. Unmittelbar nach dem Ertönen der fremden Dampfpfeife wurde von der Commandobrücke das Commando „hart Backbordruder" gegeben, und sofort ausgeführt. Der Bug der „Cimbria" fiel nach der Überzeugung des Quartermasters Wülfken in Folge dessen mindesten 3 Striche bis NW nach dem Steuercompaß ab. Plötzlich tauchte in etwa 150 Fuß Abstand, ungefähr zwei Minuten nach dem Rudercommando, dwars von Backbordbug der „Cimbria" ein grünes Licht auf und gleich darauf erfolgte binnen 1½ Minuten die Collision beinahe im rechten Winkel, indem der fremde Dampfer – es war der „Sultan" aus Hull – die „Cimbria" ungefähr 12 Fuß vor dem Fockwant traf.
Die Maschine war um 2 Uhr 10 Minuten gestoppt, dann wurde noch einmal vorwärts telegraphirt, aber so schnell darauf wieder „stopp", daß das erstere Commando nicht mehr zur Ausführung kam. Spätestens 2 Uhr 12 Minuten nach der Maschinenuhr erfolgte die Collision. Weder der vierte Steuermann Voss noch die Ausguckleute und Rudergäste haben, wie durch specielles Befragen seitens der Beisitzer des Seeamts festgestellt ist, zu irgendeiner Zeit vor der Collision die Dampfpfeife oder die Lichter eines mit der „Cimbria" auf parallelem oder annähernd gleichem Curse fahrenden Dampfschiffes gehört bezw. gesehen. Auch die Sirene von Borkum hat niemand vernommen.
Der Junge Mönchow, welcher seit 12 Uhr nach jedesmaligem Zählen bis 60, seit 1½ Uhr nach jedesmaligem Zählen bis 20, seit 2 Uhr in kürzeren Pausen die Dampfpfeife angezogen hatte, hörte ungefähr 3 Minuten vor der Collision vom Ausguck her den Ruf „Feuer voraus an Steuerbord" und gleich darauf „Feuer voraus an Backbord"; darauf riß ihm der Schiffer die Dampfpfeife aus der Hand und ließ dieselbe dreimal rasch hinter einander ertönen.
Der vierte Steuermann Voss machte gerade auf der Brücke über den Lothbefund Meldung, als der Ausguck aussang; er blickte unwillkürlich voraus

und sah ein weißes Licht zwischen 1½ und 3 Striche über Backbordbug. Kaum hatte er gerufen: „da ist ein Licht“, als unter dem weißen ein grünes Licht erschien, dessen Entfernung von der „Cimbria“ er auf 300 Meter gißte. Vom Gegendampfer hörte er auch mehrere durcheinander rufende Stimmen herübertönen. Die Collision erfolgte höchstens eine Minute nachdem Voss das weiße Licht erblickt hatte.

Die „Cimbria“ fuhr, da sie durch ihre Fahrt voraus den Vordersteven des „Sultan“ wegriß, an demselben vorüber.

An Bord entstand alsbald ein furchtbarer Tumult. Es war, wie der Zeuge Spruth angiebt, ein verzweifelter Kampf aller gegen alle um das eigene Leben. Die „Cimbria“ hatte durch den Zusammenstoß nach Steuerbord Schlagseite erhalten und der Schiffer befahl daher: „Steuerbordboote aus.“ Der zweite Steuermann Spruth leitete zuerst die Aussetzung des Bootes Nr. 1. In diesem Boote sind später 9 Menschen gerettet. Dann eilte Spruth zum Boot Nr. 3, kappte, da die Taljen unklar waren, die Zurrings und schlug die Haken von den Klampen los. Da das ganze Boot von Männern und unter ihnen eine Anzahl Indianer, angefüllt war, so trieb er dieselben nach Kampfe mit einem Beil heraus und brachte auch dieses Boot zu Wasser.

Inzwischen hatten der dritte Steuermann Heidorn und der vierte Steuermann Voss das Boot Nr. 5 über die Regeling gebracht. Allein, da die Taljen dieses Bootes, welches mit Frauen und Kindern schon in den Davits besetzt war, nicht laufen wollten, wurden sie abgeschnitten, sodaß das Boot herunterfiel und kenterte. Auch das Boot Nr. 1 kenterte zur selben Zeit. Dies Boot kenterte in Folge der Überfüllung, wurde jedoch durch untergeschobene Schwimmgürtel wieder aufgerichtet. Der zweite Steuermann Spruth eilte dann zum Boot Nr. 7, welches auf den Davits lag und dessen Ausschwingen daher größere Schwierigkeiten bot. Spruth und Voss, unterstützt von einigen ihrer Mannschaft, machten das Boot klar, indem sie sich mit den Schultern unterstemmten, und hielten, nachdem das Boot, dessen Taljen ebenfalls unklar waren, zu Wasser gebracht war, nach Kräften die Männer ab, um so viel als möglich die Frauen und Kinder zu retten. Dies gelang jedoch nur in geringem Maße, da nur drei Frauen und ein Kind sich ins Boot bringen ließen. Die meisten Passagiere drängten nämlich nach der hochliegenden Backbordseite hinüber und waren nicht dazu zu bewegen, nach Steuerbord herüberzukommen.

Die vier Backbordboote, welche wegen der starken Schlagseite der „Cimbria" nicht zu Wasser gebracht werden konnten, waren mit Passagieren angefüllt. Der zweite Steuermann Spruth schlug, nachdem das Boot Nr. 7 zu Wasser gebracht war, um den Pavillon herum die Bänke los, um Treibholz zu schaffen. Während dieser Arbeit sank die „Cimbria" und die Vorraaen des kenternden Schiffes drückten das Boot Nr. 3 nieder. Spruth streifte seine Seemannstiefel im Schwimmen ab und ergriff eine Bootsspiere, mußte dieselbe aber, weil alle Menschen um ihn her darauf zuschwammen und sich daran klammerten, wieder loslassen und erreichte endlich unter beständigem Kampf mit Ertrinkenden, welche ihn mehrfach unter Wasser zogen, das Boot Nr. 7. Hier wurde er im Augenblicke, als ihn seine Kräfte verließen, aufgenommen. Spruth sowohl wie Heydorn erblickten, während sie bei dem Boote Nr. 7 beschäftigt waren, eben an Steuerbord achteraus das weiße und rothe Licht des Gegendampfers. Weiteres sahen sie vom „Sultan" nicht.

In der Maschine hatte im Augenblick der Collision der zweite Maschinist Koopmann die Wache. Während das Schiff sich nach Steuerbord überlegte, kamen der erste, dritte und vierte Maschinist ebenfalls hinunter. Der erste Maschinist ließ die Schleuse zwischen Bunker und Maschine öffnen, um das Wasser vom Bunker in den Maschinenraum zu leiten und von da wegpumpen zu können; dann stieg er an Deck.

Als Koopmann dann hörte, daß oben die Boote ausgesetzt wurden, drehte er das Absperrventil vom Kessel zur Maschine ab, um bei einem eventuellen Brechen des Dampfrohres die Gefahr des Verbrühens von Menschen auszuschließen und verließ als der letzte den Maschinenraum. Beim Boot Nr. 8 traf er den dritten und vierten Maschinisten wieder sowie den ersten Steuermann Karlowa. Letzterer, welcher im Verein mit dem Quartermeister Wülfken mehrfach Raketen und Blaufeuer abbrannte, stürzte, als das Deck fast senkrecht zum Wasserspiegel stand, nach der Steuerbordseite hinüber und hat wahrscheinlich hier seinen Tod gefunden.

Koopmann gab seinen beiden Collegen, während sie auf dem Schiffsrumpf an Backbordseite saßen, noch einmal die Hand, sie sagten sich Lebewohl; dann schlugen die Wogen über ihnen zusammen. Nur Koopmann ist es gelungen, sich durch Schwimmen an das Boot Nr. 7 zu retten.

Der Quartermaster Klatt sah beim Heraustreten aus seinem Logis das Spardeck mit einem großen Haufen von Trümmern bedeckt. Das Schreien und

Drängen der Passagiere war unbeschreiblich. Durch die vollständige Panik wurde das Rettungswerk sehr erschwert. Die polnischen Juden warfen unverständigerweise ihre Säcke und Kisten mit in die Boote und verhinderten dadurch die Aufnahme von Menschen erheblich.

Die Passagiere füllten die Boote zum Theil, während sie noch in den Davits hingen.

Der Vordertheil der „Cimbria“ sank nach Aussage des Quartermasters Lau zuerst, dann folgte sehr schnell der Hintertheil. Dabei schoß der Dampf mit ungeheurer Vehemenz und Gebrüll aus dem Maschinenraum. Diesen Lärm aber übertönte noch der entsetzliche Angstschrei, mit welchem mehr als 400 Menschen in die Wogen versanken.

Mit markerschütterndem Geschrei und Gejammer waren die in der Takelage und Masten sich anklammernden Menschen ins Wasser gestürzt und Hunderte schwammen und trieben, vielfach mit Rettungsgürteln versehen, auf der Oberfläche der See umher, bis sie vor Kälte und Erschöpfung ihr Grab in den Wellen fanden und alles still wurde.

Ehe der Zeuge das Deck verließ, sah er hinten beim Ruderhause einen Herrn und eine Dame in ihrem Blute todt daliegen. Allem Anscheine nach hatten sie sich über den Hals geschnitten und den Tod durch eigene Hand dem in den Wellen vorgezogen. Der Schiffer H. ist zuletzt vom Matrosen Alexanderson, als dieser im Boote Nr. 1 vom Schiffe mit der Strömung forttrieb, auf der Commandobrücke, Raketen abbrennend, gesehen.

Es ergiebt sich aus den Aussagen der Passagiere, daß denselben weder gesagt war, wo sich die Rettungsgürtel befänden, noch in welcher Weise dieselben in Gebrauch zu nehmen seien. So kam es, daß die meisten Passagiere nicht wußten, wo sie die Rettungsgürtel zu finden hätten. Eine Vertheilung der Passagiere auf die Boote hatte ebenfalls nicht stattgefunden. Von den geretteten Passagieren ist endlich niemand durch die Stewards oder die Schiffsmannschaft geweckt, sondern dieselben sind entweder durch den Stoß erwacht, oder von ihren Mitpassagieren geweckt.

Der Zeuge Wegert erzählte, daß der erste Steuermann und der Schiffsarzt die Passagiere angetrieben haben, die Wanten hinaufzusteigen. Als die „Cimbria“ sank, schlugen die Wellen über dem Kopfe des Zeugen zusammen. Er tastete sich aber am Maste hinauf, bis er wieder an die Oberfläche gekommen war. So hielt er sich 8 Stunden lang, bis an die Brust im Wasser

stehend, fest. Dann wurde oben mehr Platz, da eine Anzahl Menschen erstarrten und herunterfielen, und er kletterte dann die letzte Strickleiter hinauf. Dem grenzenlosen Tumulte war um so weniger zu steuern, da die meisten Passagiere Slovaken waren und nicht deutsch verstanden.
Am 19. Januar Morgens gegen 10 Uhr lichtete sich der Nebel und die im Boote No. 7 befindlichen Schiffbrüchigen erblickten nach einiger Zeit in der Ferne ein Segelschiff. Sie setzten den Mast im Boote auf, befestigten 2 Korkjacken als Nothsignal daran und ruderten auf das Segelschiff zu. Es war die englische Bark „Theta“, deren Schiffer die Schiffbrüchigen gastfrei aufnahm. Zwischen 2 und 3 Uhr Nachmittags traf die „Theta“ auch das mit Wasser gefüllte Boot No. 1 an und rettete die in demselben befindlichen neun Schiffbrüchigen, drei bezw. vier Personen waren während der Nacht in diesem Boote erstarrt, in der den Bootsraum füllenden Wassermasse ertrunken und dann von den auf dem Luftkasten sitzenden übrigen über Bord gesetzt. Am Abend des 20. Januar landete die „Theta“ in Cuxhaven.
Die bremische Bark „Diamant“ fand auf ihrem Curse am Mittag des 19. Januar die aus dem Wasser hervorragenden Masten der „Cimbria“ und in denselben siebzehn Schiffbrüchige. Der Schiffer des „Diamant“ setzte ein Boot aus und rettete alle Überlebenden. Aus den Erzählungen derselben ergab sich, daß die „Cimbria“ beim Sinken gekentert, und die Mehrzahl der Passagiere aus den Masten und der Takelage gefallen war. Dann hatten sich die Masten aus dem Wasser aber wieder empor gehoben und waren aufrecht stehen geblieben. Am 21. Januar Abends (Sonntag) übergab der „Diamant“ die Geretteten an einen Schleppdampfer, welcher sie nach Geestemünde brachte.

** Für das Verständnis der gesamten Entscheidung ist von außerordentlicher Bedeutung, daß die Ruderkommandos und Ruderlageangaben entgegengesetzte Bedeutung hatten (siehe Stichwort Ruderkommando)*

Anmerkung

1. Die Entscheidung des Seeamts Hamburg vom 17. Dezember 1883 schließt knapp 11 Monate später die seeamtlichen Akten über der größten Katastrophe der Passagierschiffahrt des deutschen Reiches und seiner Länder im ausgehenden 19. Jhdt.
Bis zum Jahre 1896 gehen noch zwei Transatlantikdampfer mit erheblichen Verlusten an Menschenleben verloren, nämlich 1895 der Norddeutsche Lloyd-Dampfer „Elbe“ bei

einer Kollision in der Nordsee, 1 Jahr darauf der Norddeutsche Lloyd-Dampfer „Salier“ vor der spanischen Küste (Zitiert nach Meyers Konversationslexikon 5. Aufl. 1897, Band 15).

Die Entscheidung ist mit 114 Seiten sowie diversen Skizzen die umfangreichste Veröffentlichung bis in das Jahr 1921.
Weil es den Rahmen dieser Anmerkung sprengen würde, ohne den an detaillierterem Material interessierten Leser zufriedenzustellen, sei an dieser Stelle auf eine Veröffentlichung von Kapt. Kurt Gerdau, „Cimbria“ verwiesen (Koehlers Verlagsgesellschaft, Herford).
Die Anmerkung beschränkt sich auf die Wiedergabe weiterer Tatbestandsdetails im Rahmen einer Zusammenfassung der Gliederung für Tatbestand und Gründe der Entscheidung, wodurch sowohl die Verfahrenstaktik der Beteiligten als auch die tragenden Erwägungen der rechtsbeständig gewordenen Entscheidung des Seeamts deutlich werden.
2. Zwischen 1.45 Uhr morgens am 18. Januar und 4.30 Uhr nachmittags passieren 20 Schiffe mit Bestimmungen in Europa, Asien, Australien und Amerika Cuxhaven. Als letzte abends gegen 7.00 Uhr die „Cimbria“. 12 Stunden später sind von 492 Passagieren und Besatzungsmitgliedern 436 ertrunken bzw. erfroren. 39 haben sich in die Boote retten können, 17 in den Masten der „Cimbria“ auf Rettung geharrt.
3. Der Tatbestand schildert zunächst die Vorgeschichte der Untersuchung und faßt auch die Aussagen der Kapitäne anderer Schiffe, die in der Vorfallsnacht Borkum passiert hatten, zusammen. Er enthält Feststellungen zur Funktion der Nebelwarnanlagen in Borkum bzw. auf Borkum Riff. Darauf folgt die Wiedergabe eines Gutachtens über die Schiffstrümmer der beteiligten Schiffe, sodann die mündlichen Ausführungen der Sachverständigen im Hauptverhandlungstermin. Der Tatbestand trifft Feststellungen zu Ausrüstung, Einrichtung, Manövrierfähigkeit und Dienst an Bord der Schiffe, insbesondere zu den Standrollen und der Notfallausrüstung. Gegenstand der Feststellungen sind auch die Befeuerung der Schiffe sowie die Bordinstruktionen und Angaben zur Anzahl der vorhandenen Rettungsmittel, insbesondere Rettungsboote.
4. Der Tatbestand schließt mit der Zusammenfassung der Schlußplädoyers der Verfahrensbeteiligten, nämlich
a) des Schiffers des „Sultan“
b) des Vertreters der Witwe des Schiffers der „Cimbria“
c) des Reichskommissars.

Es ist sicher nicht verwunderlich, daß sich der überlebende Schiffsführer und die Witwe des verunfallten Schiffsführers gegenseitig die Schuld zuschieben.
Der englische Schiffer gründet seine Darstellung im wesentlichen auf die Aussage seiner Besatzung und seiner Passagiere.
Die Schuldzumessung in umgekehrter Richtung erfordert die Behauptung, ein weiteres unbekannt gebliebenes Schiff sei in den Vorfall verwickelt gewesen; nämlich: „Auf Backbordseite, etwas voraus, sei mit der „Cimbria“ ein anderer Dampfer auf gleichem Kurs gefahren, welcher von der „Cimbria“ überholt wurde. Das grüne Licht dieses zweiten Dampfers sei vom „Sultan“ aus zuerst gesichtet und demgemäß Steuerbordruder gegeben. Infolge der Drehung des „Sultan“ nach Backbord sei nun das rote Licht der „Cimbria“, welche jenem zweiten Dampfer auflief, plötzlich in annäherungsweise gleicher Peilung erschienen, in welcher man das grüne Licht des zweiten Dampfers soeben noch gehabt hätte. Hierdurch erkläre sich auch der auf dem „Sultan“ wahrgenommene Wechsel des grünen in das rote Licht.“
Der Reichskommissar weist in seinem Plädoyer darauf hin, daß man die Ursachen von den Folgen der Kollision schärfstens trennen müsse, und nimmt das Zusammenwirken des Nebels mit menschlichem Verschulden als Unfallursache an. Er geht davon aus, daß ein Zusammenstoß vermieden worden wäre, wenn beide Schiffe einfach ihren Kurs beibehalten hätten. Das wesentliche menschliche Verschulden mißt er der Schiffsführung der „Cimbria“ zu.
Betreffend die Vorgänge nach der Kollision werden wiederum beiden Schiffsführungen, insbesondere aber auch dem Zustand und der Beschaffenheit der „Cimbria“ bzw. ihrer Rettungseinrichtungen, erhebliche Verursachungsbeiträge zugemessen.
5. Die Entscheidungsgründe befassen sich zunächst mit der Fahrgeschwindigkeit und dem Drehungsmoment der beteiligten Schiffe. Diese Berechnungen sind von ganz entscheidender Bedeutung und gehen von folgenden, für das Seeamt durch Zeugenaussagen und andere Beweismittel nachgewiesenen Feststellungen aus, nämlich
a) bis zum Erteilen der Ruderkommandos nahezu entgegengesetzter Parallelkurs
b) Zusammenstoß der beiden Schiffe unter einem Winkel von ca. 6 Strich (= 67,5°).
Von hier aus zurückrechnend unter Berücksichtigung der bei konkreter Beladung und konkreter Geschwindigkeit geltenden Steuereigenschaften stellt sich das Seeamt den Verlauf der Kollision, wie in der Skizze dargestellt, vor.
Die Schlußplädoyers werden zusammengefaßt gewürdigt:
„Diese Erklärung der Kollision, welche mit den Aussagen des Schiffers C.,

Steuermanns B. und Ausgucksmanns H. genau übereinstimmt, würden den Unglücksfall vollständig erklären, sofern sie mit den Erfahrungen des Lebens in Einklang zu bringen wäre. Es wäre auch die Frage der Verschuldung außer Zweifel gestellt, insofern sich mit Evidenz ergäbe, daß der Führer der „Cimbria" den Artikeln 16 und 22 der Kaiserlichen Verordnung vom 7. Januar 80 zuwidergehandelt habe.
Diesem Vorwurf würde der Führer der „Cimbria" auch nicht entzogen werden, wenn man die Möglichkeit der Konstruktion des Kollisionsfalles, wie sie durch den Vertreter der Witwe des Schiffers versucht ist, anerkennen dürfte.
Nun beruht aber die Existenz eines zweiten mit und vor der „Cimbria" zur Zeit der Kollision fahrenden Dampfers auf einer Fiktion.
Sollte aber der ominöse zweite Dampfer die Funktionen übernehmen, welche ihm der Vertreter der Witwe beimißt, so mußte ihm eine Fahrgeschwindigkeit innewohnen, welche von Menschenhand erbaute Dampfschiffe bis auf den heutigen Tag noch nicht erzielt haben. Er hätte, wie eine einfache Rechnung zeigt, ungefähr 300 m in 5½ Sekunden zurückgelegt, also ungefähr 100 Seemeilen Fahrt in der Stunde gehabt.
Da die Fahrgeschwindigkeit der „Cimbria" als eines überholenden Schiffes größer sein mußte, so war es unmöglich, daß dieselbe vom „Sultan" überhaupt noch getroffen werden konnte.
Allein gerade die Erfahrung des Lebens ist es, welche der obigen Konstruktion des Zusammenstoßes (durch den Schiffer C.) entgegentritt. Denn ein Drehungsmoment von ½ Kompaßstrich in 8,5 Sek. ist auf modernen Eisenschiffen, welche wie die „Cimbria" neunmal so lang als breit sind, wohl noch niemals erzielt worden. Das Seeamt ist daher auch zu der Überzeugung gelangt, daß die Aussagen des Schiffers C. und seiner Mitzeugen, weil mit den physikalischen Gesetzen der Schiffsbewegungen im Widerspruch stehend, nicht geeignet sind, einen zuverlässigen Maßstab für die Beurteilung zu geben."

Unter Berücksichtigung der vorstehenden Erwägungen und weiteren Überlegungen, die auf der Feststellung beruhen, daß die Seitenlichter des „Sultan" auf 360 Fuß (= ca. 110 m), die Seitenlichter der „Cimbria" aber erst auf 300 – 400 m vor dem Schiff kreuzten, wird gefolgert, daß die Schiffe beim ersten Erkennen der beiderseitigen Lichter bereits weniger als 360 m voneinander entfernt waren, wobei sich der „Sultan" schon im

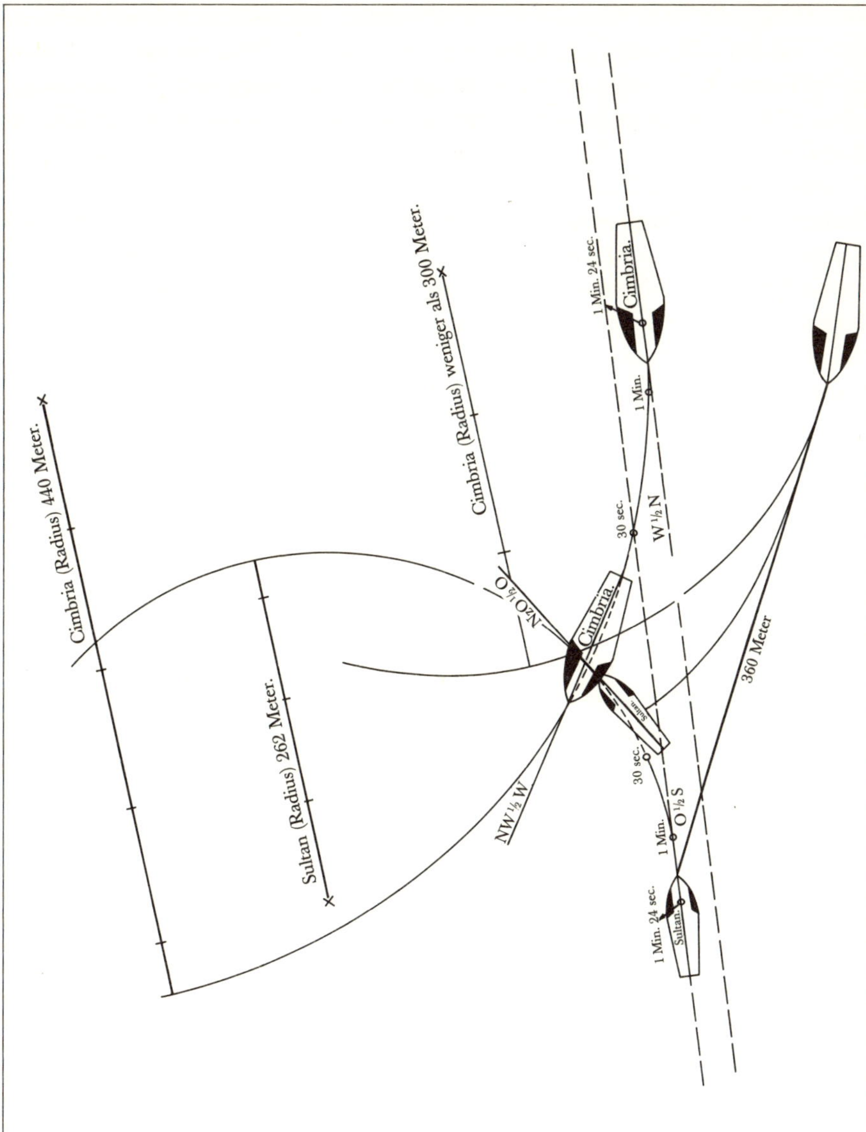

Original-Skizze des Seeamtes

toten Winkel der Seitenlichter der „Cimbria“ befand. Als weiterhin mitursächlich wird festgestellt das nicht rechtzeitige und nicht richtig gegebene Rückwärtskommando sowie die nicht dem Nebel angepaßte Geschwindigkeit. Keine wesentlichen Beanstandungen werden zur Lichterführung, dem Gebrauch der Dampfpfeife und der Anzahl der Ausguckposten erhoben.

6. Sodann befassen sich die Gründe der Entscheidung mit den Vorgängen nach der Kollision. Es wird bemängelt, daß auf dem „Sultan“ ein Alarmböller nicht vorhanden war, was zumindest einem Boot der „Cimbria“ die Möglichkeit gegeben hätte, sich danach zu orientieren. Es wird festgestellt, daß die Bemannung der Rettungsboote der „Cimbria“ nicht ausreichte und zudem die Alarmkanone nicht benutzt wurde. Völlig mangelhaft war nach Auffassung des Seeamtes der Schiffsdienst der „Cimbria“, weil detaillierte Instruktionen fehlten, die Reederei allgemeine Instruktionen überhaupt nicht vorgelegt habe, der Mannschaft ihre Standrolle nicht bekannt war, die Standrolle für die Passagiere völlig fehlte, keine Alarmübung abgehalten war, die Taljen der Boote unklar und sich niemand um das Wecken der Passagiere gekümmert hatte.

Das Verhalten der Schiffsführung der „Cimbria“ nach dem Unfall war tadelsfrei. Die Schiffsführung des „Sultan“ muß sich erheblichen Tadel zurechnen lassen.

7. Danach befassen sich die Gründe mit dem Materialgutachten für die „Cimbria“, das in voller Länge in die Entscheidungsgründe eingearbeitet ist. Die Zusammenfassung der drei Gutachter, nämlich eines wirklichen Admiralitätsrates und Vortragendem Rat der Admiralität aus Berlin sowie zweier Marineschiffbaudirektoren aus Kiel und Wilhelmshaven, lautet:

(1.) Die Qualität des Materials ist nicht eine derartige gewesen, wie es heutigen Tages für Schiffe überhaupt, selbst lediglich zur Frachtfahrt bestimmte, mit Recht verlangt wird. Die Qualität der Arbeit müssen wir indes, ebenfalls basierend auf das, was gelegentlich der Materialprüfung zu unserer Kenntnis gekommen ist, bezüglich der Nietungen als eine solche bezeichnen, welche zu keiner Zeit und niemals als zulässig erachtet worden ist. Sie steht ganz fraglos noch tief unter dem Niveau der Qualität des Materials und in direktem Widerspruch mit der bezüglichen Bestimmung des Baukontraktes.

(2.) Die Stärke der verschiedenen Eisenplatten, Knie, Winkeleisen und Niete mit Rücksicht auf Größe und Verwendungszweck war hinsichtlich der Spantwinkeleisen genügend, bezüglich der Niete nicht zu beurteilen und in bezug auf die sämtlichen Deckverbände sowie auf die Beplattung oberhalb der Kimmung, der Kielschweine, Seiten- und Kimmkielschweine selbst dann ungenügend, wenn das Blechmaterial von tadelloser Beschaffenheit gewesen wäre.

(3.) Die Zweckmäßigkeit der vorhandenen Schotten läßt sich mit absoluter Bestimmtheit nicht beurteilen, höchstwahrscheinlich ist es indessen, daß jene Schotten der Zahl nach zu gering bemessen sind.

Bleibt dagegen jene Zahl außer Betracht und beurteilt man die Zweckmäßigkeit, so muß man zu dem Schluß kommen, daß unzweckmäßigere Schotten nicht wohl denkbar sind. Sie waren allerdings Schotten, aber keine wasserdichten Trennungswände; sie waren, wie wir nachgewiesen zu haben glauben, Verkehrshindernisse, aber keine Sicherheitsvorrichtungen in der Gefahr, sie waren mithin für letzteren Zweck so gut als gar nicht vorhanden.

Nach der Wiedergabe des Gutachtens werden zusamengefaßt die Erklärungen des Vertreters der Reederei, diverser weiterer sachverständiger Zeugen, insbesondere zu Umbauarbeiten, die an der „Cimbria“ 1880 vorgenommen worden waren.

8. Die Entscheidungsgründe schließen mit der Wiedergabe diverser Vorschläge, die künftig eventuell Unglücke dieses Hergangs und dieses Ausmaßes vermeiden helfen sollen. Was nach Ansicht des Seeamts zu tun war, ergibt sich aus seinem Spruch und an anderer Stelle der Gründe mit leicht resignierendem Unterton:

„Nach allediesem hätten die Führer der „Cimbria“ und des „Sultan“ vorsichtiger gehandelt, wenn sie unter Absehung von einer Kursänderung lediglich die Maschinen ihrer Schiffe beim ersten Sichten eines fremden Lichtes mit voller Kraft rückwärts hätten arbeiten lassen. Leider hatten sie für ihr gegenteiliges Verhalten die seemännische Usance für sich.“

Spruch des Seeamts zu Flensburg vom 14. November 1892 und Entscheidung des Kaiserlichen Ober-Seeamtes vom 28. April 1893, betreffend den Seeunfall des Schraubendampfers „Marianne“ von Flensburg.

Der Spruch des Seeamts lautet: Die Strandung des Schraubendampfers „Marianne“, Schiffer H., auf der Reise von Singapore nach Hongkong an dem Bombay-Riff der Paracels-Inseln im chinesischen Meere am 11. Juni 1891 ist durch nachlässige Navigirung und grobe Pflichtwidrigkeiten des Schiffers H. verursacht. Dem Schiffer H. wird die Befugniß zur Ausübung seines Gewerbes als Schiffer entzogen.

Gründe: Der von dem Schiffer H. aus Flensburg geführte, im Jahre 1888 erbaute, in Flensburg beheimathete Schraubendampfer „Marianne“ hat am 12. April 1891 mit einer Besatzung von 19 Mann und 3 nach Nikolajewsk bestimmten Passagieren von Hamburg aus die Reise nach Singapore, Wladiwostock und Nikolajewsk angetreten. Die Ladung bestand aus Stückgut, zum größten Theile schwerem Gut.
Auf dieser Reise hat der Dampfer in Port Said mehrere Tage lang, in Colombo am 26. Mai 1891 von morgens 6 Uhr 30 Minuten bis nachmittags 1 Uhr und in Singapore vom 4. Juni nachmittags 3 Uhr bis zum 5. Juni morgens 6 Uhr 50 Minuten sich aufgehalten. An allen drei Orten ist ein Zeitball. An keinem dieser Orte sind Beobachtungen zur Regulirung des Chronometers gemacht. Unzuverlässigkeiten des Chronometers sind auf der ganzen Reise nicht beobachtet worden.
Bei der Abfahrt von Singapore am Morgen des 5. Juni war das Wetter gut. Am 9. Juni in der Nähe von Cap Padaran erhob sich eine steife westliche Briese und sehr krabbe See, so daß der Dampfer stark schlingerte und Wasser an Deck nahm. Infolgedessen beschloß Schiffer H., seinen Curs nicht, wie dies gewöhnlich zu geschehen pflegt, westlich, sondern östlich (außen) um die Paracels-Inseln zu setzen.

Nachdem der Schiffer am 10. Juni bis Mittag den Curs NNO¾O innegehalten und von da an NzO½O gesteuert hatte, wurde am 11. Juni morgens 3 Uhr 50 Minuten Brandung voraus bemerkt. Gleich darauf lief der Dampfer auf und war trotz aller Versuche nicht wieder abzubringen. Er saß auf dem Bombay-Riff der Paracels-Inseln fest. Der Grund war scharfer Korallenfels. Das Schiffsjournal ist nach der Strandung verloren gegangen. Über die auf diesen Verlust sich beziehenden Thatsachen wird auf die weiter unten folgende Darstellung des Schiffers H. und des ersten Steuermannes verwiesen. Dem Seeamt ist nur die von den beiden Steuerleuten geführte Kladde des Journals und eine Reinschrift vorgelegt, welche letztere der Schiffer H. später, nachdem das Journal selbst bereits verloren gegangen war, zum theil auf Grund der Kladde, zum theil nach dem Gedächtnisse niedergeschrieben hat. Für das Seeamt muß bei dieser Sachlage die Kladde des Journals maßgebend sein.
Die nach der Strandung vorgenommene astronomische Beobachtung vom 11. Juni ergab, daß sich das Schiff auf 15°59' Nordbreite und 112°47' Ostlänge v. Gr. befinde, d. h. auf offener See etwa 20 Seemeilen von der Strandungsstelle auf dem Bombay-Riff, welches auf 16°1' Nordbreite und 112°26,3' Ostlänge v. Gr. liegt. Dieses ergiebt eine Stromversetzung bis nach der Strandungsstelle von 56 Seemeilen nach WNW ½ W, also nach der entgegengesetzten Richtung wie bisher. Während in den vorhergehenden Tagen entsprechend dem im Juni herrschenden Südwest-Monsun eine stetige und im wesentlichen gleichmäßige Stromversetzung nach Ost und Nord beobachtet worden war, ergab sich jetzt plötzlich eine erhebliche Stromversetzung nach West. Diese Thatsache erscheint in hohem Grade auffallend. Die in der Nähe der Straßen am 6. Juni gefundene Stromversetzung von 46 Seemeilen NO¼O ändert hieran nichts, weil in jener Gegend gewöhnlich ein starker Strom angetroffen wird.
Der Schiffer H. hat ausgesagt, daß er, als er durch die letzte Beobachtung vom Mittage des 10. Juni festgestellt hatte, daß der Dampfer sich auf 14°7' Nordbreite und 112°47' Ostlänge befände, beabsichtigt habe, bis 4 Uhr morgens des 11. Juni den Curs NzO½O zu steuern, um dann von 16° Nordbreite und etwa 113°22' Ostlänge v. Gr. ab die Richtung nach Norden einzuschlagen. Um 3 Uhr 50 Minuten morgens wurde jedoch Brandung voraus bemerkt und kurz darauf erfolgte die Strandung. In dem Kladdejournal ist in der Eintragung der letzten astronomischen Beobachtung und zwar in der Ziffer

„2“ der Zahl 112° Ostlänge eine sehr deutlich wahrnehmbare Radirung der mit Blei beschafften Eintragung ausgeführt. Welche andere Ziffer ursprünglich anstatt der Ziffer „2“ eingetragen gewesen ist, ob etwa eine „1“, so daß die Eintragung „111°47’ Ostlänge v. Gr.“ gelautet haben würde, ist nicht mehr zu erkennen. Deutlich aber ist, daß an der Stelle der Ziffer 2 ursprünglich eine andere Ziffer gestanden hat. Der Schiffer H. hat für diese Radirung, welche sich gerade in der für die Beurtheilung der Sache maßgebenden Zahl findet, keine Erklärung geben können.

Bei den Längenbeobachtungen hat der Schiffer H. seiner Aussage nach selbst die Höhen genommen, während die Steuerleute, meistentheils der erste Steuermann, die Zeit notirt haben; eine Gegenprobe ist nicht gemacht. Auch bei der Beobachtung am 9. und 10. Juni ist in dieser Weise verfahren worden. Wenn in der Nähe von Land Beobachtungen vorgenommen sind, dann hat der Schiffer H. seiner Aussage nach auch wohl einmal die Zeit notirt.

Die Deviation des Compasses hat der Schiffer H. seiner Aussage nach an jedem Morgen beobachtet, die Beobachtungen jedoch nicht immer niedergeschrieben.

Über die Ereignisse vor, während und nach der Strandung ist folgendes festgestellt:

In der Nacht vom 10. auf den 11. Juni hatte der erste Steuermann H. bis 12 Uhr die Wache und wurde dann von dem zweiten Steuermann abgelöst. Der Leichtmatrose Gebauer hatte während der ganzen Wache von 12 bis 4 Uhr den Ausguck auf der Back. Es beruhte dies auf einer allgemeinen Anordnung des Schiffers H., daß Gebauer, weil er das Ruder noch nicht zu handhaben verstand, während der ganzen Dauer seiner Wache den Ausguck haben solle. Nach dieser allgemeinen Anordnung ist es auch in der Unfallnacht gehalten. Besondere Vorsichtsmaßregeln hat der Schiffer für diese Nacht trotz der gefährlichen Nähe der Paracels-Inseln nicht getroffen, insbesondere eine Verstärkung des Ausgucks etwa durch die beiden am Ruder sich ablösenden Matrosen während ihrer freien Zeit nicht angeordnet. Dagegen ist er selbst während der ganzen Nacht bis 3 Uhr 15 Minuten oder 3 Uhr 30 Minuten, um welche Zeit er sich in seiner auf dem Achterdeck befindlichen Hängematte schlafen legte, an Deck gewesen.

Ferner hat der Schiffer behauptet, daß er den zweiten Steuermann vor oder bei Antritt seiner Wache darauf aufmerksam gemacht habe, daß sie in dieser

Nacht die Paracels-Riffe passieren würden und daß deshalb ein verschärfter Ausguck gehalten werden müsse. Der Steuermann Prien hat jedoch in seiner beeidigten Aussage vom 6. April / 8. Juni 1892 bestimmt in Abrede gestellt, daß ihm zu der angegebenen oder einer anderen Zeit etwas derartiges von dem Schiffer gesagt worden sei. Dieser beeidigten Aussage des Steuermanns hat das Seeamt gegenüber der mit ihr in Widerspruch stehenden Angabe des Schiffers umsomehr Glauben beimessen müssen, als der Schiffer H. bei seinem Auftreten vor dem Seeamt keineswegs einen besonders zuverlässigen Eindruck gemacht und mehrfach der Beantwortung der an ihn gerichteten Fragen durch allgemeine von der Sache selbst abschweifende Redewendungen auszuweichen gesucht hat.

Die Karte hat der Schiffer dem Steuermann Prien bei Antritt seiner Wache nicht gezeigt. Die See war in der Unfallnacht, abgesehen von einer kleinen Dünung, ruhig, die Luft nach einigen Aussagen ziemlich klar, so daß ein erfahrener Seemann die Brandung schon vorher hätte bemerken müssen; nach anderen etwas diesig; nach anderen, nämlich den Aussagen des ersten Steuermanns und des Matrosen Würfel diesiger als gewöhnlich. – Der Dampfer fuhr mit einer Geschwindigkeit von 8 Seemeilen in der Stunde und konnte nach Ansicht des Schiffers auf ½ Seemeile zum Stillstand gebracht werden.

Der Schiffer H. beabsichtigte, bis 4 Uhr morgens an Deck zu bleiben. Um diese Zeit mußte der Dampfer nach seiner Berechnung an den Paracels vorbeipassirt sein und wollte er alsdann den Curs von NzO½O auf Nord ändern. Er legte sich jedoch schon um 3 Uhr 15 Minuten in seiner auf dem Achterdeck befindlichen Hängematte zum Schlafen nieder in der Annahme, daß er schon von den Paracels frei sei. Diese Annahme gründete er auf den Umstand, daß man nichts von den Paracels gesehen habe. Dagegen hat er nichts gethan, um sich von der Richtigkeit dieser Annahme zu überzeugen, insbesondere es unterlassen, vor dem Schlafengehen die seit Mitternacht durchlaufene Distance in der Karte abzusetzen.

Der Steuermann Prien hat die Brandung erst kurz vor dem Aufstoßen gesehen und sofort das Commando „langsam“, „stopp“ und „volle Kraft rückwärts“ unmittelbar nacheinander gegeben. Trotz sofortiger Ausführung dieses Commandos ist der Dampfer auf das Bombay-Riff aufgelaufen, ohne daß ein Stoß verspürt wurde. Sobald der Steuermann die Brandung gesehen,

hat er den Schiffer H. wecken lassen, der dann auch sofort und zwar gleichzeitig mit dem ersten Steuermann auf die Commandobrücke geeilt ist.
Sofort nach der Strandung wurden auf Anordnung des Schiffers die Segel festgemacht, die Maschine auf volle Kraft rückwärts gestellt und in südöstlicher Richtung ein Warpanker ausgebracht. Die Versuche, durch Hieven des Warpankers und Rückwärtsarbeiten der Maschine den Dampfer abzubringen, blieben erfolglos. Der Warpanker faßte wegen der Tiefe der See keinen Grund, glitt beim Hieven bis an das Schiff heran und wurde, da er der Schiffsschraube gefährlich werden konnte, geschlippt. Die Ausbringung eines schwereren Ankers mit zwei Booten war bei der herrschenden sehr starken Brandung ohne ernstliche Gefährdung der Boote unausführbar.
Um das Anbringen des Dampfers zu fördern, ließ der Schiffer nunmehr am 11. Juni und in der darauf folgenden Nacht Ladung auswerfen und gleichzeitig die Maschine mit voller Kraft rückwärts arbeiten. Da man jedoch am Vormittag des 12. Juni bemerkte, daß der Dampfer höher auf das Riff aufgelaufen war und vermuthete, daß dies eine Folge des Auswerfens der Ladung sei, hörte man, nachdem 200 – 300 Tonnen Ladung ausgeworfen waren, mit dem Werfen der Ladung auf und beschränkte sich darauf, die Maschine nach wie vor mit voller Kraft rückwärts arbeiten zu lassen.
Als am 13. Juni ein steifer SSW sich erhob, die Brandung über das Schiff schlug und im Hinterraum sich Wasser zeigte, wurden für den Fall der Noth die Boote klar gemacht und bei Tage wie bei Nacht Nothsignale gegeben, um fremde Schiffe zur Hülfe zu rufen. Am 15. Juni wurde beschlossen, ein Boot unter Führung des ersten Steuermannes abzusenden, um aus Touron oder Hongkong Hülfe für das gestrandete Schiff zu holen, dessen Abbringen von dem Riff mit eigenen Kräften unausführbar erschien. Das Boot verließ am 15. Juni das Schiff, während der Schiffer H. mit den übrigen 11 Mann der Besatzung und den 3 Passagieren auf dem Dampfer zurückblieb.
Das Boot, nachdem es aus dem Bereich der Brandung gelangt war, setzte seinen Curs nach Westen, um Touron zu erreichen, befand sich aber am nächsten Morgen anstatt im SW noch im SO vor dem Dampfer. Da das Erreichen von Touron nach Verlauf von einigen unter schwerem Wetter und heftigen Regenböen verbrachten Tagen dem Steuermann unausführbar erschien, setzte er den Curs auf Hongkong und wurde nach neuntägiger Fahrt von dem englischen Dampfer „Hangshow“ etwa 120 Seemeilen östlich

von Hongkong in der Nähe von Cap Sui Point aufgenommen und mit allen Personen der Bootsbesatzung am Abend desselben Tages glücklich in Hongkong gelandet.
Von der Hongkonger Agentur des Dampfers „Marianne" wurde der deutsche Dampfer „Triumpf", Schiffer Bruhn, gechartert, um von Pakhoi aus sich nach der Strandungsstelle zu begeben und die auf dem Dampfer zurückgebliebenen Schiffbrüchigen zu retten. Dieser Dampfer verließ am 30. Juni Pakhoi, langte am 3. Juli in der Nähe des Bombay-Riffs an und sichtete dort das Wrack des Dampfers „Marianne", welches auf der südwestlichen Seite des Riffs mit dem Bug nach Norden gekehrt und bis zum Großdeck im Wasser lag, so daß nur die Verschanzung, die Commandobrücke, der Schornstein und die Masten noch hervorragten. Der Schiffer Bruhn kehrte, nachdem er festgestellt hatte, daß das Wrack von der Besatzung bereits verlassen war, nach Hongkong zurück.
Mittlerweile hatte der auf dem Dampfer „Marianne" mit dem Rest der Besatzung und den Passagieren zurückgebliebene Schiffer H. bis zum 29. Juni auf die Ankunft der durch das ausgesandte Boot herbeizurufenden Hülfe vergeblich gewartet. Da er annahm, daß das Boot untergegangen sei und er fürchtete, daß der hoch auf das Korallenriff hinaufgetriebene Dampfer, der mittlerweile auch am Heck ein Loch bekommen hatte, bei einem starken Sturm auseinanderbrechen würde, hatte er die nöthigen Vorbereitungen getroffen, um in den Schiffsbooten das Wrack zu verlassen, als am 29. Juni der nach Singapore vorbeifahrende durch die Nothsignale herbeigerufene englische Dampfer „Lancelot" aus Leith ihm seine Hülfe anbot. Damals stand das Wasser im Vorderraum und Großraum der „Marianne" in derselben Höhe wie außerhalb des Schiffes. Der Schiffer nahm die Hülfe an, wurde mit der Mannschaft von den Passagieren an Bord des „Lancelot" aufgenommen und am 5. Juli glücklich in Singapore gelandet.

Anmerkung
Den Schiffer H. ereilt mit der Entscheidung des Seeamts Flensburg vom 14. November 1892, in vollem Umfang durch das Oberseeamt bestätigt, der Patententzug. H. war Schiffer des Dampfers „Fero", der unter seiner Führung im Juli 1888 vor Hongkong gestrandet ist (s. Kapitel „Piraten und Kriege"). Mit seinem Verhalten als Steuermann der „Fero" hatte sich das Seeamt Flensburg in einer Entscheidung vom 4. Mai 1888 auseinanderzusetzen (s. Kapitel „Kollisionen und Katastrophen").

Alle großen deutschen Reedereien bedienten spezielle Ostasiendienste. Das dort eingesetzte Personal und Material kehrte nur gelegentlich nach Europa zurück (vgl. hierzu die Entscheidung des Seeamts Flensburg vom 16. und 19. September 1905 im Kapitel „Piraten und Kriege“).
Die Erwägungen, die jetzt zum Patententzug führen, lauten zusammengefaßt:
1. dem Schiffer sei zwar kein Vorwurf daraus zu machen, daß er den Kurs abweichend vom üblichen Kurs östlich der Paracels-Inseln gewählt habe, die Strandung ließe sich auch ohne Chronometerfehler erklären, wenn am 10. Juni statt 111° 47' Ost versehentlich 112° 47' eingetragen, nachdem hier zuvor radiert worden war, indes:
„Nimmt man nun für den 10. Juni den Schiffsort als 14° 7' Nord und 111° 47' Ost Länge an und setzt von hier bis morgens 5 Uhr 50 Minuten am 1. Juni den gesteuerten Curs NzNO½O mit zugehöriger Distance 104 Seemeilen ab, so kommt man ungefähr auf den Ort der Strandung. Es erklärt sich dann sofort, warum das mit Tinte geschriebene Schiffsjournal nicht geborgen ist.“
2. Pflichtwidrig sei im übrigen gewesen, daß der Schiffer sich zu früh zur Ruhe begeben habe, nicht für gehörigen und zudem unerfahrenen Ausguck gesorgt habe, der schließlich auch noch den Auftrag hatte, die nachfolgende Wache zu wecken und letztlich aus dem Verlust des Schiffsjournals, welches ja bekanntlich, ordnungsgemäß geführt, der Entlastung des Schiffers diene.
Zu guter Letzt kommt hinzu:
„daß das Benehmen des H. vor dem Seeamt kein vertrauenerweckendes gewesen ist. Nur wenige der an ihn gerichteten Fragen hat er ordentlich und erschöpfend beantwortet, sondern meistens von dem Kernpunkt der Fragen abschweifende Antworten gegeben, so daß es nur mit Mühe gelang, das Wesentliche, was zur Sache gehörte, aus ihm herauszufragen.“

Spruch des Seeamts Stettin vom 17. November 1879, betreffend den Seeunfall des deutschen Schooners „Maria“ von Kolberg.

Schiff unter Wedbak an der Ostküste Seelands von den Ankern gerissen und mit der gesamten Besatzung untergegangen.

Das Seeamt hat seinen Spruch dahin gethan: dass der Untergang des Schooners „Maria“ und seiner gesammten Besatzung am 14./15. November im Oeresund durch die Seeuntüchtigkeit des Schiffes und seine Ueberladung verursacht ist.

Gründe: Am 13. oder 14. November 1878 verliess der Schooner „Maria“ von Kolberg mit einer nach Stettin bestimmten Ladung von 1588 Ctr. Thonschiefer den Hafen von Landskrona und ist darauf in der Nacht zum 15. November 1878 im Oeresund vor Rougstedgaard mit Mann und Maus untergegangen.
Geführt wurde das Schiff von dem Kapitän Wilhelm R. aus Bauerhufen bei Köslin, der es durch Vertrag vom 19. März 1878 für 1650 M. als einziger Eigenthümer erworben hatte und darauf noch 500 M. schuldig war. Als Besatzung befand sich darauf ausse ihm der Matrose Hermann Schmidt aus Stolpmünde und der Schiffsjunge Hermann Burandt aus Kl. Machim.
Versichert war das Schiff nach Angabe der Ehefrau des Schiffers nicht.
Ueber die näheren Umstände des Unfalles ist durch Einnahme des richterlichen Augenscheines und durch polizeiliche und gerichtliche (aber nicht eidliche) Vernehmung zahlreicher Zeugen seitens der dänischen Strandbehörden Folgendes ermittelt worden.
Am Morgen des 14. November sahen Fischer aus Wedbak den Schooner bei Smitstrup 1/4 Seemeile nordöstlich vor Wedbak vor Anker liegen und zwar, wie sie den sie zuerst vernehmenden Polizei-Beamten gegenüber angegeben haben, mit der Nothflagge, nämlich der Flagge am Vortop. Sie fuhren zwischen 6 und 7 Uhr Morgens zum Schiffe; dort fragte sie der Kapitän, ob sie ihm nach einem Hafen helfen wollten, nach der Brücke bei Wedbak oder Tüborg. Sie erklärten ihm, dass beides nicht angänglich sei, weil in Wedbak

nur eine Anlegebrücke für die Dampfschiffe sei und für Tüborg der Wind zu stark nach dem Lande wehe, erboten sich aber, für 200 Kronen das Schiff nach Helsingör oder Kopenhagen zu bringen. Der Kapitän erwiderte ihnen, dass er dies nicht geben könne, sie ermässigten nun ihre Forderung auf 40 Kronen, der Kapitän bot ihnen darauf 4 Kronen, wenn sie helfen wollten, ihm die Segel zu setzen, anderfalls wünschte er, dass sie das Schiff verliessen. Das thaten sie denn auch, nachdem sie etwa 1 bis 2 Stunden dort gewesen waren. Auch noch drei andere Fischer aus Wedbak ruderte am Morgen des 14. November 1878 zum Schooner, als sie diesen und zwar, wie die ersteren beiden den Polizei-Beamten gegenüber angegeben haben, mit der Nothflagge, wie Peter A. und Christian J. dagegen bei ihrer gerichtlichen Vernehmung bekundeten, mit der Lootsenflagge liegen sahen.

Aber auch die Hülfe dieser Fischer lehnte der Schiffer ab, obgleich der Brükkenwärter Peter A. ihm vorstellte, dass das Schiff, sofern die Strömung, welche südlich war, eine andere Richtung bekäme oder abfiele, eine gefährliche Lage hätte, indem es dicht am Lande und vor starkem Winde nach dem Land lag. Der Schiffer erwiderte hierauf, dass er vor 3 Ankern liege und vom Lande gut abhalten könnte, falls diese nicht hielten, noch hinzufügend, dass er hinter sich eine Jacht habe segeln sehen, dass das Wasser also tief genug wäre.

Noch in der Dämmerung sah der Fischer Peter A. das Schiff an der bisherigen Stelle liegen, und der Brückenaufseher Peter A. und Fischer Ole A. noch um 10, 12 und 3 Uhr Nachts zum 15. November 1878 die Laterne desselben. Sogar um etwa 5 Uhr Morgens am 15. November haben noch Arbeiter das Schiff ziemlich dicht am Lande liegen sehen, jedoch nur die beiden Masten deutlich erkannt. Nothsignale oder Nothrufe von dem Schiffe will niemand gehört oder gesehen haben. Es wehte in der Nacht ein starker Sturm aus OSO.

Etwa um 5 ½ Uhr Morgens am 15. November 1878 gewahrten der Strandvogt und der Fischer Sören Jörgensen, dass einzelne Wrackstücke am Strande umhertrieben; dann, als es heller wurde, dass der obere Theil des Schooners mit dem Roof an der Schiffbrücke vorbeitrieb und auf dem innersten Riff auf Grund kam, nach etwa einer Stunde, als es noch heller wurde, dass etwas mehr südlich der untere Theil des Schooners, an welchem noch die Masten festsassen, aber im Wasser lagen, auf den Grund kam, und auf beiden kein lebendes Wesen. In dieser Lage fand die Wrackstücke später auch der im

Laufe des 15. November erscheinende Richter, nämlich den Obertheil des Schiffes etwas 150 Ellen vom Lande entfernt auf dem inneren Riff bei Rougstedgaard und etwa 400 bis 500 Ellen vom Lande entfernt auf dem äusseren Riff den Untertheil des Schiffes mit den Masten, diese jedoch ohne Segel. Die Leichen der 3 Mann Besatzung, die Schiffspapiere und andere Gegenstände vom Schiffe wurden später angespült und die Leichen auf dem Hirschholmer Friedhofe beerdigt.
Am 1. Dezember 1878 wurden von Fischern aus Wedbak 2 Anker ohne Bojen mit 14 beziehungsweise 15 Faden Kette gefunden,und zwar ¼ Meile vom Lande NNO vor Wedbak auf etwa 6 Faden Wasser nach der Richtung hin, wo der Schooner „Maria“ gelegen hatte. Die Fischer haben versucht, diese Ketten bei Seite zu schaffen, ohne von dem Funde Anzeige zu machen. Sie haben dadurch die Vorschrift des dänische Gesetzes verletzt und sich deswegen freiwillig zur Zahlung einer Strafe von je 10 Kronen bereit erklärt, diese auch geleistet.

Anmerkung
Das Seeamt geht davon aus, daß die zuletzt gestellte Forderung von 40 Kronen nach allen Umständen ein angemessenes Honorar für die Assistenz gewesen wäre.
Zu der Feststellung der Seeuntüchtigkeit gelangt das Seeamt unter Berücksichtigung des geringen Kaufpreises, der schlechten Beschaffenheit der angeschwemmten Trümmer sowie der Art und Weise, in der das Schiff innerhalb kürzester Zeit auseinandergebrochen ist.
Die Überladung berechnet das Seeamt unter Heranziehung der Schiffsvermessungsordnung des Jahres 1872, wobei das nachfolgende Zitat aus den Entscheidungsgründen wohl die Einschätzung des Praktikers zum Inhalt dieser Verordnungen darstellt:
„Bei einem Netto-Raumgehalt von 122,9 cbm dürfte (nach der Verordnung) die „Maria“ 1159 Centner laden, ihre Ladung betrug aber 1588 Centner. Wenngleich nun zwar diese Rechnung nicht genau stimmt, vielmehr wohl in der Regel tatsächlich eine erhebliche Überschreitung des so berechneten Ladungsgewichts stattfindet und auch ohne Gefahr zulässig ist, so ist diese Überschreitung doch im vorliegenden Fall ohne Zweifel als eine übermäßige anzusehen, besonders unter Berücksichtigung der Schwere der Ladung, des Thonschiefers, welche eben deswegen, weil sie auf kleinem Raum eine große Last überträgt, um so gefährlicher ist.“

Spruch des Seeamts zu Stettin vom 1. April 1886, betreffend den Seeunfall der Brigg „Ottilie" von Stettin.

Der Spruch des Seeamts lautet: Der Seeunfall, welchen die Brigg „Ottilie" auf der Fahrt von Stettin nach Hartlepool in der Zeit vom 28. bis 30. Juli 1885 in der Nordsee durch Leckwerden, Verlassen und Kentern erlitten hat, ist von dem Schiffer P. dadurch verschuldet, daß derselbe in der Behandlung des Schiffes und der Mannschaft nicht die gehörige Umsicht und Entschlossenheit an den Tag gelegt hat. Dem Schiffer P. wird auf Antrag des Reichscommissars die Befugniß zur Ausübung des Schiffergewerbes entzogen, die Befugniß zur Ausübung des Steuermannsgewerbes aber belassen.

Nachdem die Brigg in Swinemünde nachgesehen, abgedichtet und seetüchtig befunden war, verließ sie diesen Hafen am 9. Juli 1885 mit einer für Hartlepool bestimmten Ladung von 153 Loads eichener Plancons im Raume und 29 Loads sichtener Planken von etwa 4 800 Centner Gesammtgewicht. Die Besatzung bestand aus dem Schiffer P., Steuermann Roloff, den Matrosen Bohnenstengel, A. Reichow, Veit und H. Reichow, welcher zugleich Zimmermann war und dem Koch und Steward Lenz.
Kurz vor Skagen kamen Gewitter auf; der Wind begann heftig aus West zu wehen und wurde die Brigg, als sie um Skagen herum soeben in das Skagerrack gekommen war, mit nördlichem Curse vor Untermarssegeln und Vorstengestagsegel an den Wind über Steuerbordbug gelegt. Die See ging hoch; das Schiff stampfte heftig und begann stark zu lecken. Bei der Untersuchung im Raume hörten Schiffer und Steuermann das Wasser an der Backbordseite des Vorstevens von oben her auf das unterste Bugband plätschern. Man hielt auf Fredricksstadt als Nothhafen ab und ankerte am 18. Juli 1885 auf der dortigen Rhede.
Die vom Schiffer angeordnete Ausfütterung mit Sägespänen zu beiden Seiten des Vorstevens verminderte das Lecken bis auf den früheren Umfang. Die

Untersuchung durch einen Taucher ergab, daß an der Backbordseite des Vorstevens die dritte oder vierte Naht unterhalb der Pforte 7 bis 8 Zoll offen stand. Der Schiffer findet den Grund davon in einer oberflächlichen Behandlung des letzten Abdichtens. Auf seine Anordnung wurde der Leck vom Taucher mit Werg verstopft, Segeltuch darüber genagelt und ein Rahmen von kleinen Leisten obenauf geschlagen, worauf der Taucher bescheinigte, daß das Schiff die Reise nach Hartlepool fortsetzen könne. Die Brigg machte dann auch, als sie am 24. Juli 1885 von Fredericksstadt absegelte, wieder wie früher nur 7 bis 8 Zoll Wasser in 12 Stunden. Das Wetter war zuerst ziemlich günstig und das Schiff blieb so dicht, daß in jeder Wache nur wenig Wasser gepumpt wurde.
Am 26. Juli steuerte die „Ottilie“ bei frischer Brise aus WNW unter vollen Segeln mit SWCurs und festem Besteck von Oxö die Nordsee ein. Gegen Abend wurden, da Wind und See zunahmen, die Bramsegel und das Großsegel weggenommen, die übrigen Segel aber beigesetzt behalten, um mit dem nach NW gegangenen Winde von Hanstholm frei zu bleiben. Das Schiff begann mehr Wasser zu machen und wurde von jeder Wache alle zwei Stunden lenz gepumpt.
Am folgenden Tage, Montag den 27. Juli 1885, Nachmittags 4 Uhr, brach ein Sturm aus NNW los, so daß alle Mann an Deck gerufen wurden und fortwährend pumpen mußten. Der Schiffer selbst stand am Ruder und steuerte vor Untermarssegeln, Gaffelsegel, Klüver und geschwichtetem Briggsegel SWzW½W, um das Schiff auf den Pumpen zu halten und leichter lenz zu bekommen. Um Mitternacht versagte die Mannschaft den Dienst. Die Leute waren wohl aus der Uferbevölkerung der Oder angemustert, aber schlaff und widerwillig, dem Aberglauben und schlimmen Voraussetzungen zugänglich. Der Leichtmatrose und Zimmermann Hermann Reichow war früher Maler, Veit Cajütswächter des Schiffers gewesen. Eine Katze, die in Swinemünde auf das Schiff lief, wurde von der Mannschaft und besonders von Veit als Vorzeichen böser Dinge angesehen. Veit wollte daher in Fredericksstadt durchaus gegen Stellung eines Ersatzmannes vom Schiffe; ein Anderer ging dem Steuermann mit dem Messer zu Leibe, ohne daß deshalb etwas gegen ihn veranlaßt wurde. Schon vor Fredericksstadt, als einen Nachmittag über stark gepumpt werden mußte, legte sich der Zimmermann Reichow mit der Erklärung nieder, er könne nicht mehr und man möge

mit ihm machen, was man wolle. Reichow will damals unwohl geworden sein.

Als in der Nacht vom 27. bis 28. Juli der Steuermann in das Deckhaus gegangen war, um sein Zeug zu wechseln, ließ sich der Schiffer vom Ruder ablösen und trat zu den übrigen an den Pumpen arbeitenden vier Leuten mit der Mahnung auszuhalten, um die Brigg lenz zu schaffen und den Hafen zu erreichen. Der Schiffer sagt selbst, daß die Leute muthlos gewesen seien und unbegreiflicherweise ihn nicht respektirt hätten, so daß er gar nicht wisse, welch' ein Geist in sie gefahren sei. Er sei über ihre Schlaffheit zornig geworden und habe ihnen zugerufen: „Pumpt Hunde oder ersauft!"

Als er nun zu ihnen herankam, fuhr der Matrose Veit auf ihn los, nannte ihn einen Filou, packte ihn an die Gurgel und bedrohte ihn mit Schlägen. Schiffer P. wehrte ihn ab und sagte, er solle ihm drei Schritte vom Leibe bleiben, worauf Veit nach Aussage des Schiffers wieder an die Pumpe ging, während Zimmermann Reichow bekundet, daß Veit auf den Schiffer geschimpft und gesagt habe, er wolle sich nicht erst todt pumpen und dann versaufen. Maßregeln zur Herstellung der Ordnung an Bord ergriff der Schiffer nicht, sondern öffnete die Thür zum Roof und rief dem Steuermann zu, er möge kommen, sie wollten ihm an den Kragen. Roloff, der das heftige und laute Sprechen gehört hatte, bemerkte sofort, daß die Leute, obwohl sie doch erst seit dem letzten Nachmittage gearbeitet hatten, die Köpfe hängen ließen und garnicht recht wacker waren.

Auf das Zureden des Steuermanns, sie möchten beim Pumpen aushalten, um das Schiff in den Hafen zu bringen, was sehr wohl möglich sei, wurde ihm von Veit, Hermann Reichow und Bohnenstengel zugerufen, sie wollten schlafen und sich nicht erst todt pumpen, um dann zu versaufen. Es wurden nun abwechselnd zwei Mann zum Schlafen auf etwa zwei Stunden entlassen. Am Morgen des 28. Juli waren 12 Zoll Wasser bei den Pumpen, welches fortwährend zunahm, obwohl das Schiff möglichst vor den Wind gehalten wurde. Wind und See ließen nicht nach; die Leute wurden immer matter und unlustiger. Um 10 Uhr Vormittags wurden 16 Zoll, um Mittag 18 Zoll, dann um 2 Uhr Nachmittags 24 Zoll Wasser bei den Pumpen gepeilt. Davon wurde die Mannschaft so aufgeregt, daß sie durchaus von Bord wollte und auf kein Reden mehr hörte, sondern nur noch nach Schiffen spähte.

Schiffer und Steuermann waren darüber einig, daß die Brigg sehr wohl zu halten sei und will der Schiffer seine Absicht, auf Cuxhaven abzuhalten, schon damals ausgesprochen haben, was der Steuermann jedoch auf einen späteren Zeitraum verlegt. Im Schiffsrathe erklärten die beiden Vorgesetzten, daß die Gefahr keineswegs dringend sein, Wind und See nachlassen, das Lecken sich vermindern könne. Um die Leute zu beruhigen, stimmte der Schiffer dem Vorschlage des Steuermanns bei, das große Boot mit Proviant zu Wasser zu bringen und die Mannschaft darin über Nacht in Lee des Schiffes zu bergen. Die Wirkung dieser Nachgiebigkeit war gerade entgegengesetzt. Die Leute ließen sich auf nichts ein, sondern erklärten rundheraus, sie könnten nicht mehr pumpen und würden sich mit dem nächsten herankommenden Schiffe abbergen.

Ueber Nacht blieben sie bei dem zunehmenden Lecken nicht mehr an Bord, da das Schiff mit eichenen Balken beladen sei und daher sinken oder kentern müsse. Sie packten eigenmächtig ihre Sachen zusammen, als eine Bark in Sicht kam. Der Schiffer ließ die Nothflagge aufziehen, doch segelte das fremde Schiff vorbei. Der Schiffer mahnte nochmals zu pumpen und die Brigg zu halten, da das Verlassen nicht so leicht sei und nicht jedes Schiff sie aufnehmen werde. Die Leute erklärten, nun blieben sie erst recht nicht an Bord, da sie nicht im Schlaf ertrinken wollten. Gepumpt wurde fast garnicht mehr; Befehle und Zureden blieben unbefolgt und hatte alle Ordnung an Bord aufgehört. Die Deckslast war losgekommen, die Ladung im Raume ruckte hin und her und die Brigg rollte immer schwerfälliger in der hochgehenden See.

Der Schiffer gab nach. Als der schwedische Schooner „Emma“ heransegelte und beilegte, ließ P. halsen und auf das schwedische Schiff zuhalten. Das große Boot wurde, nach Angabe des Schiffers ohne seinen Befehl, zu Wasser gebracht und fuhr in demselben der Steuermann mit der Mannschaft nach dem Schooner hinüber. Der Schiffer, der die „Ottilie“ nicht aufgeben wollte, blieb auf derselben, bis Roloff mit vier Mann zurückkam. Auf den Zuruf der Matrosen, ob er jetzt mit wolle, warf der Schiffer sein Zeug in das Boot und ließ sich an Bord der „Emma“ bringen. Das Schiffstagebuch, welches auf dem Cajütentische lag und sehr wohl zu retten gewesen war, ließ der Schiffer zurück, weil er glaubte, dasselbe gehöre zum Schiffe und dürfe nicht daraus entfernt werden.

Nachdem man mit der „Emma“ eine Stunde westwärts gesegelt war, sah man die russische Schoonerbrigg „Amée“ neben der „Ottilie“ back liegen und letzteres Schiff mit zwei Mann besetzen. Nach Aussage des Steuermanns Roloff sprach P. erst jetzt mit ihm davon, daß sie nach der Brigg zurückfahren und versuchen wollten, dieselbe mit Hülfe der Fremden nach Cuxhaven zu bringen; als aber der Steuermann im Auftrage des Schiffers die im Roof der „Emma“ versammelte Mannschaft der „Ottilie“ aufforderte, mit ihnen und in ihrem Boote nach der Brigg zurückzukehren, erhielt er die einstimmige Antwort: „Nein, an Bord gehen wir nicht wieder!“ Der Schiffer beruhigte sich hierbei. Die ganze Besatzung wurde nach Gothenburg gebracht.
Die Brigg, welche von dem Steuermann und einem Matrosen der „Amée“ besetzt und von dieser begleitet wurde, gelangte am Morgen des 30. Juli 1885 in die Nähe von Helgoland und erhielt einen Lootsen, der sie nach der Elbe zusteuerte. Sie führte die Marssegel, Großbramsegel, Vorstengestagsegel und Klüver, war aber bereits voll Wasser, indem die See beständig über Deck wusch. Vorne stand das Wasser auf Deck, hinten etwa einen Meter unter dem Decksbalken. Angebotene Hülfe wurde abgelehnt. Der Lootse ließ die Anker klar machen und brachte das Schiff noch bis 9 Uhr 30 Minuten Morgens etwa 3 Seemeilen WNW vom ersten Elbfeuerschiff. Hier sank die „Ottilie“ in elf Faden Wasser mit dem Buge voran, sodaß der obere Theil des Hecks und der Großtopp von der Obermarsraa aufwärts über Wasser blieben.

Anmerkung
Der Schiffer P. verteidigt sich gegen den Vorwurf des Reichscommissars, sich über die ersten und einfachsten Grundsätze seines Berufs im unklaren zu sein, auf die Frage, was er, immerhin 7 Jahre Schiffer der „Ottilie“, wegen des Verhaltens der Mannschaften unternommen habe, wie folgt:
„Eine Meuterei ist nicht an Bord der „Ottilie“ während des Seeunfalls vorgefallen, sondern nur einer der ganzen Mannschaft, der Matrose H. Veit, hat mich angegriffen und nicht geschlagen; derselbe beleidigte mich mit Redensarten, als ich zum Pumpen anspornte und setzte hinzu, daß er nicht so lange pumpen könnte, bis seine Kraft ihn verlasse, er müsse auch schlafen. Nach meinem Dafürhalten war diese Tätlichkeit eine Verzweiflung oder Angst vor dem Versaufen, denn ich kann diese Tätlichkeit zu keiner Meuterei

ausdehnen und infolgedessen habe ich auch keinen Strafantrag gestellt, weil auch dieser H. Veit sich seiner Familie erhalten wollte.“

Diese etwas schlichte Weise der Verteidigung zieht sich durch das gesamte Verfahren. Der Schiffer führt zu dem Vorwurf des Zurücklassens der Schiffspapiere aus, er habe aus den im Schiffstagebuch vorgedruckten Regelungen herausgelesen, das Journal hätte in jedem Fall auf dem Schiff verbleiben müssen.

Das Seeamt findet sehr starke Worte für die Schwäche, Feigheit und Unwissenheit des Kapitäns, stellt sich die wohl damals und heute nicht aufklärbare Frage: Wie kann es geschehen, daß der Schiffer P. 7 Jahre unbeanstandet sein Schiff führt?

Da der Schiffer sich auch mit der unendlichen Gewalt des Sturmes verteidigte, hatte das Seeamt Veranlassung, zur Beweisaufnahme auch ausführliche Erkundigungen über die europäische Großwetterlage 26./28. Juli 1885 einzuholen. Die zu den Akten gelangte Mitteilung der deutschen Seewarte lautet auszugsweise wie folgt:

„Ein Minimum über Galizien und ein Maximum über Großbritannien brachten am 26. Juli auf der Ostseite der Nordsee mäßige bis leichte nordöstliche Winde hervor, während an der englischen Ostküste Windstillen auftraten. Am 27. Juli lag die Depression im südwestlichen Rußland und schritt langsam nach Süden, während gleichzeitig eine flache Depression von Lappland nach Skagen reichte und das Maximum über Schottland lag. Dadurch entstanden im Kattegat leichte südwestliche, an der englischen Ostküste leichte ONO-Winde. Am 28. Juli hatte die Depression bei einer Tiefe von 752 mm das Schwarze Meer erreicht. Von Haparanda bis Lesina betrug der Luftdruck 760 mm, über Schottland 772 mm. Dadurch entstanden frische bis stürmische nördliche Winde auf der östlichen Hälfte der Nordsee. Aus der Mitte derselben sind keine meteorologischen Beobachtungen eingegangen, weil aber die Isobaren in der Richtung Nord-Süd verliefen, an der deutschen Nordseeküste stürmische nördliche Winde mit stellenweise grober See wehten und von der Südküste Norwegens mäßiger NNW-Wind gemeldet wurde, so wird daraus geschlossen, daß in 56° Nordbreite und 6° Ostlänge steife bis stürmische Winde geweht haben.“

Bark „Aphrodite“ von Bremen.
Strandungen.
Seeamt Bremerhaven, 27. April 1908.

Spruch: Strandung der Bremer Bark „Aphrodite“ am 10. Dezember 1904 1½ U. Vm. bei Juist, und die zweite Strandung, sowie der völlige Verlust des Schiffes am 7. Juli 1905 Mittags an der pacifischen Küste von Costa Rica in der Bai von Playa Blanca, sind auf grobe Fahrlässigkeiten und Pflichtvernachlässigungen des Kapitäns Albert H. zurückzuführen; derselbe ist bei der letzterwähnten Strandung ertrunken, während die übrige Schiffsbesatzung gerettet ist.
Daß das Schiff nach der Strandung auf Juist mit nur einem Steuermanne die Weiterreise angetreten hat, bedeutet einen Verstoß gegen die Bestimmungen über die Besetzung der Kauffahrteischiffe mit Schiffsoffizieren nicht, da der derzeitige erste Steuermann Adolf H. aus Osnabrück wegen Trunkenheit dort sofort entlassen werden mußte.

Gründe: Die in Bremen beheimatete Bark „Aphrodite“ war im Jahre 1878 erbaut. Die Dimensionen der Bark waren 57,91 m Länge, 9,94 m Breite und 5,70 m Tiefe; die Besatzung bestand aus 15 Mann.
Am 9. Dezember 1904 gegen 4 U. Vm. verließ die Bark mit einer Stückgüterladung den Hamburger Hafen für Guayaquil. Ein Teil der Ladung war auf Deck verstaut. Das Übernehmen der Ladung, die Ausrüstung und Instandsetzung des Schiffes im Hafen von Hamburg war dadurch beeinträchtigt, daß der erste Steuermann W. E. infolge häufiger, starker Trunkenheit seine Pflichten nicht ordnungsgemäß versehen konnte und daß daher seine Arbeiten vom Kapitän und zweiten Steuermann mitverrichtet werden mußten. Steuermann E. ist daher vor der Ausreise abgemustert und dafür der erste Steuermann H. am 5. Dezember angemustert.
Freilich zeigte auch dieser Steuermann sich gleich anfangs von einer sehr schlechten Seite, da auch er während der drei letzten Hafentage ständig

betrunken war und keine Arbeiten verrichtete; doch hoffte der Kapitän, das werde sich auf See bessern. Die Bark wurde von einem Schlepper bis Außenweser-Feuerschiff gebracht. Während des Ausschleppens wurde das Schiff völlig seeklar gemacht, welche Arbeit der zweite Steuermann Johannes Prützmann mit nur 5 Mann ausführte, da der erste Steuermann H. noch sinnlos betrunken in seiner Koje lag, ebenso außerdem mehrere Mann der Besatzung.

Gegen 9 U. Nm. warf der Schlepper die Bark in der Höhe von Helgoland und Außenweserfeuerschiff los. Letzteres war infolge unsichtigen Wetters nicht zu sehen. Der Kapitän H. setzte darauf den Kurs, ohne Mitwirkung des zweiten Steuermanns, ab, während letzterer die nötigen Segelmanöver auszuführen hatte. Wachen waren noch nicht ausgesetzt, da, wie bemerkt, der erste Steuermann und ein Teil der Mannschaft betrunken waren; der Kapitän blieb selbst an Deck und nahm die Wache wahr. Nach den Angaben des zweiten Steuermanns und des derzeitigen Rudersmanns machte der Kapitän gleichfalls damals den Eindruck, als wenn er nicht nüchtern wäre; doch geschah zunächst nichts Besonderes.

Welcher Kurs gesteuert ist, war in der Verhandlung nicht zweifelsfrei festzustellen.

Etwa 1 U. kam an Backbord voraus ein festes Feuer in Sicht, welches von dem Ausguckmann als ein Schiffsfeuer gemeldet und von dem vorn stehenden Steuermanne Prützmann gleichfalls als ein solches angesehen ist. Bald darauf wollte der Steuermann das über Steuerbordbug liegende Schiff hart an den Wind bringen, um Bramsegel setzen zu können, und rief das Kommando nach achtern, wo seiner Annahme nach der Kapitän sein und den Kurs überwachen mußte. Das Kommando wurde ausgeführt. Nach 5 bis 6 Minuten etwa kam das Schiff, welches 7 Meilen Fahrt machte, an den Wind und lag, während das erwähnte Feuer bis 2 Strich nach Steuerbord auswanderte, etwa 5 Minuten am Winde, dann stieß es plötzlich mehrere Male auf. Dies war 1 U. 35 M Vm. Der Steuermann lief nach hinten, wo zu seiner Überraschung der Kapitän nicht anwesend war, trotzdem er seine Wache nicht abgegeben hatte, und versuchte das Schiff zum Abfallen zu bringen; das Schiff fiel bis NW ab und blieb sitzen. Der Kapitän war in seiner Kajüte und erschien erst auf mehrmaliges Rufen an Deck.

Da das Schiff völlig festsaß, wollte der zweite Steuermann die Boote klar machen lassen, was der Kapitän jedoch verbot, ohne Gründe anzugeben. Überhaupt machte der Kapitän in der Folge den Eindruck eines Betrunkenen. Er äußerte so in bezug auf das Aufsitzen des Schiffes: „Das schadet nichts, der scheuert sich blos ein bischen ab, der kommt schon wieder von allein los". Außer dem bereits gesichteten Feuer – Landfeuer – voraus in SW-Richtung kam ein zweites achteraus in Sicht, doch wußte der Kapitän nicht, wo er war. Zum Abbringen des Schiffes geschah zunächst garnichts. Bei Tagesanbruch wurde das Rettungsboot der Station Juist alarmiert und langte zwischen 9 und 10 U. Vm. bei dem gestrandeten Schiffe an. Der Kapitän ging auf dem Achterdeck umher und fragte die Ankommenden, was für eine Insel oder was für Land das sei. Er erfuhr nun, daß er auf 5 m Wasser auf dem Westlande von Juist nach Borkum zu saß; recht voraus seien noch hohe Sandbänke. Mit Hilfe des Rettungsboots wurde ein Warpanker bis eine Stunde vor Hochwasser ausgebracht. Gegen 3 U. Nm. kamen drei Schlepper aus Emden zu Hilfe. Um 5 U. Nm. ging das Rettungsboot zurück; angeblich war an Bord derzeit alles in Unordnung (auch soll die Decksladung nicht gut befestigt gewesen sein). Den ersten Steuermann, welcher infolge seiner dauernden Trunkenheit von den Leuten verhöhnt wurde, schickte der Kapitän mit dem Rettungsboot an Land; auch dessen Mannschaft hielt den Steuermann für durchaus betrunken. Nachts 12 U. brachten dann bei Hochwasser die Schlepper das Schiff, welches sich beim Peilen der Pumpen als dicht erwiesen hatte, nach kurzem Arbeiten ab.

Abgesehen von den Schäden an Segeln und Inventar war der Schiffskörper unbeschädigt geblieben; die Reise wurde deshalb fortgesetzt, und zwar mit nur einem, dem bisherigen zweiten Steuermann.

Auf der Weiterreise, die dann bis zur Ankunft in Punta Arenas am 3. Juli 1905 ohne weitere erhebliche Zwischenfälle verlief, verschlechterte sich das Verhältnis zwischen Kapitän H. und dem Steuermanne Prützmann sehr. Dieser unerquickliche Zustand ist nach den übereinstimmenden Zeugenaussagen dadurch herbeigeführt, daß der Kapitän sehr häufig betrunken gewesen sei, trotzdem aber dem Steuermanne, dem allseitig Eifer und Tüchtigkeit nachgerühmt wird, oftmals Vorwürfe gemacht habe.

Am 4. Juli 1905 verließ die Bark Punta Arenas, um am Landungsplatze der Bucht Playa Blanka im Golf von Santa Elena Holz zu nehmen. Ein Lotse und ein Zollwächter befanden sich an Bord. Das Einlaufen in die Bucht von Playa Blanka ist nach Angabe des Lotsen an sich nicht gefährlich, obwohl das Ufer felsig ist und Seezeichen nicht vorhanden sind. Der Kapitän kannte die Einfahrt noch nicht, hatte aber eine Karte an Bord. Am 7. Juli wurde bei gutem klarem Wetter Kap Ponta Blanka um 12 U. M. passiert. Es herrschte ziemlich starker Nordwind und auflandiger Strom, sodaß man nicht vor der Bucht ankern konnte. Der Kapitän versuchte nun mit der Bark, welche etwa 4 Meilen Fahrt machte, in die Bucht einzulaufen. Dieses gelang jedoch nicht nach Wunsch, da der vor der Bucht günstige Wind durch die Küstenformation derart abgelenkt wurde, daß man beim Einlaufen in eine Region schralenden Windes kam und dann die Segel back kamen.

Da Kapitän H. auf 22 Faden Wasser nicht ankern wollte, wendete er, fuhr aus der Bucht hinaus und versuchte, nachdem er draußen gehalst hatte, gegen den Ausdrücklichen und wiederholten Rat des Lotsens nochmals, die Einfahrt zu erzwingen. Allen Vernunftgründen des Lotsen und des zweiten Steuermanns, daß man bis gegen Abend vor der Bucht warten müsse, da dann der Wind abflaute beziehungsweise wechselte – was auch dann tatsächlich eingetreten ist –, zeigte sich der Kapitän durchaus unzugänglich und erwiderte nur, er werde noch denselben Nachmittag in der Bucht zu Anker gehen. Der Lotse ist dann unter diesen Umständen überhaupt nicht mehr in Funktion getreten.

Erregt über die Abmahnungen des zweiten Steuermanns und darüber, daß dieser einen Befehl nicht sofort ausgeführt, sondern zunächst die Klüverschoten festgesetzt hatte, geriet der Kapitän mit dem Steuermann in einen Wortwechsel. Hierbei erklärte der Kapitän, er setze den Steuermann ab und mache ihn zum Passagier, versuchte auch, ihn zu schlagen, doch stieß dieser den Kapitän zurück, sodaß er auf das Oberlicht fiel. Das Ruder, welches der Kapitän bis dahin ständig geführt hatte, war derweilen unbesetzt. Der zweite Steuermann ging dann nach unten. Der Kapitän schickte einen Matrosen hinter ihm her, um ihm die Schiffstagebücher abzufordern, deren Herausgabe vor Abschluß der noch zu machenden Eintragungen der Steuermann jedoch verweigerte. Hierauf ging der Kapitän selbst wieder vom Ruder und in die Kajüte des Steuermanns, um die Bücher zu holen, wobei wiederum eine Schlägerei entstand; der Bootsmann und der Koch trennten dann die beiden. Dies war etwa 2 U. Nm.

Während des zweiten Versuchs, in die Bucht einzulaufen, verließ der Kapitän noch mehrfach das Ruder und ging nach unten. Da er bis dahin zwar angetrunken, aber noch fähig gewesen war, Manöver anzuordnen, dagegen nach der darauf erfolgten Strandung total betrunken war, äußert der Steuermann die Vermutung, daß der Kapitän bei dem Hinuntergehen Spirituosen genossen habe. Inzwischen war das Schiff weiter südlich und in gefährliche Nähe der sogenannten Morritos-Felsen gekommen, als der Kapitän die Gefahr erkannte, war es zum Überstaggehen oder Ankern zu spät, wie auch Fallenlassen der Segel fruchtlos blieb. Das Schiff streifte beim Vorüberfahren an Steuerbordseite die Felsen, erhielt ein großes Leck unter Wasser und lief alsbald voll, sodaß das Vorderteil immer tiefer sank. Gleich bei dem Aufstoßen war Steuermann Prützmann an Deck geeilt. Der Kapitän wollte das Schiff auf Strand setzen, da er aber sonstige Maßregeln zur Rettung der Leute nicht ergriff, übernahm der Steuermann das Kommando und ließ die Boote klar machen, während der Kapitän wieder in die Kajüte ging.

Nachdem dann die Boote klar gemacht und die zu rettenden Effekten untergebracht waren, ging das kleinere Boot mit einigen Leuten an Land; das Schiff saß auf Strand, das große Boot war längsseits der Bark. Plötzlich neigte sich die letztere nach Steuerbord über und sank tiefer. Unmittelbar zuvor hatte sich Kapitän H. hinunter in die Kajüte begeben, um angeblich einen Chronometer zu retten. Vergeblich versuchten der Steuermann, Koch und Bootsmann den Kapitän noch zu retten; er ist in der ganz unter Wasser stehenden Kajüte wahrscheinlich ausgeglitten und dann ertrunken. Das große Boot wurde bei dem Kentern des Schiffes zertrümmert, doch konnten sich sämtliche Leute retten. Nachdem alle an Land gebracht waren, wurde unter Führung des Steuermanns und des Lotsen der Marsch landeinwärts in einer Richtung angetreten, in welcher man nach der Karte bewohnte Siedlungen antreffen mußte. Die Schiffbrüchigen trafen dann auch Eingeborene, welche in dieser Gegend Bäume fällten, wurden freundlich aufgenommen und späterhin durch den Kaufmann Cabezas – denselben, welcher die Ladung Holz auf der „Aphrodite“ hatte verfrachten wollen – weiter befördert, worauf dann der deutsche Konsul in San Jose das Weitere zwecks Heimschaffung der Leute anordnete.

Dampfer „Prinzessin Victoria Luise“ von Hamburg.
Strandung.
Seeamt Hamburg, 23. Mai 1907.

Spruch: Der Doppelschraubendampfer „Prinzessin Victoria Luise“ ist am 16. Dezember 1906, als er westlich von Plum Point bei Kingston vor Anker gebracht werden sollte, bei Plum Point gestrandet und total verloren gegangen.
Der Unfall ist vom Kapitän B. dadurch verschuldet, daß er seinen Ankerplatz nicht genügender Beobachtung der Leitfeuer und unter Beibehaltung der vollen Fahrt aufsuchte.
Kapitän B. hat dadurch, daß er sich bald nach dem Unfall erschossen hat, ohne sich um die Rettung des Schiffes, der Passagiere und der Besatzung zu kümmern, in bedauerlicher Weise gegen seine Pflichten als Kapitän verstoßen.
Die Schiffsoffiziere trifft keine Schuld, dem ersten Offizier Vahsel, welcher den Kapitän rechtzeitig gewarnt hat, gebührt für sein Verhalten Anerkennung.

Tatbestand: Der Doppelschraubendampfer „Prinzessin Victoria Luise“ wurde auf seiner letzten Reise geführt vom Kapitän B.
Dieser Dampfer ist am 16. Dezember 1906 in der Nähe von Plum Point bei Kingston gestrandet und total verloren gegangen. Kapitän B. hat sich bald nach der Strandung mit seinem Jagdgewehr erschossen.
Über die näheren Umstände dieses Unfalls ist durch die seeamtliche Untersuchung folgendes festgestellt worden:
Die „Prinzessin Victoria Luise“ hatte am 12. Dezember New York mit Passagieren mit der Bestimmung Kingston auf Jamaica verlassen und war nach einer glücklich und besonders schnell verlaufenen Reise am Abend des 16. Dezember vor der Einfahrt von Kingston eingetroffen. Ein Lotse war dem Dampfer nicht entgegengeschickt worden, da sein Eintreffen vor Kingston fahrplanmäßig erst um 3 U. Vm. zu erwarten war.

Der Kapitän ließ Lotsensignale abbrennen, es kam aber kein Lotse heran. Schon am vorherigen Tage hatte der Kapitän dem ersten Offizier Vahsel mitgeteilt, daß er nach Kingston während der Nacht einzulaufen beabsichtigte und daß er den Scheinwerfer deshalb aufgebracht haben wolle. Vahsel hat versucht, den Kapitän von diesem Vorhaben abzubringen, indem er auf die Gefahren dieser Einfahrt bei Nacht sowie auf diesbezügliche Verbote und Warnungen der Reederei hinwies und hat am folgenden Morgen dem Kapitän die betreffenden Nummern der Zeitschrift der Hamburg-Amerika-Linie vorgelegt und ihm die auf die Einfahrt nach Kingston bezüglichen Stellen vorgelesen.
Kapitän B. entschloß sich erst am Nachmittag, diesen Warnungen Gehör zu geben und teilte dem ersten Offizier dieses mit, mit dem Hinzufügen, daß er westlich von Plum Point zu ankern beabsichtige. Auch hiergegen brachte Vahsel unter Hinweis auf die Warnung der Reederei Bedenken vor und riet dem Kapitän, den Dampfer während der Nacht im roten Sektor von Plum Point treiben zu lassen, weil es die Reederei für ratsam erklärt, Kapitän B. bestand jedoch auf seinem Vorhaben und begründete dies damit, daß es für alle besser sei, während der Nacht zu ruhen. Im Beisein des ersten Offiziers hat der Kapitän dann die Peilungen der Feuer und den in Aussicht genommenen Ankerplatz in die Karte eingetragen.
Nachdem Plum Point-Feuer in Sicht gekommen war, ließ Kapitän B. den Kurs auf dieses Feuer richten. Die Nacht war dunkel aber gut feuersichtig, es herrschte eine ziemlich starke Dünung, das Schiff machte mit voller Fahrt ungefähr 14 Meilen in der Stunde.
Von 8 bis 12 U. hatten der zweite und der dritte Offizier Wache, der Kapitän hat sich von Beginn der Wache auf der Brücke befunden und auch der erste Offizier begab sich bald nach Insichtkommen des Feuers von Plum Point dorthin, um die Einsteuerung zu beobachten. Kurz vor 9 U. kam zuerst das rote Feuer von Beacon Shoal in Sicht und Kapitän B. schickte die beiden wachehabenden Offiziere auf das Peildeck hinauf, um das Feuer zu peilen und nach dem zweiten Leitfeuer, dem Feuer von Gun Cay, auszusehen.
Die Offiziere riefen zunächst einige Peilungen hinunter, welche alle nördlicher waren, als die Leitlinie der Feuer von Beacon Shoal und Gun Cay, welche in W⁵⁄₈N Richtung läuft und riefen dann nach einigen Minuten, daß jetzt auch das zweite Feuer – das Feuer von Gun Cay – in Sicht sei. Kapitän B.

antwortete darauf mit „all right“ und ließ die beiden Offiziere wieder auf die Brücke hinunterkommen. Der zweite Offizier bekundet, daß das niedrige Feuer schlecht sichtbar gewesen sei und zunächst nur mittels des Fernglases zu erkennen gewesen sei. Mit dem Glase habe er aber deutlich vom Peildeck aus beide Feuer südlich offen gesehen. Der dritte Offizier bestätigt dies, mit dem Hinzufügen, daß das Feuer von Gun Cay wegen der zahlreichen weißen Lichter von Port Royal schlecht auszumachen gewesen sei.

Nachdem die beiden wachehabenden Offiziere wieder auf die Brücke zurückgerufen waren, haben sie eine weitere Beobachtung der Leitfeuer nicht vorgenommen. Der zweite Offizier ist einige Male auf der Brücke hin und her gegangen, hat die beiden Feuer mit bloßem Auge sehen können und ist dann kurz nach 9 U. nach vorn auf die Back beordert worden, um beim Ankerwerfen die Aufsicht zu führen. Er ist nicht direkt nach vorn gegangen, sondern hat noch wegen des Lotsen mit dem Bootsmann gesprochen. Als er nach etwa 10 Minuten nach vorn kam, erfolgte gleich darauf die Strandung. Der dritte Offizier Zache wurde vom Kapitän, nachdem er auf die Brücke zurückgekommen war, an den Maschinentelegraphen beordert und hat nicht mehr auf die Leitfeuer geachtet. Der erste Offizier Vahsel hat zunächst überhaupt nur ein rotes Feuer gesehen und das zweite erst erkannt, als die Feuer schon nördlich offen waren.

Schon bevor der zweite Offizier nach vorn geschickt wurde, hatte Vahsel aber den Kapitän gewarnt, da ihm das Verbleiben auf diesem Kurse mit voller Fahrt bedenklich war. Etwa 10 Minuten später wiederholte er die Warnung mit den Worten: „Ich glaube, wir kommen zu nahe heran“, da ihm das Feuer von Plum Ploint in bedrohlicher Nähe zu sein schien. Kapitän B. sah durch sein Glas und antwortete, daß die Feuer von Beacon Shoal und Gun Cay noch nicht in Linie seien, ließ aber jetzt die Maschine, welche bis dahin mit voller Kraft vorwärts gearbeitet hatte, auf halbe Kraft setzen. Unmittelbar darauf sah aber der erste Offizier, daß diese Lichter schon nach Norden offen waren, worauf er dem Kapitän zurief: „Wir müssen Hartbackbord geben“. Der Kapitän kommandierte Backbord, worauf der erste Offizier dies in Hartbackbord verbesserte und die Backbord-Maschine stoppen und auf volle Kraft rückwärts setzen ließ. Einige Sekunden später kam Brandung voraus in Sicht und der erste Offizier ließ jetzt auch die Steuerbord-Maschine auf volle Kraft rückwärts setzen, da die Strandung unvermeidlich erschien. Diese Maschine

hatte eben auf rückwärts angesprungen, als das Schiff vorn auflief und sitzen blieb.
Man ließ beide Maschinen mit äußerster Kraft rückwärts arbeiten, Bilgen und Tanks peilen und um das Schiff herum loten.
Kapitän B. hat sich nach der um 9 U. 15 M. erfolgten Strandung noch eine Viertelstunde auf der Brücke aufgehalten und war äußerlich auffallend ruhig. Er hat noch das Loten angeordnet, von Bootaussetzen gesprochen und sein Einverständnis damit erklärt, daß der erste Offizier die vorderen Tanks auspumpen und die hinteren auflaufen ließ. Nachdem er geäußert hatte: „Wenn wir doch nur nicht solche Fahrt gehabt hätten", ging er um 9 U. 30 M. nach unten und gleich darauf hörte der erste Offizier den Knall eines Schusses. Als er darauf in die Kapitänskammer kam, fand er den Kapitän tot am Boden liegend, seine Jagdflinte, mit welcher er sich erschossen hatte, im Arm.
Vahsel teilte den Tod des Kapitäns den Schiffsoffizieren mit und gab den Befehl, den Selbstmord den Passagieren und Mannschaften zu verheimlichen.

Dampfer „Prinzessin Victoria Luise"

Wegen der starken Brandung und der Dunkelheit stand Vahsel davon ab, ein Boot an Land zu schicken, es gelang ihm aber sich mittels des Megaphon mit der Wache von Plum Point-Feuer zu verständigen. Er trug der Wache auf, den Unfall telegraphisch nach Kingston zu melden und um schleunige Hilfe zu ersuchen.

Trotzdem die Maschinen unausgesetzt rückwärts arbeiteten, trieb das Schiff langsam infolge der hohen Dünung mit der Steuerbordseite auf Land zu. Wegen der starken Brecher konnte ein am Heck klargemachter Anker nicht mehr ausgebracht werden. Um ein weiteres Auftreiben des Schiffes zu verhüten, wurde mit Lenzen der Tanks aufgehört.

Um 11 U. 11 M. wurden die Maschinen gestoppt, da das Schiff mit der Steuerbordseite auf den Riffen lag. Es begann heftig zu stoßen und begann in der Hinterpiek und Tank 2 Wasser zu machen. Bald darauf begannen infolge des zunehmenden Stoßens alle Räume bis auf Raum 1 undicht zu werden und das Wasser stieg, trotzdem fortgesetzt gelenzt wurde.

Während der Nacht wurden Vorbereitungen zum Schleppen getroffen, da der Agent der Reederei aus Kingston mitgeteilt hatte, daß am folgenden Morgen der im Hafen liegende Kreuzer „Bremen“ zur Hilfeleistung herankommen werde. Den Passagieren hatte der erste Offizier die Lage als völlig gefahrlos geschildert und es gelang, sie bei guter Stimmung zu erhalten.

Der Kreuzer „Bremen“ ankerte am folgenden Vormittag etwa 400 m von der „Prinzessin Victoria Luise“, gab mit dem Wurfgewehr eine Leine über und stellte mit zwei Stahlleinen die Verbindung her. Um 1 U. Nm. wurde ein Abschleppversuch gemacht, mußte aber wieder abgebrochen werden, da die „Bremen“ von der Strömung erfaßt wurde und Gefahr lief, selbst auf das Plum Point vorgelagerte Riff getrieben zu werden. Da die Dünung heftiger wurde und die „Prinzessin Victoria Luise“ durch Signale meldete, daß sie nicht mehr schwimmfähig sei, sind weitere Abschleppversuche nicht mehr gemacht worden.

An demselben Vormittag um 10½ U. wurde mit dem Landen der Passagiere, des Gepäcks und der Post begonnen. Die Landung der Passagiere, welche durch die Brandung getragen werden mußten, ging glücklich von statten.

Am Morgen des 18. Dezember hatte sich das Schiff 40° nach Backbord übergelegt und alle Räume bis auf den dicht gebliebenen Raum 1 waren bis zur Wasserlinie vollgelaufen.

Da ein Kentern des Schiffes nicht ausgeschlossen schien und die Proviant- und Küchenräume unter Wasser standen, beschloß der erste Offizier, auch die Mannschaft und deren Gepäck zu landen.
Die Versuche, das Schiff zu bergen, sind später noch einige Monate lang fortgesetzt worden, sind aber ohne Erfolg geblieben. Die Bergungsversuche sind jetzt aufgegeben und das Schiff ist als total verloren anzusehen.

Anmerkung
Die Entscheidungsgründe enthalten einen Auszug aus der Direktionsorder der Reederei betreffend das Verbot des nächtlichen Einlaufens in westindische Häfen und genaue Anweisungen für die Ansteuerung des Hafens von Kingston.
Da feststand, daß Kapitän B. diese Anweisungen kannte, beschränkten sich die Entscheidungsgründe im wesentlichen auf Wegzeitberechnungen. Es wird ausgeführt, die Strandung sei ca. 3 Minuten nach Passieren der Leitlinie der Feuer erfolgt, womit auch festgestellt sei, daß die Gegenkommandos erst nach Passieren der Leitlinie an das Ruder bzw. die Maschine gelangt seien. Die Entscheidung schließt:
„Kapitän B. hat offenbar auch gleich nach dem Unfall erkannt, welch schwere Schuld er auf sich geladen hatte, und hat sich deshalb bald darauf selbst erschossen.“

Glossar

Abdrift Seitliche Abweichung vom gesteuerten Kurs, bedingt durch Strömung und/oder Wind

abfallen Kursänderung eines Schiffes nach Lee

Ablenkung des Kompasses (auch Deviation), Winkel zwischen Kompaß Nord und mißweisend Nord (s. Mißweisung)

abreiten Schlechtes Wetter, beigedreht vor dem Anker oder Treibanker (s. d.), überstehen

achtern hinten

Achtersteven Senkrechter hinterer Abschlußbalken des Schiffs

am Winde Der Kurs verläuft im spitzen Winkel zur Windrichtung

anbrassen Die Rahen (s. d.) nach dem Wind stellen

Ankergeschirr Sammelbezeichnung für alle Vorrichtungen an Bord zum Ankern: Anker, Ankerketten, -trossen, Spill, Stopper, Boje u.s.w.

Ankerspill Winde zum Hochhieven des Ankers

anluven Das Schiff höher an den Wind bringen (s. am Wind)

aufgeien Das Segel mittels eines Taues (der Geie) zusammenholen, aufrollen, bergen

aufkommen Annähern von hinten an ein vorauslaufendes Schiff

ausklarieren Abfertigung durch die Hafen- und Zollbehörde

Back Aufbau auf dem Vordeck des Schiffs, auch Eßgeschirr

Backbord Linke Seite des Schiffs in Blickrichtung nach vorn

Backbordbug Das Schiff liegt über Backbordbug, wenn der Wind von Steuerbord kommt bzw. die Rahen (s.d.) nach Backbord angebrasst sind

Backbord-Halsen Das Schiff segelt mit dem Wind von Backbord, und zwar so, daß der Wind nicht achterlicher als quer einkommt

backbrassen Stellung der Rahen dergestalt, daß der Wind von vorn in die Segel kommt. Dadurch wird Fahrt aus dem Schiff genommen

Ballast Früher meist Steine, die, im unteren Teil des Rumpfs gelagert, dem Segelschiff vor allen Dingen dann Stabilität verleihen, wenn es ohne Ladung fährt

Bark Rahschiff mit 3 Masten, dessen hinterster Mast, genannt Besanmast, keine Rahsegel führt. Bei mehr als 3 Masten heißt es Vier- bzw. Fünfmastbark

Barre Untiefe, welche sich durch Ablagerung von sandigem Material quer vor einer Strommündung gebildet hat und die Einfahrt vom Meer aus versperrt

Befrachter Derjenige, welcher mit einem Reeder oder Schiffer die Vereinbarung betreffend den Seetransport von Waren abschließt

beim Wind s. am Wind

beidrehen Bei Sturm und hohem Seegang achtern mit dem Schiff so dicht an den Wind gehen, daß es keine Fahrt mehr voraus macht, sondern quer abtreibt, beispielsweise durch Backbrassen (s.d.) der Segel

Besanewer Zweimastiges Schiff mit flachem Boden, besonders auf der Niederelbe zur Fluß- und Küstenschiffahrt sowie zur Fischerei dienend

Besanmast Hinterster Mast auf einer Bark oder auf einem Ewer

Besteck Ortsbestimmung auf See durch astronomische Beobachtung bzw. durch Messung zurückgelegter Distanz und des jeweiligen Kurses

Besteckversetzung ist die Abweichung des durch Messungen und Beobachtungen ermittelten Schiffsortes von dem tatsächlichen Schiffsort, bedingt durch äußere Einwirkun-

gen wie Wind und Strom
Bestmann erfahrener Matrose
Bilge die tiefste Stelle im Schiff, wo sich Schmutzwasser ansammelt
Bramsegel erstes Rahsegel unterhalb des Royal-Segels, oft unterteilt in Ober- und Unterbramsegel
Brasse laufendes Tau zum waagerechten Drehen der Rahen (= brassen)
Brigg Schiff mit zwei voll getakelten Masten
BRT Bruttoregistertonne, Raummaß des umbauten Schiffskörpers einschl. Decksaufbauten, eine BRT = 2,8316 m^3
Bug vorderster Teil des Schiffes
bunkern Aufnehmen der Vorräte, z.B. Kohle und Wasser
Casco (Kasko) spanisch für Schiffsrumpf; die Versicherung des Seeschiffs mit allem Inventar, welches für die Reise unbedingt erforderlich ist, also Segel, Anker, Tauwerk
chartern ein Schiff mieten
Charteparte (auch Charterpartie) die schriftliche Vereinbarung über die Befrachtung eines Schiffs oder eines Teils des Schiffs zwischen dem Eigentümer und dem Ablader oder Befrachter (s.d.)
Colli (ital.) Mehrzahl von Collo für Ballen, Paket, ganz allgemein Frachtstück
Compartement abgeteilter Frachtraum des Schiffs
Compound-Dampfmaschine zwei- oder mehrzylindrige Dampfmaschine, bei welcher in einem Zylinder nur der Volldruck arbeitet, während die Expansion des Dampfes in einem zweiten oder auch dritten Zylinder vollendet wird (s. auch Expansionsdampfmaschine)
Consignatär im Überseehandel derjenige, der Waren für den Absender und auf dessen Rechnung veräußert (Kommissionsgeschäft)
Consignation handelsrechtlicher Begriff. Consignationsgeschäfte wurden abgeschlossen, wenn der Versender in Übersee keine Verbindung mit dort ansässigen Händlern hat, an die er direkt verkaufen kann oder die überseeischen Absatzwege nicht kennt
Davits Kräne zum Aufhalsen und Herablassen der Boote, besonders Rettungsboote eines Schiffs
Decklast Ladung, die auf Deck gestaut ist
deklarieren im Seehandel zwecks Frachtberechnung und Verzollung gegenüber den örtlichen Behörden Erklärungen und Angaben machen
Deklination siehe Mißweisung
Deplacement Wasserverdrängung eines Schiffs
Deviation siehe Ablenkung
Dock allgemein Hafen, in dem Seeschiffe zum Laden und Löschen durch Schleusentore gegen die See abgeschlossen werden; als Trockendock hauptsächlich für die Reparatur von Schiffen bestimmt
Donkeyraum dient zur Unterbringung des Donkey-Kessels, eines kleinen Dampfkessels zum Betrieb von Winden bzw. als Decksmaschine auf Segelmaschinen
Drift auch Abdrift, Winkel der Längsachse des Schiffs zum Kompaßkurs. Bei günstigem Wind praktisch nicht vorhanden, bei ungünstigem Wind bzw. wenn das Schiff am Wind liegt (s.d.) bis zu 70°
dwars quer bzw. querab zur Fahrtrichtung eines Schiffs
Effekten persönliche Ausrüstung und Gepäck der Schiffsbesatzung
Etmal Distanz, welche ein Schiff von 12.00 Uhr mittags bis 12.00 Uhr mittags des darauffolgenden Tages zurücklegt
Ewer flachgehendes Segelschiff mit einem Mast, vorwiegend im Bereich der Elbe zur Frachtschiffahrt und für Fischfang
Expansionsdampfmaschine Dampfmaschine mit einem oder mehreren Zylindern, bei welcher der letzte Teil des Kolbenhubs nach Abschlagen der Dampfzufuhr durch die Expansion des eingeströmten Dampfs bewirkt wird
Factorei Handelsniederlassungen in fremden, namentlich überseeischen, Ländern, oft mit vielfältigen Lagermöglichkeiten für ein- und auszuführende Handelsgüter, gelegentlich mit besonderen Vorrechten ausgestattet
Faden engl. Längenmaß, entspricht 1,83 m oder 6 Fuß
Fahrwasser Wasserstraße, auf denen Verkehr mit größeren Schiffen möglich ist. Untiefen sind bekannt und entsprechend Fahrrinnen gekennzeichnet, gleiches gilt für andere Hindernisse. In engen Fahrwassern und gekennzeichneten Fahrrinnen galt auch im 19. Jahrhundert bereits das Rechtsfahrgebot
Fall Tau zum Heißen (s.d.) von Rahen und Gaffeln bzw. Segeln

Fallreep dient, außenbords gehängt, zum Verlassen und Betreten des Schiffs
Fangleine dient zum Schleppen oder Heranholen eines Bootes
Fender Polster aus Kork, Holz, Tauwerk oder anderem Material, um Beschädigungen des Schiffes durch Kaimauern etc. zu verhindern
fieren etwas mit Hilfe einer Leine hinunterlassen
Flaggenattest (des Deutschen Reichs) ist eine Bescheinigung darüber, daß sich ein Kauffahrteischiff im ausschließlichen Eigentum eines Angehörigen des Deutschen Reiches oder einer juristischen Person mit Sitz im Reichsgebiet befindet und in das zuständige Schiffsregister eingetragen ist. Schiffe, die im Ausland in deutsches Eigentum übergehen, erhalten vom zuständigen Konsul ein befristetes Flaggenattest
Focksegel bei Rahschiffen unterstes Segel am Fockmast
Freiwache der dienstfreie Teil der Besatzungsangehörigen, auch dienstfreie Zeit
Fuß engl. Längenmaß, 1 Fuß = 30,48 cm
Gaffelsegel Segel in Längsachse des Schiffes (Gegensatz = Rahsegel), das oben und unten an einem Baum befestigt ist
Galeasse anderthalbmastiger Küstensegler mit Gaffelsegeln, überfallendem Heck oder Spiegelheck
Galiot(e) anderthalbmastiger Küstensegler mit Gaffelsegeln (s.d.) und Spitzgattheck
Gangspill an Deck befindliche Winde zum Anheben schwerer Lasten
Garnierung/Garnier Belag von Boden und Seiten der Laderäume mit Matten, Holz und dergleichen zum Schutz der Ladung gegen Feuchtigkeit, Leckwasser etc.
Gatt enge Durchfahrt, aber auch kleiner Abstellraum und Kammer
gieren abweichend vom Schiffskurs, bald in die eine, bald in die andere Richtung infolge ungenauen Steuerns, starken Windes oder Seegangs von achtern
Gig kleines Boot
gissen Schätzung des Schiffsortes aufgrund der gesteuerten Kurse und der zurückgelegten Strecke
Gräting gitterförmige hölzerne Fußmatte
Großmast der 2. Mast von vorn eines mehrmastigen Schiffes. Beim anderthalbmastigen Schiff der vorne-, beim Schoner der achternstehende Mast
Großrahe Rahe des unteren Segels des Großmastes = Großsegel
Grundsee hohe den Meeresgrund aufwühlende Wellen, die sich über Sandbänken und anderen Untiefen auftürmen
Halbdeck erhöhtes Achterdeck (s.d.)
halsen Kursänderung, bei der das Schiff mit dem Heck (s.d.) durch den Wind gedreht wird (Gegenteil = wenden)
Heck Hinterteil des Schiffes
heißen Aufziehen der Flagge bzw. der Segel
Heuer Lohn des Seemanns
hieven Anheben, Aufwinden mittels Flaschenzuges
Isobaren die Linien gleicher Luftdruckwerte zu einem bestimmten Zeitpunkt
Jacht im 19. Jahrhundert kleineres Segelschiff, ursprünglich „Jagdboot" zum Verfolgen von Schmuggelschiffen
Jolle leichtes Beiboot, auch Segelboot
Jolltau Tau, dessen Laufrichtung durch einen Block geändert wird
Journal Schiffstagebuch zur Eintragung aller für die Reise maßgeblichen, bedeutsamen Daten und Beobachtungen, Führung gesetzlich vorgeschrieben
Kabel als Längenmaß früher 120 Faden (s.d.) oder 219,6 m. Heute in Deutschland und Großbritannien 185,2 m = 1/10 Seemeile
Kabelgatt Aufbewahrungsort für Kabel, Trossen und Tauwerk aller Art
Kiel unterster tragender Längsbalken des Schiffes
Kielschwein unterster Längsbalken binnenbords
Kielwasser Fahrspur des Schiffs im Wasser
Kimm der Horizont
klarieren Schiff und Ladung durch Abgabe der entsprechenden Zollerklärungen zum Aus- oder Einlaufen vorbereiten
Klassifizierung wird vorgenommen durch Klassifikationsgesellschaften wie den Germanischen Lloyd, das Büreau Veritas, auch den Englischen Lloyd, nachdem Experten der jeweiligen Gesellschaft bei Bau bzw. Reparatur oder einer periodischen Untersuchung sich von der Einhaltung der Bauvorschriften, über die Teile, die Qualität des Materials etc. überzeugen
Klipper schnelles, ursprünglich amerikani-

sches Segelschiff mit großer Segelfläche, als Vollschiff getakelt. Später hauptsächlich in der Tee- und Weizenfahrt verwendet

Klüse Öffnung im Deck (s.d.) unter der Reeling, um eine Kette oder Trosse durchzuziehen

Klüver dreieckiges Segel am Klüverbaum, der Verlängerung des Bugs

Knoten die Fahrgeschwindigkeit eines Schiffes in Seemeilen/Stunde

Kollisionsschott wasserdichte Querwand, die den vorderen Teil des Schiffes abschließt, um im Fall einer frontalen Kollision oder des Rammens zu verhindern, daß auch andere Teile des Schiffes überflutet werden

kondemnieren durch Strandung oder Havarie seeuntüchtig gewordenes Schiff für reparaturunfähig oder reparaturunwürdig erklären, weil Reparatur nicht oder nicht an der Stelle, wo sich das Schiff befindet, durchgeführt werden kann bzw. wenn die Kosten der Reparatur ohne Abzug „neu für alt" mehr betragen als 3/4 des Werts vor der Havarie

Kontrebande (auch Konterbande) Begriff aus der Zollgesetzgebung, bezeichnet Waren, deren Ein-, Aus- und Durchfuhr beschränkt oder verboten ist
Im völkerrechtlichen Sinn die Behebung unmittelbarer oder mittelbarer Kriegsbedürfnisse einer kriegführenden Macht; gilt als Verletzung der Neutralität und berechtigt die andere kriegführende Partei zur Wegnahme der Kontrebande

Kopfsee See, die von vorne anläuft

Korrespondent Kaufmann, der mit einem anderen Kaufmann ständig Waren- und Wechselgeschäfte tätigt

Korrespondenzreeder auch Schiffsdisponent, ist der von mehreren Schiffseignern für die Bereederung ihres Schiffs bestellte Vertreter mit weitgehenden im deutschen Recht genau eingegrenzten Vollmachten

krängen durch Wind bewirkte Neigung des Schiffes um seine Längsachse

kreuzen „in Schlägen" Zickzack gegen vorlichen Wind fahren

Kutter schnelles einmastiges Segelfahrzeug. Der klassische Kutter besitzt Gaffel- und Toppsegel sowie mindestens zwei Vorsegel: Fock und Klüver

Laschen einen Gegenstand mit Ketten oder Leinen festmachen

Laskaren indische Matrosen

Latein(er)segel dreieckiges Segel an schräggestellter Rah (s.d.) im südlichen Mittelmeer und östlichen Ländern

Leck Beschädigung des Schiffskörpers, durch die Wasser eindringt

Lee dem Wind abgewandte Seite des Schiffes

leichtern teilweises Löschen (s.d.) der Ladung auf Leichter bei auf Grund geratenem Schiff oder sonst in Fällen nicht ausreichenden Fahrwassers im Hafenbereich

Leitfeuer in engen Fahrwassern bzw. Hafeneinfahrten werden zur Erleichterung der Ansteuerung Leitfeuer gezeigt

lenzen eingedrungenes Wasser außenbords pumpen

löschen Entladen des Schiffs

Load Bezeichnung für Nutzlast eines Schiffs in bezug auf Anzahl von Fässern oder Stück

Log Vorrichtung zur Geschwindigkeitsmessung von Schiffen mit sehr geringer Genauigkeit. Für das Loggen wurden drei Mann benötigt, welche die Zahl der auf der Logleine angebrachten Knoten feststellten, die innerhalb einer bestimmten Zeit auslaufen, nachdem das Logbrett über Bord geworfen und die Leine ausgerauscht war

Logbuch s. Journal

loggen s. Log

Logis Wohnquartier der Mannschaften eines Handelsschiffs

loten Feststellen der Wassertiefe mit dem Senkblei (Lot)

Lotsenflagge Flagge, mit der ein einkommendes Schiff einen Lotsen anfordert

Luv dem Wind zugewandte Schiffsseite

luven (... anluven) s. anluven

Maat allgemein Seemann, bei der Kriegsmarine Bezeichnung für die Unteroffiziere

Mannloch wasserdicht verschließbarer Einstieg in ein Schott (s.d.) oder einen Tank

Marssegel zweites Rahsegel, von unten gezählt, näher bezeichnet nach dem Mars (z.B. Großmars, Kreuzmars)

Messe Eß- und Wohnraum, meistens getrennt für Offiziere und Mannschaften

Mißweisender Kurs ergibt sich, wenn der rechtweisende Kurs aus der Seekarte um die Differenz zwischen geographischem und magnetischem Nord (s. Deklination) korrigiert wird

Mißweisung horizontaler Winkel, um den die Kompaßnadel wegen der unterschiedlichen Lage von geographisch zu magnetisch Nord von einem Meridian abweicht
Mittagsbesteck tägliche Ortsbestimmung um 12.00 Uhr durch astronomische Beobachtung oder, sofern nicht möglich, aufgrund des gesteuerten Kurses und der Distanz (s. Gissung)
Niedergang unter Deck bzw. zu den Kajüten führende Treppe
Nock äußerstes Ende der Rah (s.d.)
NRT Raummaß für die zur Aufnahme von Passagieren und Ladung bestimmten Teile des Schiffes, 1 Registertonne entspricht 2,8316 m^3
paginieren Seiten oder Blätter eines Buches, eines Journals, fortlaufend numerieren
Pahlste(c)k (Pfahlstich, Leibstich) seemännischer Knoten
Part als Schiffspart (ideeller) Anteil eines Mitreeders am Schiff, wobei sich in einer Person mehrere Anteile vereinigen können, die jeweils für sich veräußert werden können
Partenreeder jemand, der Anteile an einem Schiff hält (s. Part)
Passate ganzjährig konstant wehende Winde im Tropenbereich zwischen 30° nördl. und 30° südl. Breite, nördlich des Äquators aus Nordost, südlich des Äquators aus Südost
peilen die Feststellung der für die Kursbestimmung erforderlichen Winkel durch anvisieren des Bezugspunkts mit Peilkompaß oder anderen Peilgeräten
Persenning durch Teer oder auf andere Weise wasserdicht gemachtes Segeltuch, insbesondere zum Verschließen von Luken, Abdecken von Booten etc.
Piek seemännisch für Spitze oder Ecke. Darüber hinaus Räume ganz vorne im Bug, ggf. auch im Heck eines Schiffes
Ponton schwimmfähiger Kasten, findet Verwendung bei Landungsbrücken und als Anlegestelle für kleinere Boote
Poop der überbaute, achtere Bereich des Schiffes
Prahm flaches Arbeitsfahrzeug für Bagger- und Taucharbeiten, aber auch zum Transport von Wasser und Kohlen
Prisengericht entscheidet, ob ein erbeutetes Handelsschiff des Kriegsgegners nicht eines neutralen Staats Kriegsbeute bleibt oder dem Eigentümer zurückzugeben ist
Pütz Eimer
pullen ein Ruderboot mit mindestens zwei Riemen fortbewegen
Quarterdeck erhöhtes Oberdeck hinter dem Großmast
Quartermaster auch Quartermeister, Vollmatrose, der mit besonderen Aufgaben betraut ist, beispielsweise als Rudergänger oder zum Signalisieren (Signalgast)
Rack Vorrichtung, mit der die Rah (s.d.) am Mast bzw. Gestänge festgemacht wird
Rah Rundholz, das durch das Rack (s.d.) am Mast aufgehängt ist, an ihm befestigt die Rahsegel
Rahsegel im Gegensatz zu Gaffelsegeln (s.d.) quer zur Schiffsrichtung stehende Segel, die durch Brassen (s.d.) nach Erforderlichkeit bewegt werden können
Rahtoppsegel über ein Gaffelsegel (s.d.) gesetztes Rahsegel
raumer Wind allgemein für günstigen Wind, meist schräg von achtern. Auch Dreiviertelwind oder Backstagsbrise genannt
recognoszieren (rekognoszieren) im weitesten Sinne Erkundung und Aufklärung
rechtweisend ist derjenige Kurs, der auf der Seekarte abgelesen wird bzw. nach Bereinigung um Ablenkung (s.d.) und Mißweisung (s.d.) in die Seekarte eingetragen wird
Reede Ankerplatz außerhalb des eigentlichen Hafengebiets
Reeder Eigentümer eines Handelsschiffs (s. Partenreeder, Korrespondenzreeder)
Reep Tau, Seil
reffen Verkleinern eines Segels
Rehling (auch Regeling, Reling, Reeling) durchbrochenes Geländer, seitlicher Abschluß eines Decks
Riemen runde Stange mit blattförmigem Ende zum Fortbewegen eines Ruderbootes
Rollen Bewegung des Schiffs um seine Längsachse
Roof Deckshaus
Royalsegel 6. Rahsegel von unten gezählt mit unterschiedlicher Bezeichnung je nach Mast (Vorroyal, Großroyal etc.)
Rudergänger Rudergast; der Matrose, welcher für die Bedienung des Steuerruders und damit für Kurshalten und Kursänderung verantwortlich ist
Ruderkommando Anweisung an den Rudergänger, das Ruder in eine bestimmte

Richtung zu legen. Bis zur Angleichung an die Kommandos der Marine ging man von der Lage einer Ruderpinne aus, gleichgültig ob mit Pinne oder Rad gesteuert wurde. Das Kommando „Steuerbordruder“ bedeutete das Legen der Pinne auf die Steuerbordseite, so daß der Schiffsbug nach Backbord abfiel. Ein Steuerrad aber mußte entgegen der im Kommando angegebenen Richtung gedreht werden. Dabei kam es immer wieder zu Mißverständnissen

Schäkel U-förmig gebogenes Eisen mit durchbohrten Enden, durch die ein Schraubbolzen gedreht wird; Verbindung zwischen Trossen, Ketten etc.

schalken auch verschalken, das Verschließen der Ladeluken eines Schiffes

Schanzkleid um das Deck laufende Schutzwehr

Schauerleute Lastträger, Transportarbeiter im Hafen

Schoner zweimastiges Segelschiff mit Gaffelsegeln, dessen achterer Mast höher oder genauso hoch wie der vordere ist

Schonerbrigg Zweimastsegler mit Rahsegel (s.d.) am vorderen und Gaffelsegel (s.d.) am hinteren Mast

Schot Leine zum Bedienen der Segel am hinteren unteren Ende eines Gaffelsegels (s.d.) bzw. den unteren Enden eines Rahsegels (s.d.)

Schott wasserdichte Trennwand im Schiffsrumpf

schralen der Wind dreht und fällt vorlicher ein

schwichten ein gespanntes Tau mit einer weiteren Leine seitlich ziehen, um die Spannung zu erhöhen

schwoien (schwojen) Bewegung des Schiffes, das vor Anker oder an Boje festgemacht ist, bewirkt durch Strömung, Wind oder Maschinenkraft

Seemeile entspricht 1.852 m

Sextant Präzisionsinstrument zur Winkelmessung in der astronomischen Navigation (s.d.)

Smak auch Schmack, einmastiges Fischereifahrzeug auf der Nordsee

Spant Querhölzer bzw. Eisen, die zur Versteifung des Schiffskörpers dienen

Spiere Rundholz

Stag Tau oder Trosse zur Abstützung des Masts in Längsrichtung

Stagsegel am Stag (s.d.) angebrachte in Längsrichtung verlaufende Segel

stampfen Bewegen des Schiffs um seine Querachse

Stenge Spiere (s.d.) zur Verlängerung eines Mastes

Steuerbord in Blickrichtung nach vorn gesehen rechte Seite des Schiffes

Steuerbordbug das Schiff liegt über Steuerbordbug, wenn der Wind von Backbord einkommt oder die Rahen an Steuerbord angebrasst sind (Gegensatz = Steuerbord-Halsen)

Steuerreep Tau/Leinen zur Übertragung des Steuerkommandos auf das Ruderblatt

Steven Balken am Bug bzw. Heck des Schiffes z.B. Achtersteven

Strich der 32. Teil des Kompaßkreises, entspricht 11,25°

Strop(p) Öse oder Schlinge aus Tauwerk oder Kette

Sturmsegel Segel, die aufgrund des verwendeten Materials und der Herstellung besonders stabil sind und bei Sturm stehenbleiben oder gesetzt werden

Takelage Gesamtheit des laufenden und stehenden Gutes sowie der Masten, Spieren und Beschläge auf einem Segelschiff

Talje Flaschenzug

tallieren die Ladung im Auftrage des Eigners bzw. Käufers auf ordnungsgemäßen Zustand hin untersuchen

Tjalk kleineres, insbesondere auf der Nordsee gebräuchliches Segelfrachtfahrzeug mit bauchigem Schiffsrumpf, flachem Boden, Seitenschwert und Mast mit kurzer Gaffel

Tonne 1. Gewichtsmaß für die Angabe der Wasserverdrängung (s. Deplacement)
2. Seezeichen

Treibanker (auch Seeanker) meist großer Sack aus Segeltuch – hilfsweise auch aus anderem Material – an langer Leine über das Heck ausgebracht, wird der Bug des Schiffes gegen den Wind gebracht und die Abdrift vermindert

trimmen Verteilung der Ladung bzw. des Ballastes, um die Lage im Wasser und die Steuerfähigkeit zu optimieren

übergehen Verrutschen der Ladung und damit Veränderung der Trimmlage (s. Trimmen)

überholen seitliches Neigen des Schiffskörpers, auch reparieren

umlaufende Winde richtungsunbeständige, wechselnde Winde
über Stag gehen wenden (s. Wende)
Unterscheidungssignal einem Schiff von der zuständigen Behörde zugewiesene Kombination aus vier Buchstaben, die im Signal- und Funkverkehr Verwendung findet
unterschlagen die Segel unter der Rah (s.d.) festbinden
Verdrängung s. Deplacement
verholen an einen anderen Liegeplatz bringen
Verklarung amtl. Feststellung des Maßes von Schäden nach Strandung, Havarie oder Untergang vor den örtlichen Behörden oder dem zuständigen Konsul
Vermessung Feststellung des Raumgehalts eines Schiffes (s. BRT, s. NRT)
Vierkantbrassen die Rahen quer zur Schiffsachse so anbrassen (s.d.), daß der Wind voll in die Segel fällt
Viermastbark s. Bark
Vollschiff dreimastiges, ausschließlich rahgetakeltes Segelschiff. Bei mehr als 3 Masten heißt es Viermast- oder Fünfmastvollschiff
Vordeck vorderer Teil des Schiffes
Vormars Marssegel (s.d.) des Fockmasts
Vorpiek Raum in der Bugspitze des Schiffs (s. Piek)
vorschoten die Schoten (s.d.) der Segel anholen
Wache Wache ist der Zeitraum von 4 Stunden, Freiwache die Freizeit der nicht wachegehenden Besatzung
Wahrschau auch wahrschauen, Warnruf und Vorsichtssignal
Want Tau für die seitliche Abstützung des Mastes
Warpen Vorwärtsbewegen des Schiffs mit dem Warpanker. Dieser wird mit einem Boot voraus ausgebracht. Die Fortbewegung erfolgt durch Aufhieven (s.d.) der Ankerleine
Wende Schiffsmanöver, bei dem der Bug des Schiffs durch den Wind gedreht wird, um einen neuen Kurs zu steuern (s. auch Halse)
Winsch Winde für Kette oder Tauwerk
wriggen (wricken) Fortbewegung eines Bootes in der Weise, daß mit einem Riemen (s.d.) über Heck schraubenartige Drehungen ausgeführt werden
Wurfleine leichte Leine mit Beschwerung am vorderen Ende. Dient zum Nachholen von Trossen oder Tauen von Schiff zu Schiff oder Schiff an Land
Zeising kurze Leine oder Bändsel zum Festmachen von Segeln
Zeitball schwarzer Ballon, gut sichtbar an einem Mast aufgezogen, fällt zu einer bestimmten allgemein bekannten Zeit herunter und ermöglicht dadurch Schiffen die Kontrolle der Genauigkeit ihres Chronometers
zurren festmachen, festbinden
Zwillingsdampfmaschine Dampfmaschine, Expansionsdampfmaschine, Dampfmaschine mit mehreren hintereinander geschalteten Zylindern gleichen Hubraums (vgl. Compounddampfmaschine)
Zwischendeck unter dem Hauptdeck liegendes Deck, bedeutet bei Auswandererschiffen ausschließlich das bzw. die Decks, auf der sich die Passagiere der preisgünstigsten Klasse aufhalten

Schiffsregister

Alice Busse 205
Aller 191
Amée 260
Anna Catharina 49
Aphrodite 262
Arnold 123

Barenquen 144
Bavaria 230
Bremen 186
Bremerhaven 17
Buenos Aires 117

Carleton 185
Carlos 63
Caroline
Köhne 205
Charlotte 54
Cimbria 228
Cito 174
Clan
Macpherson 98
Coriolanus 123

Dagmar 178
Diamant 239
Die Zwillinge 173

Edward & Char-
lotte 210
Elbe 227, 239
Emma 259

Fero 75, 214, 251
Forelle 205
Fulda 90

Gellert 168
Goslar 93
Gottorp 134

Hangshow 250
Hansa 230
Hans Wagner 125
Herder 210
Hermann 129
Hinderike Helene 16
Hoffnung 100

Isebek 162

Jantina 13
Johanna 180
Johanne 44

Kaiser Friedrich 188
Kaiser Wilhelm
der Große 186
Kätie 139
Kreuzer Bremen 271
Kwanglhi 73

Lancelot 251
Loanda 67
Loch-Fuk-Sching 214
Louise 22
Loy 205
Lucie March 144

Main 186
Margaretha 58
Maria 253
Maria Rickmers 218
Marianne 246
Meta 111

Nautilus 123
Neckar 87
Neuwerk 50
Nicolaus 40
Nubia 67

Ohio 119
Ottilie 256

Paul Isenberg 35
Phoenicia 194
Primero de Mayo 162
Prinzessin
Victoria Luise 267

Quinta 69

Reichstag 26
Reintjedina 103
Rion 81
Rossia 79
Rurik 79

Saale 186
Salier 222, 240
Santiago 84
Semiramis 209
Solid 109
Sommerfeld 146
Sultan 27, 228

Tamerlane 17
Tetartos 81
Thea 79
Thekla 162
Theodor 176
Theta 239
Triumph 251

Uhlenfels 98

Valk 56

Windhuk 32